辽宁省精品在线课程配套使用教材

新编21世纪高等职业教育精品教材●工商管理类

+ BUSINESS ADMINISTRATION

企业行政管理实务

（含活页实训手册）

主　编●马蔚然　顾　然
副主编●程　云　刘好慧　赵婧婉

中国人民大学出版社
·北京·

图书在版编目（CIP）数据

企业行政管理实务：含活页实训手册 / 马蔚然，顾然主编 . -- 北京 ：中国人民大学出版社，2023.9
新编 21 世纪高等职业教育精品教材．工商管理类
ISBN 978-7-300-32031-1

Ⅰ. ①企… Ⅱ . ①马… ②顾… Ⅲ . ①企业管理－行政管理－高等职业教育－教材 Ⅳ . ① F272.9

中国国家版本馆 CIP 数据核字（2023）第 150088 号

辽宁省精品在线课程配套使用教材
新编 21 世纪高等职业教育精品教材・工商管理类
企业行政管理实务（含活页实训手册）
主　编　马蔚然　顾　然
副主编　程　云　刘好慧　赵婧婉
Qiye Xingzheng Guanli Shiwu

出版发行	中国人民大学出版社		
社　　址	北京中关村大街 31 号	**邮政编码**	100080
电　　话	010－62511242（总编室）		010－62511770（质管部）
	010－82501766（邮购部）		010－62514148（门市部）
	010－62515195（发行公司）		010－62515275（盗版举报）
网　　址	http://www.crup.com.cn		
经　　销	新华书店		
印　　刷	中煤（北京）印务有限公司		
开　　本	787 mm × 1092 mm　1/16	**版　　次**	2023 年 9 月第 1 版
印　　张	16.5	**印　　次**	2023 年 9 月第 1 次印刷
字　　数	345 000	**定　　价**	48.00 元

前言

PREFACE

随着社会的飞速发展和经济环境的不断变化，企业想要获得更好的发展，就需要建立灵活的行政管理模式，改进行政工作机制，提升行政管理水平，增强自身竞争实力。作为企业的中枢系统，良好的企业行政管理能够强化科学的企业运行制度，使企业管理更加规范化、科学化和人性化，助力企业在多个领域内提升工作效率，推动企业的可持续发展。

党的二十大报告中明确提出要推进“产教融合”和“推进教育数字化”，本书是在全面贯彻党的二十大精神和深入理解《国家职业教育改革实施方案》等相关文件精神的基础上而推出的校企双元合作工作手册式教材。本书深入践行“产教融合、校企合作”职教理念，对标企业行政岗位，实现了内容和形式的有效创新。与同类教材相比，本书具有以下特色：

1. 坚持立德树人导向

本书以习近平新时代中国特色社会主义思想为指导，全面融入中华优秀传统文化、劳动精神、法治精神、职业精神、安全意识和团队精神等内容，引导学习者树立正确的世界观、人生观和价值观。

2. 内容贴近实际

本书全面体现“产教融合”思想，通过大量的前期调研，以贴近真实岗位、贴近实际工作为编写宗旨，多角度、全方位、深入浅出地介绍企业行政管理的工作内容，为学习者提供了简明易懂的技术知识、工作流程和图表模板等信息。

3. 资源丰富多彩

本书打破了传统的学科体系，以互联网为基本载体，将传统纸质媒体与新兴数字媒体相融合；综合利用文字、图片、声音、动画、视频等不同方式展示教材内容，多层次、立体化地展示企业行政管理的动态工作过程；与教材使用者之间具有较强的交互性，提供友好、沉浸式的工作情景模拟和职业岗位活动体验。

4. 结构清晰简明

本书除了清晰地给出知识目标、技能目标和素质目标外，还明确画出了每一个项目的思维导图，方便学习者在最短时间内熟悉课程脉络、知识结构和主要框架。

需要声明的是，本书中提及的“诗韵有限责任公司”“德佳股份有限公司”“米尼贸易公司”“米尼演艺公司”等公司名称是为了方便教学而设置的虚拟公司，故事中的人物名字皆为化名，如有雷同纯属巧合。

本书编写团队成员包括教学经验丰富的一线教师和企业行政管理人员。本书由辽宁经济职业技术学院副教授马蔚然、辽宁特殊教育师范高等专科学校副教授顾然担任主编，辽宁经济职业技术学院教授程云、副教授刘好慧以及浙外人力资源服务（北京）有限公司赵婧婉担任副主编。其中，马蔚然负责全书的统稿并设计知识目标、技能目标、素质目标和思维导图，负责配套视频主讲，编写了项目一、二、三、四、七、九和项目六的任务二、项目十的任务一；顾然负责故事的设计，编写了项目六的任务一、三和项目八及项目十的任务二、三；程云编写了项目五的任务一、二；刘好慧编写了项目五的任务三；赵婧婉负责全部思维导图的制作和全文校对。

在编写过程中，编者得到了辽宁省人力资源和社会保障行业协会法人执行会长、汇智人力资源集团有限公司董事局主席王英杰，辽宁省物业管理行业协会副会长、辽宁盈德体育发展有限公司董事长马世周，中国计算机学会虚拟现实与可视化技术专业委员会执行委员、沈阳金冉科技有限公司总经理冉金川，大连领科人力资源研究院院长刘盛花四位企业家的大力支持，中国人民大学出版社编辑也多次进行了建设性指导，书中部分内容参阅并借鉴了国内优秀教材和一些网络资源，参考文献无法一一列出，在此一并感谢。

项目资金资助：双高资金支持重大项目（教职成函〔2019〕14 号）、工商企业管理国家资源库项目（教职成司函〔2019〕100 号）、辽宁省职业教育与继续教育教学改革研究项目立项（辽教办〔2022〕350 号）立项编号 93 号“职业院校活页式、工作手册式教材建设研究”（项目负责人马蔚然）。

本书既可以作为高职院校工商管理类专业学生的教学用书，同时也可以供相关从业人员培训使用。

由于时间原因，书中不足之处在所难免，恳请读者批评指正。

编　者

目录

CONTENTS

项目四 人员管理 65

项目五 发展和维护团队效率 85

项目六 职场礼仪 101

项目七 接待来访 119

01

项目一

制订和执行工作计划

知识目标

掌握企业提升工作效率中时间和工作量的关系；掌握编制工作计划的构成要素；掌握起草工作计划和执行工作计划的步骤。

技能目标

能够查找时间管理方面存在的问题；能够分清事务的轻重缓急并进行排序处理；能够起草、修改和制订工作计划；能够在执行过程中监督和调整工作计划。

素质目标

培养良好的逻辑思维能力、时间意识，懂得“谋定而后动”的道理，能够不断提高工作效率。

思维导图

- 制订和执行工作计划
  - 改进时间管理提升工作效率
    - 时间资源的独特性
    - 时间管理的迭代发展
    - 打扰是“时间大盗”
    - 时间管理的方法
  - 编制工作计划的要素
    - 确立工作内容：做什么——工作目标、任务
    - 明确工作方法：怎么做——采取的措施和策略
    - 实施工作分工：谁来做——工作责任
    - 安排工作进度：什么时间做——完成期限
    - 规划预算费用：花多少钱
    - 选择计划的排序方法：谁先谁后
  - 起草和修改工作计划
    - 起草工作计划初稿
    - 征求工作计划的修改意见
    - 修改工作计划并形成定稿
  - 执行工作计划
    - 明确责任
    - 执行工作计划的流程
    - 工作计划的总结、分析和评价

任务一

改进时间管理 提升工作效率

一、时间资源的独特性

时间管理的内容包括实施时间管理、树立明确的目标、制订行动计划、分清轻重缓急、合理安排工作时间、形成严谨的工作作风、应用时间管理技巧、克服内外因引起的时间浪费等。在长期的实践中，管理者不断积累和掌握管理时间的方法，能够更加有效地安排和利用宝贵的时间资源，提升工作效率，为个人和企业争取更多的发展先机。时间资源有其独特性，表现在以下方面：

（1）供给无差别。时间的供给量是固定不变的，不会在任何情况下增加或减少，每个人每天都是 24 小时。

（2）无法蓄积。时间不像人力、财力、物力和技术那样可以被积蓄和储藏，人力无法使时间停止和节流。

（3）无法取代。任何一项活动的开展都有赖于时间，时间是无法取代的，是必要条件。

（4）不可逆转。时间无法像实物一样失而复得，时间历程是单向的，无法逆转。

知识链接

厘清企业提质增效的各种利益关系

企业是一个生产单位，其设立目的是实现利润的最大化；其功能是将土地、劳动等人力资本和非人力资本等生产要素进行投入并转化为一定的产出。企业的经营目的是获取收入，实现利润。企业在取得收入的同时，必然产生相应的费用。只有通过收入与费用的比较，才能确定企业一定时期的盈利水平，确定实现的利润总额，在不考虑利得和损失的情况下，它们之间的关系用公式表示为：

利润 = 收入 – 费用

企业行政管理工作产生的费用即等式右侧的费用。费用越小，利润就会越高。因此，如何节约行政费用就成为企业行政管理的重要目标之一。如果要实现企业的利润目标，就需要将既定规划目标分解为可实现的工作任务，并制订工作计划以确保这些任务顺利完成。在制订工作计划时，员工需要根据不同工作的重要性和紧迫性来安排工作的顺序，并对时间资源进行合理的分配和使用。管理者需要思考怎样投入有限的时间来获得最大的工作效益。

（1）工作效率是指工作的投入时间与产出工作量之比。用公式表示为：

工作效率 =（工作量 ÷ 工作时间）×100%

（2）工作量是企业的工作说明书规定的工作任务。

（3）工作时间是个体工作投入的劳动时间长度。

（4）工作效益是员工的工作给企业创造的经济价值，包括直接经济价值和间接经济价值两类。直接经济价值是可以直接得到的社会经济效益的货币表现形式。间接经济价值包括对企业整体工作效率的改善、对企业未来发展的良性影响等。

管理者要厘清企业提质增效的各种利益关系，利用数学工具进行逻辑思维和科学管理。

二、时间管理的迭代发展

时间管理经历了四次迭代发展。

（1）时间管理 1.0：员工使用便条和办事清单，明确工作中的各种需要。

（2）时间管理 2.0：员工使用日历或日程表来安排约会的进度计划，反映需要提交计划的时间并预先安排未来的活动。

（3）时间管理 3.0：注重确定长期、中期及短期目标，提倡将事情进行轻重缓急排序。

（4）时间管理 4.0：强调效能，时间管理的核心是有效的自我管理，将重心放在维持产出与产能的平衡。

三、打扰是“时间大盗”

如表 1－1 所示，专业的统计数据显示，一天的工作中，个体每隔 8 分钟会受到 1 次打扰，每小时 7 次，按 8 小时工作制计算，则每天 56 次。平均每次打扰约为 5 分钟，每天总计约 4.7 小时（约 50% 的工作时间），其中 80%（约 3.8 小时）的打扰是没有意义或者极少有价值的。个体被打扰后，若重拾思路平均需要 3 分钟，每天总计约 2.2 小时。可以发现，个体每天因打扰而产生的时间损失约为 5.9 小时，占了工作时间的 75%。

表 1－1　每日时间打扰统计数据

每天工作 8 小时	每小时（次）	间隔时长（分）	每日打扰（次）	每次时长（分）	小计（分）	每天损失（小时）	合计无效时间（小时）
被打扰	7	8	56	5	280	4.7	3.8
重拾思路	7	3	56	3	168	2.8	2.2
合计损失	14	11	112	8	448	7.5	6
占比（%）	75						

从上述数据可以看出，打扰是窃取时间的“第一大盗”，个体在工作中要尽量减少被打扰的次数，进行有效的时间管理，每天留出一定的弹性时间并营造一个良好的工作环境。如图 1－1 所示，现代人的手机上安装了各种软件，如果在一小时内个体每次接电话、回复微信、看视频以及玩游戏分别用时 8 分钟，那么就消耗了 32 分钟。

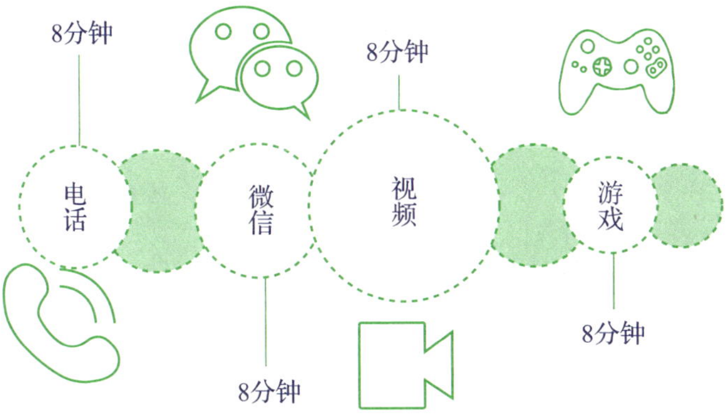

图 1-1　手机软件占用的时间

边学边练

填写表 1-2，查找个人时间问题，并与团队成员一起讨论改进措施。

表 1-2　查找个人时间问题与改进措施

序号	占用时间的项目	占用时间（分钟）	是否占用了不该浪费的时间	改进措施
1				
2				
3				
4				
5				
6				
7				

四、时间管理的方法

时间管理的方法包括坐标法、流程图法和六件事法。

（一）坐标法

如图 1-2 所示，以“轻—重”为横坐标，“缓—急”为纵坐标，建立时间管理坐标系，形成了“重要且紧急、紧急但不重要、不重要且不紧急、重要但不紧急”四个象限。

第一象限：重要且紧急的事。如应付难缠的客户、准时完成工作、住院开刀等。

第二象限：紧急但不重要的事。迫切的呼声会让人产生“这件事很重要”的错觉，这类事情需要安排适当时间完成。如电话铃声、不速之客等。

第三象限：不重要且不紧急的事。这类事情可以授权别人做或者延后处理。个体要学会适当拒绝。

第四象限：重要但不紧急的事。如长期的职业生涯规划、问题的发掘与预防、参加培训、向上级提出问题处理建议、关于人生的思考等。

（二）流程图法

个体可运用流程图法来判断事务的重要性和紧迫性，如图 1-3 所示。可分为两步：在工作栏上，首先问自己：这项任务是什么？即判断这项任务的轻重缓急。然后问自己：需要行动吗？

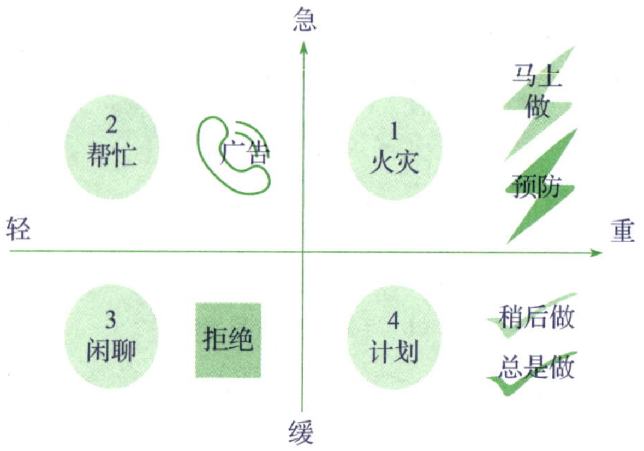

图 1－2　坐标法安排事务的轻重缓急

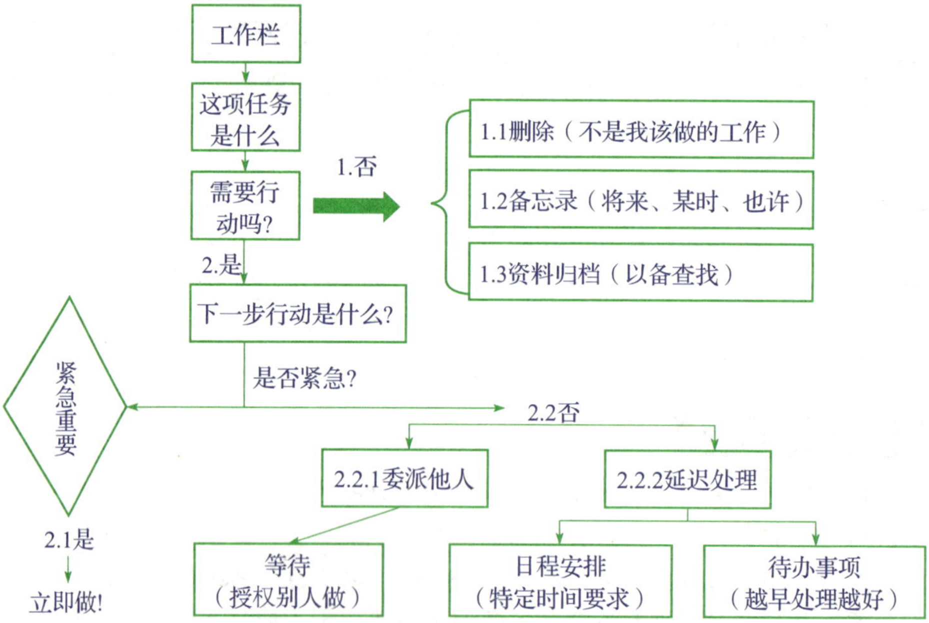

图 1－3　判断工作轻重缓急的流程示意图

对于第一步，如果回答“否”，可根据具体的情况作出三个选择。

（1）删除（不是我该做的工作）；

（2）进入备忘录，以备将来、某时、也许有机会的时候完成；

（3）资料归档，以备查找。

对于第二步，如果回答“是”，则提问：下一步行动是什么？是否紧急？如果回答“是”，则立即做。如果回答“否”，则需要判断两种情况。

（1）是否可以委派他人做，如果可以，委派他人，授权别人做。

（2）如果不可以，则选择延迟处理，若任务有特定时间要求，则做好日程安排，具体任务事项要逐步逐项落实到时间表中；若任务无特定时间要求，则列为待办事项，可以设置闹钟提醒或做好标记，个体越早处理此类事情越好。

（三）六件事法

今天完成的事情必须比昨天有质的提高，明天的目标必须比今天的目标更高，个体需要不断改善、不断提高。每天都完成当天的任务，不仅有助于个体的成长，而且体现了责任感与执行力。六件事法的应用贵在坚持。具体步骤如下：

（1）写下你每天要做的六件最重要的事；

（2）用数字标明每件事的重要性次序；

（3）每天早上首先完成第一件事，达到要求后，再开始完成第二件、第三件直到第六件事。

故 事

时间就是金钱 效率就是效益

随着第一炉铁水奔涌而出，由联合荣大企业集团公司（下文简称联合荣大）总包的广东阳春新钢铁有限责任公司（下文简称阳春新钢）炼铁厂1号1250立方米的高炉在完成炉役大修后正式开炉复产。此举为阳春新钢实现全年生产经营目标创造了有利条件。

据悉，这一工程实现了多个突破：施工工期较60天计划提前5天；工程安全事故为零，是一个真正的安全高效的项目；冷却壁配管6万多个焊口等，也是一次性通过验收合格。

该工程检修几乎涵盖了炼铁高炉车间的各个系统。如全炉冷却壁拆装、镶砖，炉喉钢砖更换，炉缸进口、国产碳砖砌筑、陶瓷杯和风口组合砖砌筑，上料系统改造，炉前出铁场的改造，除尘系统全部更新等。60天简短的工期可以说打破了业界同类项目的用时纪录，一般同类项目需要70天至90天的工期。其中，清炉放残铁，按照常规的业界理论，需要7天到8天，但是阳春新钢炼铁厂只用了2.5天，而且里面的残铁放得非常干净。这是基于前期介入炉况调整以及科学计算和现场多次跟踪实测取得的结果。

成绩的取得是工程技术人员多少天夜以继日的研究努力换来的。大家积极拼搏，就是为了提高效率，提高效益。他们与时间赛跑，与勤奋为伴，用专业知识和经验，沟通各项问题。

按照常规办法，这种检修多是冶建企业来承担，但是业主方选由联合荣大总包，即从停炉到开炉全盘总包的检修方案。如果是包给冶建公司，其擅长检修，比如更换冷却壁、砌筑耐材等，但是涉及技术操作的部分仍然需要外聘炼铁专家来解决，而炼铁专家往往对正常生产的高炉比较熟悉，对于停、开炉接触得少，经验并不丰富。联合荣大则不一样，基于多年停炉、开炉的丰富实践案例，积累了大量这方面的经验，并且摸索总结出了一整套细节丰富、数据翔实且经过实践检验的可靠方案，所以才能实现7个小时富氧高压操作、零爆震、降料面、放干净残铁，有力地保证甚至缩短工期，为业主方创造实实在在的效益。

在检修工程质量和安全把控方面：联合荣大现场管理严格，流程固定，工人标准化穿戴，24小时不停施工，在工程交付前要先自行专业化验收，合格后才会提交甲方验收，得到了高度称赞，赢得了很好的口碑。

资料来源：节选自夏杰生，吕林．时间就是金钱　效率就是效益——联合荣大总包阳春新钢高炉快速大修工程提前竣工复产访谈．中国冶金报，2023-05-29.

故事启示　改革开放初期，深圳有句口号：时间就是金钱，效率就是生命。阳春新钢的做法充分诠释了这句话的意义。事实证明，联合荣大给客户创造了价值，这是硬道理。

任务二 编制工作计划的要素

计划是指为了实现决策确定目标和预先进行行动安排，包括时间和空间两个维度。计划是一个管理学术语，拆解开来，“计”即计策、谋略，“划”即谋划，“计划”着眼于分析如何达成目标，并将目标分解成子目标。计划是对未来活动做事前预测、安排和应变处理。计划的目的是实现所提出的各项目标，每一项计划都是针对某一个特定目标的，因此，个体制订计划时，首先要明确该项计划所针对的目标。在目标明确以后，在计划中还必须说明如何做、由谁做、何时做、何地做、需投入多少资源等基本问题。

计划应规定在一定时间内所完成的目标、任务和应达到的要求。任务和要求应该具体明确，细化为数量、质量和时间要求。一项完整的计划包含的要素如表 1－3 所示。

表 1－3　一项完整的计划包含的要素

要素	内容	所要回答的问题
前提	预测、假设、实施条件	这个计划在何种情况下有效
目标	最终结果、工作要求	做什么任务，做到何种程度
目的	理由、意义、重要性	为什么要做
战略	途径、基本方法、主要战术	如何做
责任	人选、奖罚措施	谁做、做得好坏的结果
时间表	起止时间、进度安排	何时做
范围	组织层次或地理范围	涉及哪些部门或在何地
预算	费用、代价	需投入多少资源和代价
应变措施	最坏情况计划	实际与前提不相符时怎么办

一、确立工作内容：做什么——工作目标、任务

目标是指期望达到的成果，它为组织整体、各部门和各成员指明了方向，描绘了组织未来的状况，并且作为标准可用来衡量实际的绩效。计划的主要任务是

将组织目标进行层层分解，以便落实到各个部门、各个活动环节，形成组织的目标结构，包括目标的时间结构和空间结构。

知识链接

企业的战略规划目标

企业的战略规划目标一般可以分为两个维度（见图 1-4）：

1. 利润指标，包括销售额、成本、市场。
2. 管理成熟度指标，包括产品、人才、系统。

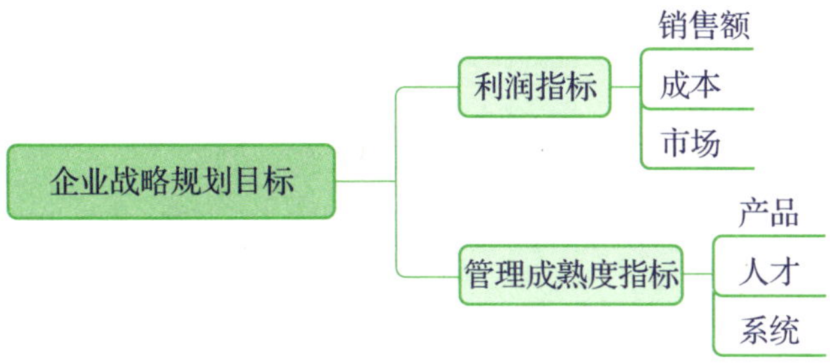

图 1-4　企业的战略规划目标

二、明确工作方法：怎么做——采取的措施和策略

如果个体要明确何时实现目标和完成任务，就必须制定相应的措施和策略，这是实现计划的保证。措施和策略主要指达到既定目标需要采取什么手段，动员哪些力量与资源，创造什么条件，排除哪些困难等。总之，要根据客观条件统筹安排，将“怎么做”写得明确具体、切实可行，需分析工作总结中存在的问题，拟定解决问题的方法。

三、实施工作分工：谁来做——工作责任

实施工作分工涉及执行计划的工作程序和时间安排。每项任务在完成过程中都有阶段性，而每个阶段又有许多环节，这些环节之间常常是互相交错的。因此，制订计划时必须合理安排事情的先后顺序。在实施过程中，要有轻重缓急，明确重要事项。在时间安排上，既要有总的时间要求，又要有每个阶段的时间要求，以及人力、物力的安排。只有做好工作责任划分，才能使相关单位和人员知道在一定的时间内、一定的条件下应将工作做到什么程度，以便争取主动，有条不紊地协调工作进展。

四、安排工作进度：什么时间做——完成期限

工作进度包括每一项具体活动的计划开始日期和期望完成日期。可用表格形式，但更常以图示法表示。具体有以下几种：

（1）有日期信息的项目网络图。又称工作进度图，能显示项目间前后次序的逻辑关系，以及项目关键路径与相应的活动（见图 1-5）。

（2）条形图。又称甘特图（见图 1-6），显示了活动开始和结束日期以及期望活动时间，但图中显示不出相关性。条形图易读，通常用于直观显示中。

项目进度表—施工时间进度表

2024 年 1 月　　项目制定人：　　制定时间：

序号	项目名称	计划开始时间/实际开始时间	计划结束时间/实际结束时间	工期	一 1	二 2	三 3	四 4	五 5	六 6	日 7	一 8	二 9	三 10	四 11	五 12	六 13	日 14	一 15	二 16	三 17	四 18	五 19	六 20	日 21	一 22	二 23	三 24	四 25	五 26	六 27	日 28	一 29	二 30	三 31
1	前期准备	2024-1-3	2024-1-4	2																															
		2024-1-3	2024-1-5	3																															
2	图稿设计	2024-1-6	2024-1-9	4																															
		2024-1-7	2024-1-9	3																															
3	材料采购	2024-1-7	2024-1-8	2																															
		2024-1-7	2024-1-7	1																															
4	水电安装	2024-1-9	2024-1-12	4																															
		2024-1-8	2024-1-13	6																															
5	墙面、地面	2024-1-13	2024-1-22	10																															
		2024-1-14	2024-1-22	9																															
6	木工进场	2024-1-23	2024-1-28	6																															
		2024-1-23	2024-1-27	5																															
7	后期工作	2024-1-28	2024-1-30	3																															
		2024-1-27	2024-1-29	3																															

图 1-5　工作进度图

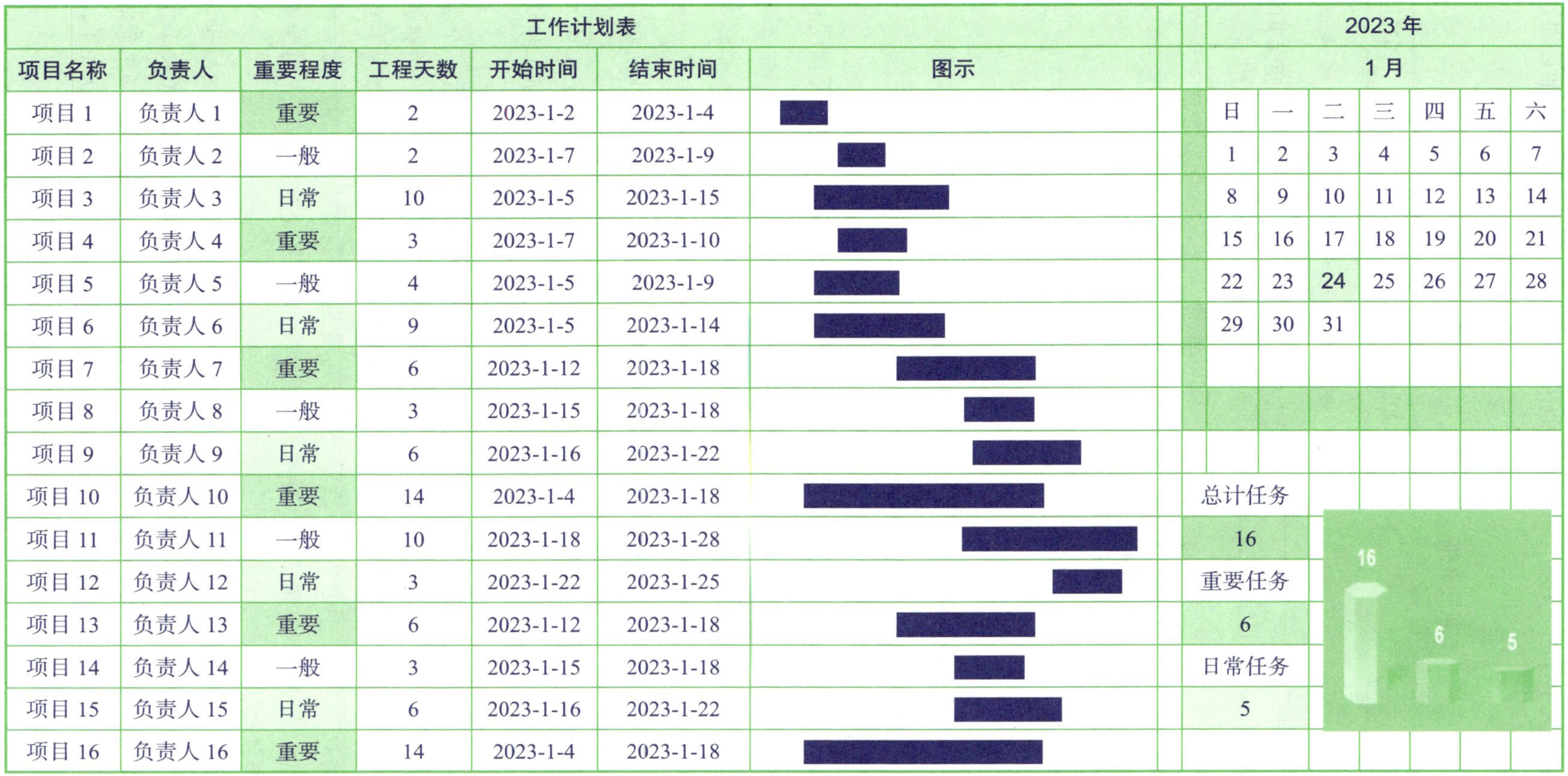

工作计划表						
项目名称	负责人	重要程度	工程天数	开始时间	结束时间	图示
项目 1	负责人 1	重要	2	2023-1-2	2023-1-4	
项目 2	负责人 2	一般	2	2023-1-7	2023-1-9	
项目 3	负责人 3	日常	10	2023-1-5	2023-1-15	
项目 4	负责人 4	重要	3	2023-1-7	2023-1-10	
项目 5	负责人 5	一般	4	2023-1-5	2023-1-9	
项目 6	负责人 6	日常	9	2023-1-5	2023-1-14	
项目 7	负责人 7	重要	6	2023-1-12	2023-1-18	
项目 8	负责人 8	一般	3	2023-1-15	2023-1-18	
项目 9	负责人 9	日常	6	2023-1-16	2023-1-22	
项目 10	负责人 10	重要	14	2023-1-4	2023-1-18	
项目 11	负责人 11	一般	10	2023-1-18	2023-1-28	
项目 12	负责人 12	日常	3	2023-1-22	2023-1-25	
项目 13	负责人 13	重要	6	2023-1-12	2023-1-18	
项目 14	负责人 14	一般	3	2023-1-15	2023-1-18	
项目 15	负责人 15	日常	6	2023-1-16	2023-1-22	
项目 16	负责人 16	重要	14	2023-1-4	2023-1-18	

2023 年						
1 月						
日	一	二	三	四	五	六
1	2	3	4	5	6	7
8	9	10	11	12	13	14
15	16	17	18	19	20	21
22	23	**24**	25	26	27	28
29	30	31				

总计任务
16
重要任务
6
日常任务
5

图 1－6　条形图（甘特图）

（3）重大事件图（见图 1－7）。类似于条形图，可显示主要工作细目的开始和完成时间。

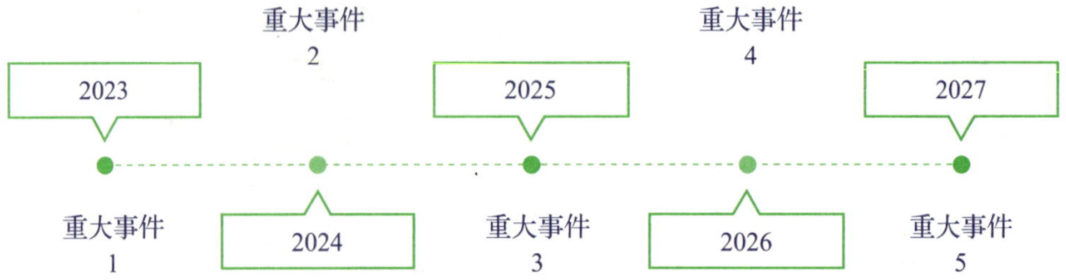

图 1－7　重大事件图

五、规划预算费用：花多少钱

预算费用是根据进度计划，在某一时间应当完成的工作（或部分工作），以预算为标准所需要的资金总额。其计算公式为：

预算费用＝计划工作量 × 预算单价

六、选择计划的排序方法：谁先谁后

计划的排序有三种方法，分别是平行排序、交叉排序以及按重要程度和紧急程度的综合排序。

故　事

罐子装满了吗

行政助理肖山靓正在实习期，他虚心地向他的领导行政办公室主任汤大帅请教："汤主任，我做工作计划时老是觉得时间不够用，您能否帮我讲讲工作计划时间排序这个问题？"

汤大帅："什么塞满你的时间？这个问题我先不说，我俩先来做一个实验。"汤大帅在桌子上放了一个装水的罐子，然后把水倒掉，再装进大些的鹅卵石，问肖山靓："这个罐子是不是满的？""是！"肖山靓回答说。汤大帅又拿出一袋碎石子，从罐口倒下去，问："这个罐子现在是不是满的？"肖山靓沉默。汤大帅又从桌下拿出一袋沙子倒进罐子里，再问肖山靓："这个罐子是满的吗？""好像满了。"肖山靓回答说。

汤大帅又从桌底下拿出一大瓶水，把水倒在看起来已经填满了的罐子里（见图 1－8）。汤大帅说："如果大些的鹅卵石代表'重要的事'，罐子代表工作计划中有限的时间，碎石子、沙子或者水代表'琐碎的、不重要的事'。如果先装了碎石、沙子或者水这些'琐碎的、不重要的事'，'重要的事'就放不进去了，也就无法完成任务，这就是时间管理的艺术。"

肖山靓说道："谢谢汤主任，我理解了，您的这个办法太好了。我一下子就明白了我的工作计划时间去哪儿啦。以往，我确实用了很多时间去做一些琐碎的、不重要的小事，类似装进了水和沙子，导致重大的事情就没有时间做了。"

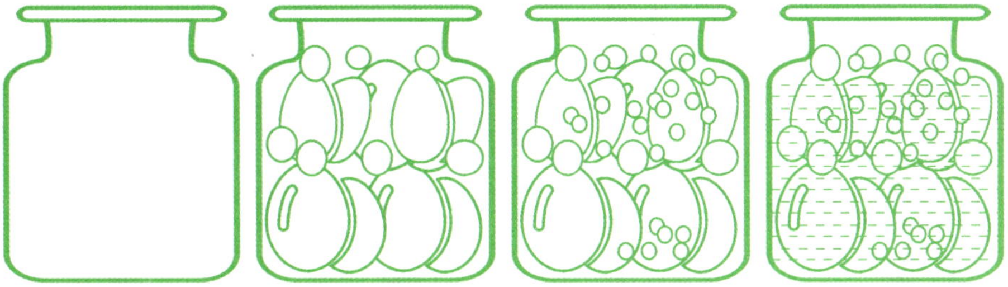

图 1-8　罐子与时间管理

故事启示　企业行政管理人员在具体工作中，需要将完成的工作在时间和空间上做最优化排序，根据重要性和紧急性确定事情处理的先后顺序。这样，就可以做到鹅卵石、碎石子、沙子、水都能装进罐子里。

（1）平行排序是指不同的工作项目在同一时间内平行推进时，彼此的资源不会相互挤占和冲突。

（2）交叉排序是指不同的工作项目在同一时间内交叉推进，这时就需要仔细斟酌，尽量衔接紧凑，顺序合理，避免浪费。

（3）综合排序是将同一时期的工作项目按重要且紧急、重要但不紧急、紧急但不重要、不重要且不紧急进行定性和排序。

在安排工作计划时，凡是能平行排序的应尽量安排平行排序；遇到复杂情况时，综合排序是目前比较科学、合理的排序方法。

边学边练

起草"灭火器使用方法的培训工作计划"

要求：

（1）填写表 1-4。

（2）填写表 1-5。

表 1-4　培训任务分配

编号：　　　　　　　　申请日期：　　　　年　　月　　日

项目	任务分配
任务描述	诗韵有限责任公司为了维护和改进健康安全的办公环境，提高突发火灾的情况下员工紧急救援的水平，计划开展对 30 名员工的灭火器使用方法的培训。
要求	企业行政管理人员制订培训计划，并组织实施和监督执行这一培训计划。

续表

<table>
<tr><th>项目</th><th colspan="4">任务分配</th></tr>
<tr><td>分组要求</td><td colspan="4">7人一组</td></tr>
<tr><td>实施要求</td><td colspan="4">组员分别轮流扮演“角色指定”中的职务，即本级、上级、交办者、团队内同事、团队外同事、外单位人员，合作完成培训任务。</td></tr>
<tr><td rowspan="8">角色指定</td><td>学生</td><td>扮演者姓名</td><td>职务间的关系</td><td>职务名称</td></tr>
<tr><td>学生甲</td><td></td><td>本级</td><td>行政助理</td></tr>
<tr><td>学生乙</td><td></td><td>上级</td><td>总经理</td></tr>
<tr><td>学生丙</td><td></td><td>上级</td><td>副总经理</td></tr>
<tr><td>学生丁</td><td></td><td>交办者</td><td>行政办公室主任</td></tr>
<tr><td>学生戊</td><td></td><td>团队内同事</td><td>办公室安全员</td></tr>
<tr><td>学生己</td><td></td><td>团队外同事</td><td>保卫处处长</td></tr>
<tr><td>学生庚</td><td></td><td>外单位人员（培训师）</td><td>区域消防大队长</td></tr>
</table>

表1-5 灭火器使用方法培训工作计划——前期资源准备

<table>
<tr><td>现场设计</td><td></td><td>实施人</td><td></td><td>任务要求</td><td></td></tr>
<tr><td rowspan="4">条件要求</td><td>培训对象</td><td colspan="4"></td></tr>
<tr><td>培训时间</td><td colspan="4"></td></tr>
<tr><td>培训地点</td><td colspan="4"></td></tr>
<tr><td>使用设施</td><td colspan="4"></td></tr>
<tr><td colspan="6">费用计划：
1. 耗材费

2. 培训费

3. 场地费

4. 茶水费</td></tr>
</table>

任务三

起草和修改工作计划

一、起草工作计划初稿

知识链接

工作计划的初稿

初稿的作用不可小觑，它可为相关人员提供思路，使成稿内容更全面、更具针对性，对制订工作计划和未来计划的执行起到重要作用。俗话说："磨刀不误砍柴工"，说的就是做好基础工作的重要性，刀磨得越快，砍起柴来就会更高效；不能只想着赶紧砍柴，而不考虑如何磨刀。拟订工作计划初稿就如同磨刀，初稿的质量越好，讨论起来越顺畅，修改的工作量越少，花费时间越少，工作效率就越高；相反，初稿的质量越差，讨论起来越困难，修改的工作量越多，花费时间越多，工作效率就越低。所以，要高度重视初稿的起草工作。

（一）初稿写作的基本方法

1. 实事求是地进行调查研究

（1）认真研究上级的有关文件，把握政策，领会精神；

（2）深入调查研究，认真分析工作现状，提出切实可行的任务、指标和措施，实事求是地做出下一步工作的安排。

2. 分清主次

工作任务和工作活动是多方面的。企业行政管理人员在拟订工作计划初稿时要反映工作的完整性，但在工作计划中不能事无巨细，统统囊括。要分清轻重主次，抓住重点，有的放矢，确保完成最主要和最重要的事情。拟订工作计划初稿时，要清晰地把工作分成几大块，按照工作的重要程度进行排序，合理安排完成的工作，以取得工作的最大效率。

3. 简单、清楚、可操作

工作计划应该是简单明了、可以对照检查的。因此，企业行政管理人员在拟订工作计划初稿时，要思路清晰、层次清楚、说法明确。根据工作任务的需要，组织并分配力量、资源，明确分工；充分考虑工作中可能出现的偏差、缺点、障碍、困难，预先确定克服的办法和措施，避免工作陷于被动。

（二）工作计划初稿的写作结构

1. 符合工作计划要素要求

工作计划要素包含工作的标准、数量、日期和资源四项。

（1）标准要素可分为国际标准、国家标准、地方标准、行业标准和单位标准，它是对工作质量的要求和体现。

（2）数量要素是对工作效率的要求和体现。拟订工作计划初稿时，必须规定完成各项工作的数量。工作数量可能是具体的数字，也可能是形象的描述或品质的说明。

（3）日期要素是完成工作目标的时限。拟订工作计划初稿时，必须明确完成各项工作目标的最终时间。

（4）资源要素是工作的基础和保障条件。

2. 标题正文和结尾符合结构要求

工作计划写作要做到指导思想明确、方法步骤科学合理、保障措施可靠有力。工作计划由标题和正文组成。工作计划的标题包括单位名称＋时间期限＋内容范围＋“计划”两字。工作计划的正文包括开头、主体、结尾三个部分。其中，开头简明扼要地简述依据，概括情况或揭示目的。主体要明确阐述目标任务、计划要求和措施办法。结尾突出强调重点，提出贯彻执行要求，或者发出简短的口号，也可以不写结尾。

3. 符合工作计划格式要求

工作计划有三种格式：一是文章式，二是表格式，三是文章＋表格式。文章式工作计划的格式如上所述；表格式工作计划即将标准、数量、完成日期、资源、责任人等要素制成表格，一目了然地表达出来；文章＋表格式工作计划即将文章和表格有机地结合在一起。

二、征求工作计划的修改意见

（一）工作计划初稿应至少要向 3 人以上征求修改意见

（1）群众性。初稿要充分讨论，反复修改，依靠全体成员共同参与拟订。

（2）合理性。要充分征求修改意见，使工作计划尽可能科学合理。

（3）实践性。工作计划应该随情况的变化而及时调整，要在实践中进一步修订、补充和完善内容。

（二）征求意见的对象

征求意见的对象包括上级、交办者、团队内同事、团队外同事、外单位人员。其中：

1. 征求上级修改意见

上级对企业资源的占用情况和解决途径比较清楚，并具有决策权，是征求意见的重点对象。

2. 征求执行计划人员修改意见

执行计划人员既可以是交办者、团队内同事，也可以是团队外同事。执行计划人员既是计划的执行人，也是计划的受益人，他们最关心也最了解计划执行现场的现状和发展态势，对计划修改具有不可替代的作用，是征求意见的重点对象。

3. 征求外单位人员修改意见

工作计划拟订人员需要寻求外单位人员的帮助，向他们征求修改意见，以提高工作计划拟订水平。

（三）征求意见沟通的形式

1. 做好资源安排

在向上述不同对象征求意见时，要注意沟通形式，如果是可以召开会议讨论的事项，要安排好时间和地点。

2. 做好详细记录

拟订工作计划者可采用面谈、信件、电子邮件、微信、电话等形式征求对工作计划的修改意见。无论哪种征求意见形式，都要做详细记录。

故 事

兼听则明

三国时期，魏文帝曹丕刚即位，准备伐吴。一开始很顺利，魏军直逼江陵。当时正值长江水浅，江面狭窄，夏侯尚企图乘船让步兵、骑兵驻扎江陵中洲，架设浮桥，以便和北岸来往，魏军参与计议的人都认为这样一定可以攻下江陵。

兼听则明

董昭上疏说：“当年武皇帝（曹操）智勇过人，用兵却格外谨慎，从不敢如今天这样轻敌。打仗时，进兵容易，退兵艰难，这是极普通的道理。平原上没有险阻，退兵都很困难，即使要深入进兵，还要考虑撤退的便利。军队前进和后退，万不可只按自己的主观意图行事。如今，在中洲驻扎军队，是最深入的进军；在江上架设浮桥来往，是最危险的事；只有一条道路可以通行，是最狭隘的通道。这三条都犯了兵家大忌，而我们却正在做。如果敌人全力攻浮桥，我军一有疏漏，中洲的精锐之师可能就不再是魏的了，而属于吴了。我对这事十分担忧，寝食难安，而谋划此事的人却坦然不忧，真令人困惑不解。加之长江水位正在上涨，一旦暴增，我军将如何防御？即使无法击溃敌军，也应当能够保全自己，为什么在这样危险的情况下不感到恐惧呢？希望陛下认真考虑。”

魏文帝立即下诏，命令夏侯尚等人迅速退出中洲。吴军两翼并进，魏军大队人马同时退却，挤在一起，短时间内很难退回。最后总算退到了北岸。

这时吴将潘璋已经扎好芦苇筏子，想要烧魏军的浮桥，恰好夏侯尚率兵退回，未能实施。十天过后，江水暴涨，魏文帝对董昭说：“你的预料，竟如此准确！”当时又遇上闹瘟疫，魏文帝于是命令各路兵马撤退。

用兵显然不是魏文帝的专长，幸亏他能听取董昭的意见，才逃过一劫。

故事启示 制订工作计划时，在没出现不同意见之前，不要贸然做出任何决策。作为管理者，一定要重视双向的信息渠道决策方式，听取多方面意见，才能明辨是非，做出正确判断。

三、修改工作计划并形成定稿

修改工作计划初稿时，需要认真分析政策法规、企业的总体规划、对应的执行标准、资源的使用状况、上级和交办者的目的和意图等，去伪存真，去粗取精，完成修改后定稿，报请上级批准。

（一）修改范围

计划和实施过程一定不能脱离企业的政策、规章、程序及本人的权限。

（二）执行标准

工作目标要有先进性和可行性，并且达到应执行的相应标准。

（三）排序要领

工作程序按照重且紧急、重要但不紧急、紧急但不重要、不重要且不紧急的顺序安排。

（四）统筹资源

要综合优化可用的资源，包括人、财、物等。

边学边练

起草、修改和定稿“灭火器使用方法的培训工作计划”

要求：接任务二表 1－4、表 1－5，小组合作继续完成。

（1）起草“灭火器使用方法的培训工作计划”初稿。

（2）征求修改意见，至少向 3 人征求意见，征求意见的对象包括上级、交办者、团队内同事、团队外同事、外单位人员。

（3）根据征求到的修改意见，完成修改。

（4）报请上级批准。

任务四 执行工作计划

一、明确责任

明确责任的要点包括：

（一）明确人员和职责

无论何种计划，最终都要付诸行动；职责要落实到每个人，在文件中要具体列出姓名和任务，清楚告知具体事项，下达的计划通知必须要清楚。

（二）建立目标责任制

下达的任务数量，务必要责任到人、指标到人，一定要明确执行计划需要的人员及其行动职责、工作完成程度及完成质量的标准；明晰每个人需要执行的工作内容，应该完成的工作细节、任务完成的期限及其承担的职责，这是保证计划能否执行的重要举措。

（三）建立奖惩制度

对于正常完成工作任务和超额完成工作任务的单位和个人，要有区别地进行奖励，对于完不成任务的单位和个人要有处罚。

故　事

买纸任务说清楚了吗

曹三昆是2023年3月1日刚上岗的新员工，经理王板板让曹三昆去买复印纸。曹三昆买了三张复印纸回来。王板板大声说道："三张复印纸，怎么够，我至少要三摞。"曹三昆第二天又买了三包复印纸回来。王板板一看，又说道："你怎么买了B5的，我要的是A4的。"过了几天，曹三昆买了三包A4复印纸回来，王板板说道："怎么买了一个星期才买好？"曹三昆说道："你又没有说什么时候要。"王板板无奈地说："去买复印纸，你就跑了三趟，我气了三次。"曹三昆走远了，王板板摇头叹道："曹三昆的执行力太差了！"曹三昆自言自语道："身为上级，王板板能力欠缺，连个任务都交代不清楚，只会支使下属白忙活！"

买纸任务说清楚了吗

故事启示　作为管理者，没有交代清楚采购任务、购买数量、纸张规格等。作为执行者，接受任务时候也没有弄清楚购买的纸张数量、规格要求。解决方案如表1-6所示，如果王板板给曹三昆一张这样的表格，问题就迎刃而解了。

表1-6　办公用品购买任务表

序号	物品名称	单位	数量	规格	使用时间	购买人	领导签字
1	复印纸	包	3	A4	2023.3.1	曹三昆	王板板

二、执行工作计划的流程

工作计划执行人员要利用有效手段维护和控制各项工作，使工作计划有条不紊地实施。在计划实施的过程中，应充分利用经济、政治、行政等各种手段，积极采用检查、督促、调节、指导、鼓励等各类方法，确保计划的顺利进行。

（一）实施计划的仪式

开始实施计划时，应举行相应的仪式并向社会宣布，一是对执行者的鼓舞和承诺；二是有利于号召和督促所有执行单位同时开始执行计划。

（二）管理者的指挥

执行计划时，管理者应该深入一线与执行者并肩战斗，这对于鼓舞士气、激发斗志和奋勇向前具有重要的意义。

（三）及时做好检查

在执行工作计划的过程中，及时地检查、指导，可以随时发现问题，适时解决矛盾，综合调度资源，为整个工作有条不紊地推进提供保证。

（四）建立统计汇报制度

在任何工作计划执行过程中，都有必要随时收集各类信息，定期汇总分析，通过汇报和交流信息，可更好地为管理者决策提供依据，有利于工作计划的顺利进行和圆满完成任务。

三、工作计划的总结、分析和评价

工作计划的总结、分析和评价应按阶段进行、按阶段总结。分析和评价工作成果和计划执行情况，可以及时发现工作环节中存在的问题，及时纠正和解决，有利于计划的顺利执行。

（一）分阶段进行总结、分析和评价

企业在制订工作计划时，应将全年计划进行分解并分阶段对完成情况进行总结和分析。例如，全年的目标要分解到每个月，每个月的目标要分解到每周，每周的目标要分解到每日。在任务完成的下周一或下一个月的月初，责任部门要对上周或者上个月的计划完成情况进行总结，分析完成情况。

（1）如果本周（月）完成得好，要总结为什么好，是外部原因还是内部原因。

（2）如果本周（月）完成得不好，没有达成目标，那就要总结为什么没有达成，查找问题原因，有没有解决的对策和方法，是否需要制定配套的激励方案。所有分析的内容都会以报告等形式向部门和主管领导汇报。

知识链接

复盘

复盘是棋类术语，在围棋中也称“复局”，指对局完毕后，复演该盘棋的记录，以检查对局中招法的优劣与得失关键。这就是执行对比，对照当初的目标回顾过程、评估结果。通过复盘，当类似的局面出现在一个人的面前的时候，他往往能够知道自己将如何应对，在脑海中就会出现好多种应对的方法，或者可以敏锐地感觉当前所处的状态，从而对自己下一步的走向作出判断。

（二）找差距、寻依据

1. 找差距

计划的总结、分析和评价是总结工作经验，查找工作差距，解决工作中存在的问题，促进工作向更高指标发展的重要工作。

2. 寻依据

总结分析和评价计划执行情况应以既定的计划目标为依据，计划目标是根据企业的发展规划、规章制度和现实工作的需要确定的，并经过民主讨论和领导批准，是最权威的指标；同时计划目标也是检验执行者的准绳和标准。所以，总结

分析和评价计划执行情况，要以既定的计划目标为根据。

边学边练

执行工作计划

要求：按照表 1－4 和表 1－5 拟订的培训工作计划，以小组为单位实施培训，并填写表 1－7、表 1－8，通过打√，不通过打 ×。不通过的准许重做，直至通过。

表 1－7　灭火器使用方法的培训工作计划实施步骤

实施步骤		检查结果
实施方法	①在一个小组内，由学生分别扮演培训教师、上级和交办者，其他人扮演接受培训的员工	
	②培训教师向接受培训的员工讲解操作要领	
	③培训教师指导每位员工单独进行操作训练，对不正确的操作给予指导	
	④轮流进行，每人担任一次培训教师	
实施步骤	①扮演上级者宣布：灭火器使用方法培训开始	
	②培训教师讲解要领	
	③培训教师指导操作训练	
	④培训教师对培训结果进行总结和点评	
检查指导	①小组成员分别扮演上级和交办者，对培训计划的实施进行检查指导。发现问题，立即解决	
	②培训过程中，出现了操作不顺畅、进度缓慢的现象，影响培训目标的实现	
	③上级和交办者立即组织寻找偏差的原因，发现干粉灭火器的装料过期，影响培训效果	
	④上级和交办者立即要求暂停。打电话向有关方面调用新的灭火器，但电话中告知库房中已没有能使用的干粉灭火器了	
	⑤上级立即找计划交办者、培训教师讨论，统一认识后决定改用泡沫灭火器进行培训	
	⑥当场确定修改计划的细节，将调整后的计划与相关人员沟通	
	⑦培训工作继续进行	

表 1－8　灭火器使用方法的培训工作计划项目实施总结

总结项目内容		检查结果
交办者宣读	对培训工作进行总结	
	指出培训工作取得的成绩、经验、教训和改进的方向	
	对完成任务做出突出贡献者给予表彰	
	对完成任务造成不良影响者给予批评	

项目测验

一、单选题

1. 时间管理坐标系是以“轻—重”为横坐标，“缓—急”为纵坐标，建立时间管理坐标系。将各项事务放入这个坐标系，大致可以分为四个类别（逆时针为序）：（　　）

A. ①重要且紧急　②不重要但紧急　③不重要不紧急　④重要但不紧急

B. ①重要但不紧急　②不重要但紧急　③不重要不紧急　④重要且紧急

C. ①不重要但紧急　②重要但不紧急　③不重要不紧急　④重要且紧急

D. ①不重要但紧急　②重要但不紧急　③重要且紧急　④不重要不紧急

2. “大块的时间”是每天都要用一大部分的时间来完成当天（　　），大块的时间至少需要两个小时。

A. 非重要　B. 重要的事情　C. 琐碎的事情　D. 次要的事情

3. 制订计划的准备工作首先是（　　）。

A. 确立工作目标　B. 判断重要且紧急

C. 判断不重要但紧急　D. 排序

4. 计划的标题包括单位名称＋时间期限＋内容范围＋（　　）。

A. 计划　B. 请示　C. 重要　D. 汇报

5. 执行工作计划时，要明确人员和职责、建立目标责任制和（　　）。

A. 建立奖惩制度　B. 请示上级　C. 重要人物　D. 汇报领导

二、多选题

1. 计划是指为了实现决策所确定的目标和预先进行的行动安排。它包括哪些维度？（　　）

A. 时间　B. 空间

C. 合理安排工作时间　D. 合理授权

2. 工作目标就是工作项目在一定的时限内要达到的（　　）。

A. 数量　B. 质量　C. 标准　D. 要求

3. 在执行工作计划的过程中，需要注意以下哪几个方面？（　　）

A. 利用有效手段维护和控制各项工作，使工作计划有条不紊地实施

B. 充分利用经济、政治、行政等各种手段，积极采用检查、督促、调节、指导、鼓励等各类方法，确保计划的顺利进行

C. 开始实施计划时举行相应的仪式并向社会宣布

D. 执行计划时，管理者应该深入一线与执行者并肩战斗，这对于鼓舞士气、激发斗志和奋勇向前具有重要的意义

E. 及时做好检查

F. 建立统计汇报制度

4. 执行工作计划时做好总结、分析和评价工作，具体包括哪些？（　　）

A. 找差距　B. 寻依据

C. 符合某个可能的标准　D. 分阶段进行总结、分析和评价

5. 时间管理的独特性有（　　）。

A. 供给毫无弹性　　B. 无法积蓄

C. 无法取代　　D. 不可逆转

6. 打扰是窃取时间的“第一大盗”，个体在工作中应该（　　）。

A. 尽量减少被打扰的次数

B. 进行有效的时间管理

C. 每天留出一定的弹性时间并营造一个良好的工作环境

D. 没有必要去计算打扰的次数

三、判断题

1. 工作效率 =（工作量 ÷ 工作时间）× 100%。工作效率是指工作的投入时间与产出工作量之比。工作量是企业的工作说明书规定的工作任务，工作时间是个体工作投入的劳动时间长度。（　　）

2. 工作内容又称工作项目，包括工作名称及其内涵、所需资源、要求达到的标准及其他要求等。（　　）

02

项目二 维护工作环境

知识目标

掌握办公室的设计标准；掌握安全管理措施；掌握办公场所紧急情况的处理方法。

技能目标

能够科学地布置职场办公环境；能够维护工作环境健康及安全；能够处理应急工作。

素质目标

养成热爱生活，以身作则，维护工作环境的职业素养；义不容辞、勇敢应对紧急情况。

思维导图

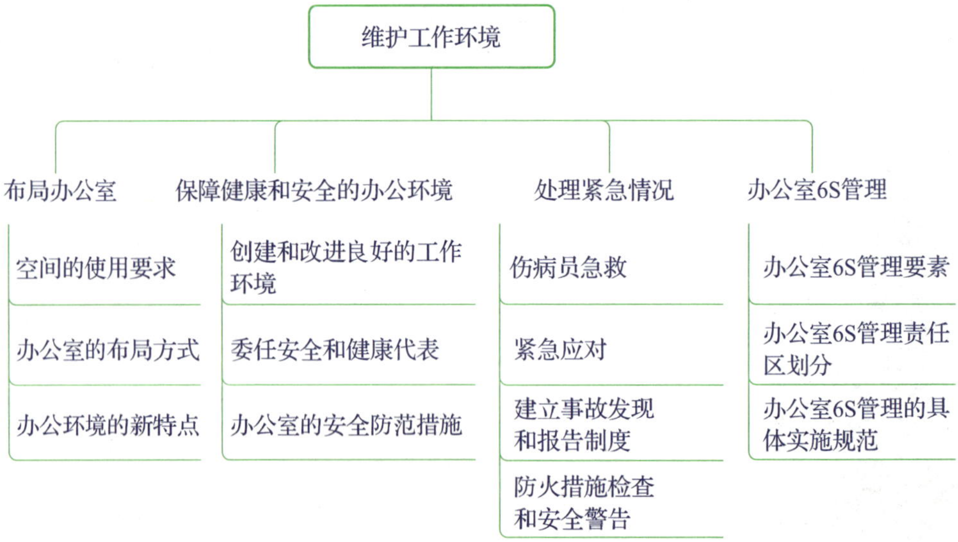

任务一

布局办公室

一、空间的使用要求

办公室布局的目标是经济实用、美观大方、独具品位。空间的使用既要节省费用，又要满足工作需要。空间的使用要求包括以下几点：

（一）费用最小化

办公人员应该有充足的房间放置办公桌、椅子、计算机、收纳柜、打印设备等，所以办公用房间是一种必须支付费用的资源。办公室占用面积越大，费用就越高，应合理地布局，既要保证满足办公需求，又要限制空间费用成本，实现以最小的成本获得最大的经济效益的目标。

（二）满足工作需要

相关人员布局办公室时，需要仔细考虑不同工作部门和不同业务工作所需要的空间和位置。例如，影印室应避免交叉干扰，需要安排在独立的空间内，影印室的文件可能需要保密，也必须与其他区域隔离。

（三）满足灵活性

容易竖起、移动和拆除的间隔物给办公室布局变动提供了更多的选择，书架、收纳柜、组合矮柜等都可以作为办公室隔断来划分空间。隔断不仅可以为办公空间增添遮挡和增加层次，同时还能让整体格局看起来更加有序，员工管理更加高效。

二、办公室的布局方式

办公室的布局方式主要分为开放式设计和隐避式设计。

（一）开放式设计

开放式设计即开放式办公室。开放式办公室是现代企业办公室布局中比较常用的一种形式。开放式办公室是指在较大的空间里包含若干单个工作位置的组合。工作位置用隔板分开，以吸收噪声和区分不同的工作组。每一个工作位置通常包括办公桌、纸张和文具的存放空间、文件的存放空间、椅子、电话、计算机等。

开放式办公室的优点是空间可灵活使用，工作位置能随需要而灵活移动；提供每个办公室最多的工作位置；易于员工间进行良好的交流；工作区活动一目了然，工作人员容易受上级监督。

开放式办公室的缺点是保密困难，员工容易被许多事情分散注意力。例如，电话铃声、设备使用的噪声、办公室中的人员走动等，工作人员会感觉难以找到私人空间。

开放式办公室有利于创造良好、和谐的工作环境，提高工作人员的办公效率，更符合现代化管理的效益和效率理念。

（二）隐避式设计

1. 封闭式办公室

封闭式办公室，即传统办公室，又称网格式办公室，是指分隔成若干个带有门窗的小办公室。每一个房间供 1 ～ 3 位工作人员使用，放置办公桌及办公用品。

封闭式办公室的优点是能够保证隐私和工作的机密性，工作人员的注意力能保持集中，不易受打扰。

封闭式办公室的缺点是较浪费空间，因为墙壁、走廊会占用空间，管理人员难以较好地监督工作人员的活动。

传统的封闭式办公室能够比开放式办公室提供给工作人员更大的私密性。

2. 隔离式办公室

隔离物在开放式办公室中用处较大。隔离物可移动，方便区隔办公区域，改变不同工作区的大小，同时可以增加一定程度的私密性。

3. 独立保密式办公室

很多企业会专门配套一间独立的办公室，工作人员可预订该办公室作为会议或面谈场所。

（三）办公辅助设备的设计

（1）共享设备。一般而言，工作人员都会用到如复印机、计算机、打印机等设备。如果要确保工作人员不必等待很长时间，那么这些共享设备应位于中心位置，工作人员需要使用设备时只需走较短的距离。

（2）电源设备。办公室地面、墙面和休闲区地面应设置足够的电源，能随时随地供电，保证会议不会因此中断，方便员工移动办公的需求。

（3）投屏设备。确保有线投屏设备提供多种接头供选择，无线投屏设备有明确的操作步骤提示。

（4）无线设备。在明显的地方对公共的无线网络和密码做出提示，方便工作人员和来访者随时上网。

（5）使用说明书。会议室设施如视频会议设备等有明确的步骤提示，有助于减少会前准备调试周期。

（6）开关。应配备调节温度和亮度的触摸开关。

（7）过道。通畅的过道有助于工作人员在各区之间走动。

（8）存储共享。不同工作人员共用的磁盘应保存在中心位置并清楚地贴好标签，便于查找文档和有关出版物的存储。

边学边练

请在图 2－1 中填写不同的办公区名称。

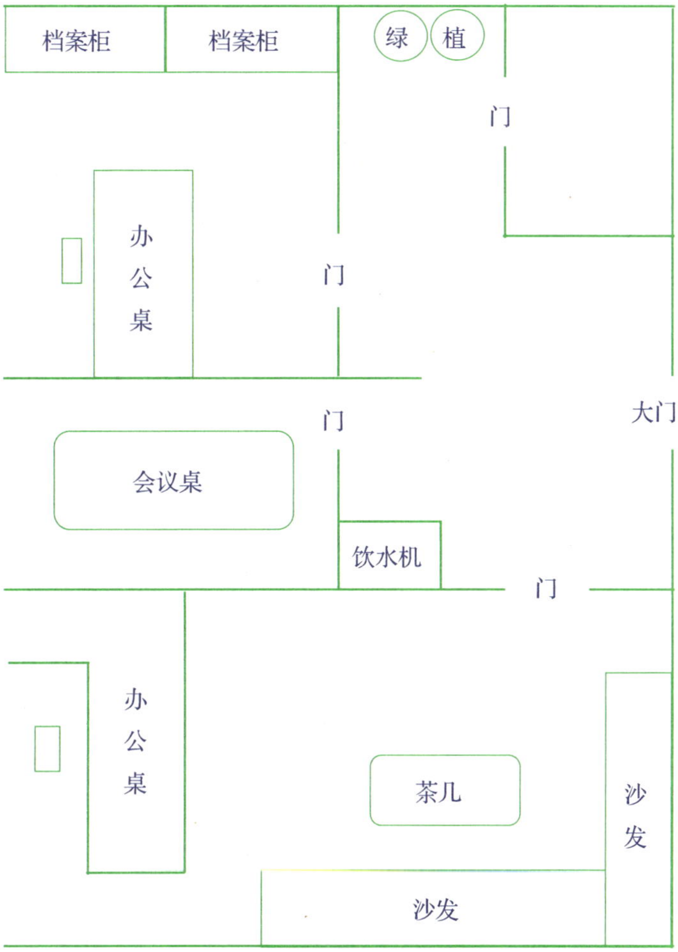

图 2－1　办公室平面图

三、办公环境的新特点

科学技术改变了企业的工作方式，办公环境呈现出开放性、虚拟性、移动灵活性、共享性等新特点。

（一）开放性

办公环境的开放性包含两层含义：一是办公空间的开放，办公速度越来越快、效率越来越高，办公空间的封闭性已经被完全打破；二是信息的开放，信息的载体已经从纸张飞跃到容量大、体积小的电子媒介，这种开放性决定了办公空间的紧凑性、一体性。

（二）虚拟性

信息时代的办公设备的特点是自动化、一体化、无纸化、可随身携带。办公环境的许多传统功能以数字化的虚拟形式呈现。

（三）移动灵活性

多功能、数字化、一体化的办公环境及办公设备都具有鲜明的移动灵活性的特点。

故　事

共享办公室

轻奢工业风格的装修、明亮阳光的色调搭配、功能丰富的办公配套设施……走进郑州某公司，处处充满人文气息的办公环境，让人很难相信这是一家有着浓浓科技背景的企业。

而在两年前，公司运营经理还在为企业何处落地发愁，该运营经理表示："我们看过别墅、民居、写字楼，要么办公条件差，要么房租收费高。直到找到了UFO.WORK，不仅给我们进行了办公场地的定制化服务，同时也在政府对接方面提供了许多帮助。"

UFO.WORK是河南商丘小伙李杨创办的一家企业服务运营公司，以共享办公理念，为创业者提供全站式办公服务和企业服务。在UFO.WORK提供的办公环境下，很多公司不仅免缴水电暖、物业、网络等费用，连打印机都是共享的。

故事启示　共享办公室始终站在企业的角度出发，为其提供灵活的办公室空间，有助于广大企业减少运营成本，延长生命周期。共享办公室不同于传统写字楼中拥挤的格子间和狭窄的功能分区，它拥有一大片的办公区域和休闲区域。正是这些区域增强了共享办公的意义，让人们开始思考并向新的办公模式靠拢。员工工作疲倦后可以去咖啡吧享受一杯现磨咖啡，在洽谈区闲聊或者讨论，疲惫时在休闲区看看风景。设备齐全的会议室配备了投影仪和白板，即用即申，避免了闲置和浪费。对于中小企业来说，共享办公室这一模式节省了一大笔必要的支出费用，企业只需要将注意力专注于自身领域的发展即可。

（四）共享性

共享办公，又称短租办公、创客空间，是指依托于广泛的社会资源，提供包含工作空间、交流空间、网络空间和资源共享空间在内的各类办公场所，它能为入驻的企业或个人提供低成本、便利化、全要素的办公平台。

知识链接

办公空间的常用参数

1. 办公桌椅

如图2-2所示，办公椅应选用带靠背和双边扶手的转椅，且办公转椅的靠背和坐垫高度可上下调节，适合不同身高的员工使用。椅子高度为40～52cm。

如图2-3所示，常用的L形办公桌标准尺寸：高度为70～80cm，宽度为60～78cm，长度为120～160cm。

如图2-4所示，U形办公桌是特定员工使用的，该类型办公桌不是常用办公桌。U形办公桌标准尺寸为：长度为120～160cm，宽度为110cm（涵盖计算机基座位），高度为70～80cm。

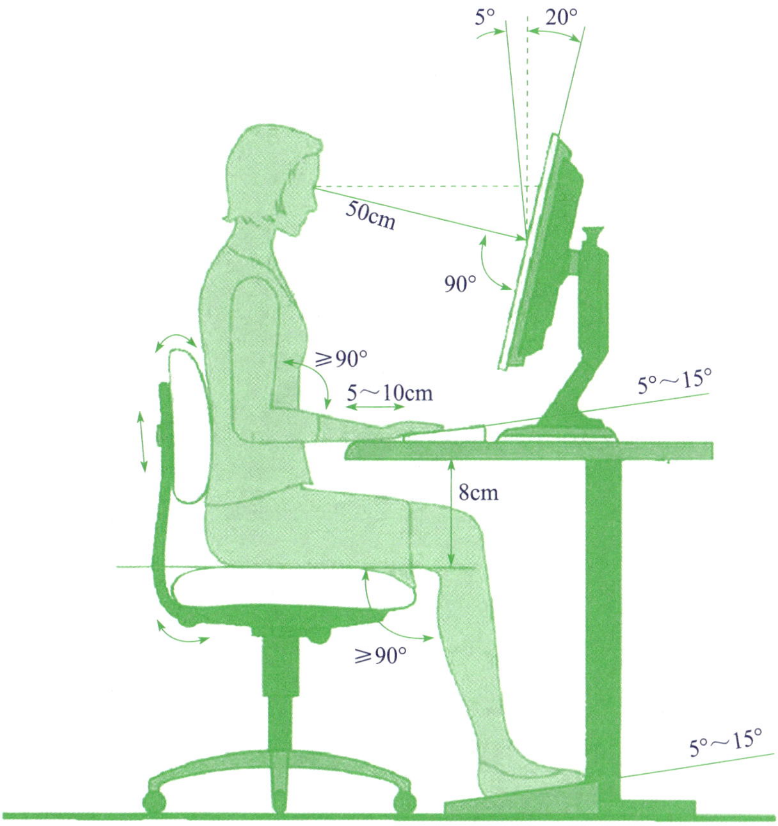

图 2－2　办公椅标准尺寸

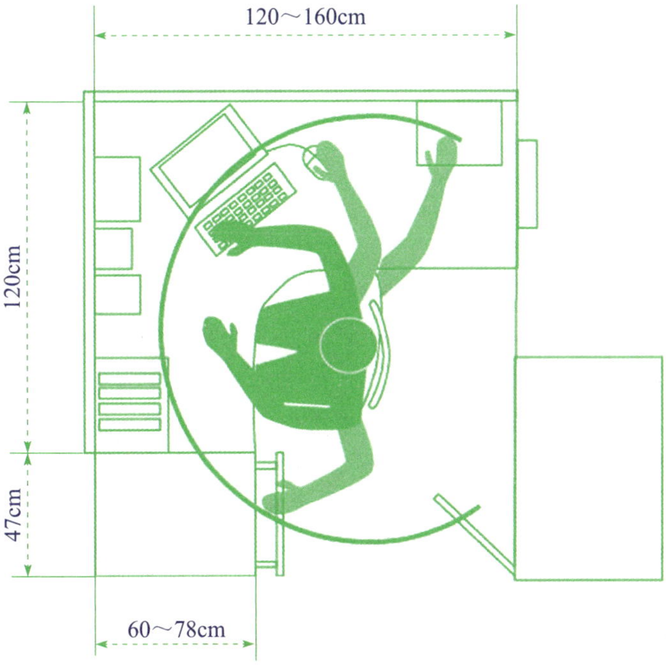

图 2－3　L 形办公桌标准尺寸

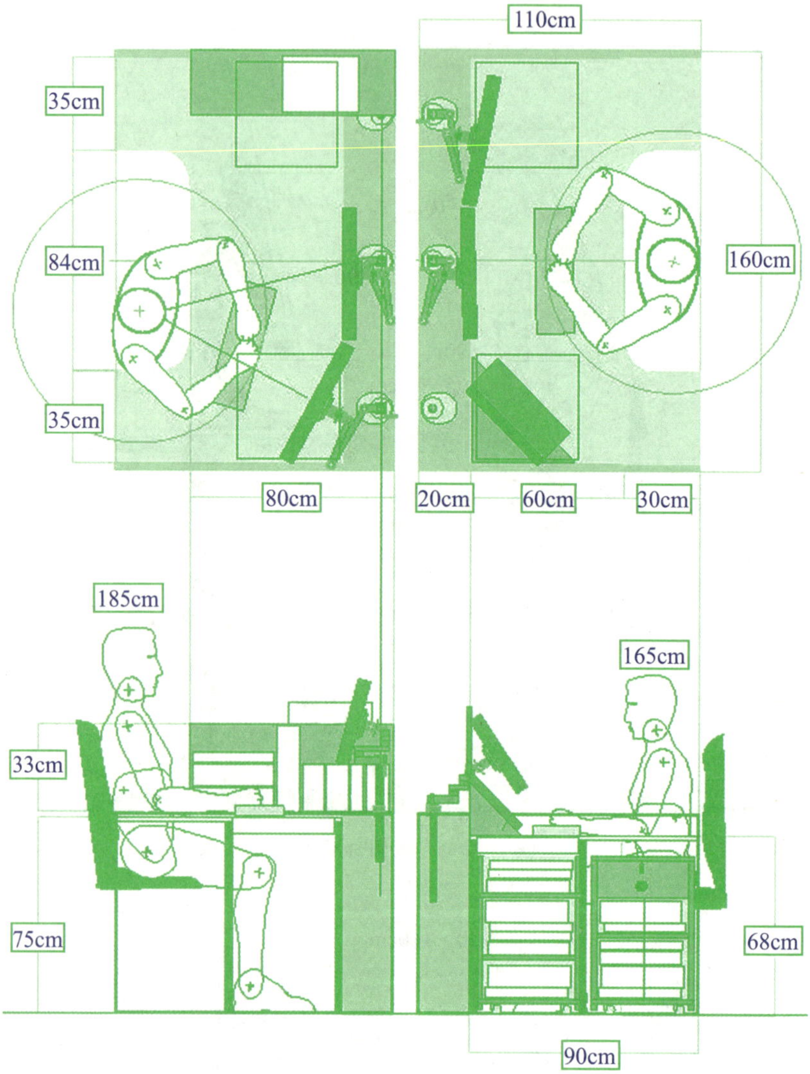

图 2－4　U 形办公桌标准尺寸

2. 服务前台

如图 2－5 所示，服务前台应分高低两层。内层为员工使用，标准尺寸：台面宽度为 50～70cm，柜台高度为 70～85cm。外层为客人使用，顶面需设置 30cm 宽的书写台面，用于客人填写资料使用，标准尺寸：高度为 110cm，宽度为 30cm。前台员工活动后方距离墙体或物体需预留不少于 90cm 的通道。

3. 小型接待区

如图 2－6 所示，小型接待区一般是沙发座椅组合。沙发座椅标准尺寸：宽度为 80～90cm，深度约为 135cm，坐垫离地面高度为 38～45cm；沙发座椅与其他相邻的台面之间的距离不应小于 38cm。

4. 董事长办公室

如图 2－7 所示，董事长办公室功能分为：办公区、等候区、文秘区、接待区、小会议区、茶水吧台、卫生间、休息区。

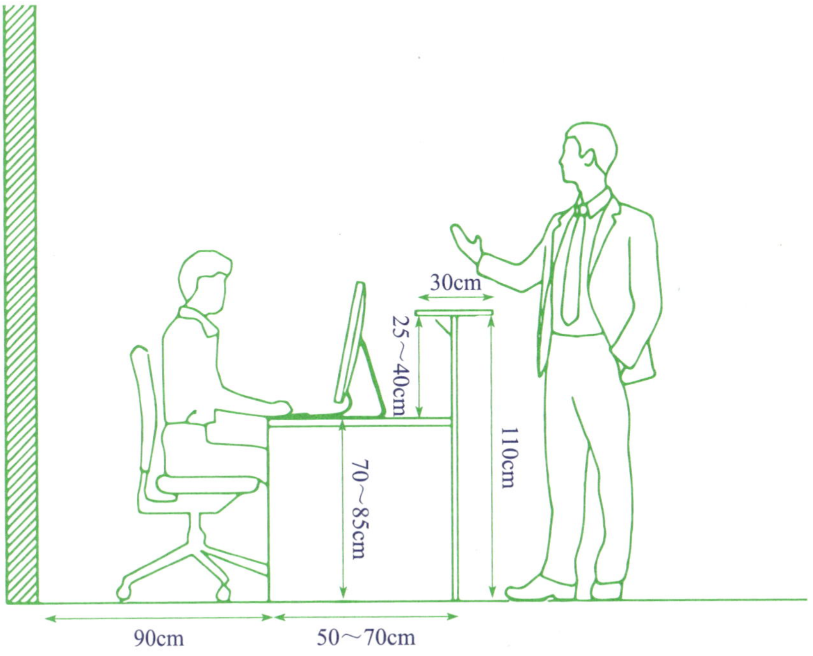

图 2－5　服务前台标准尺寸

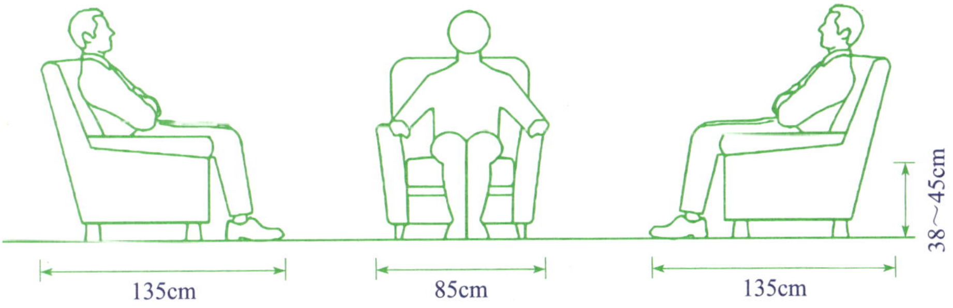

图 2－6　沙发座椅标准尺寸

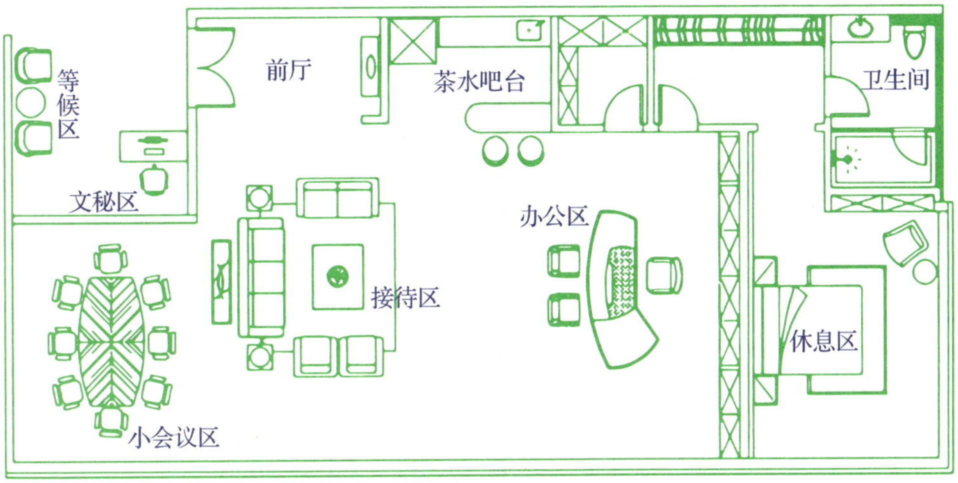

图 2－7　董事长办公室标准尺寸

5. 茶水间

如图 2－8 所示，茶水间是员工泡茶水、冲咖啡的地方。茶水间的基本配备包括冰箱、消毒柜、直饮水机、开水器、微波炉、咖啡机、吧台等。茶水柜台的标准尺寸：台面宽度宜≥ 60cm，台面到地面的高度为 80 ～ 85cm，台面距离上方存放柜 65 ～ 75cm，上存放柜的宽度为 35cm。

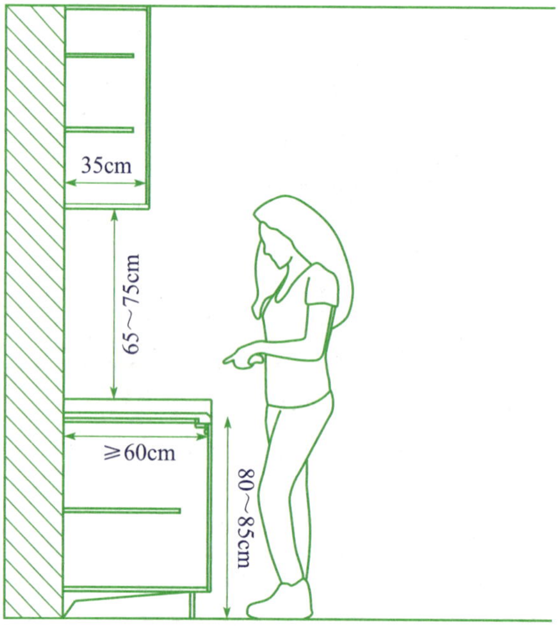

图 2－8　茶水间标准尺寸

6. 影印室

如图 2－9 所示，影印室是打印机、碎纸机、扫描仪、打印纸张存放的地方，员工可在影印室进行文件裁剪、订装等工作。柜式打印机的安装高度宜为 120cm。连体打印机需预留出纸口的宽度。

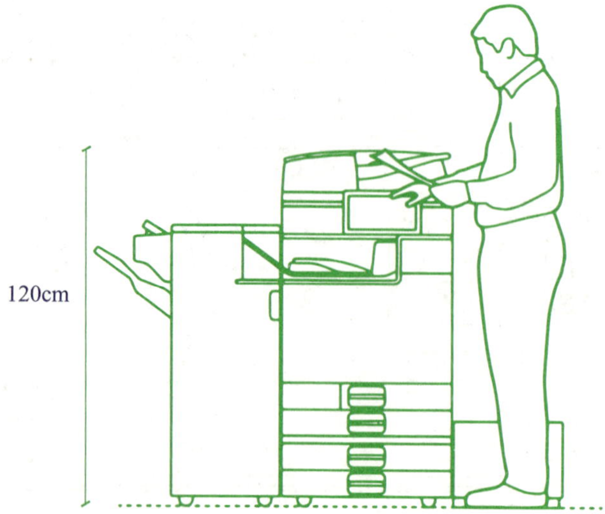

图 2－9　柜式打印机标准尺寸

7. 会议室

会议室是供开会用的房间，可以用于召开会议、培训、组织活动和接待客人等。根据大小，会议室可分为小型、中型和大型会议室。常用的会议桌形状包括：长方形、椭圆形、圆形、马肚形等。如图 2-10 所示，小型会议室面积不宜小于 $30m^2$，可供 10 人参会。小型会议室会议桌标准尺寸：桌面宽度为 80～120cm，桌子高度为 75～80cm。椅子与墙面的中间过道不应少于 90cm。如图 2-11 所示，中型会议室面积不宜小于 $60m^2$，可供 15～50 人参会。中型会议室会议桌标准尺寸：

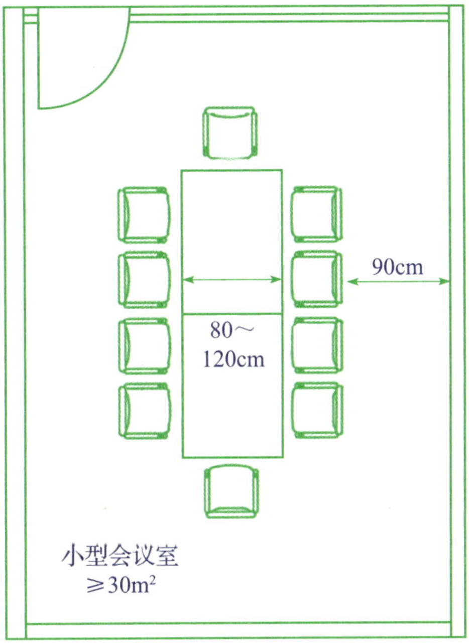

图 2-10　小型会议室标准尺寸

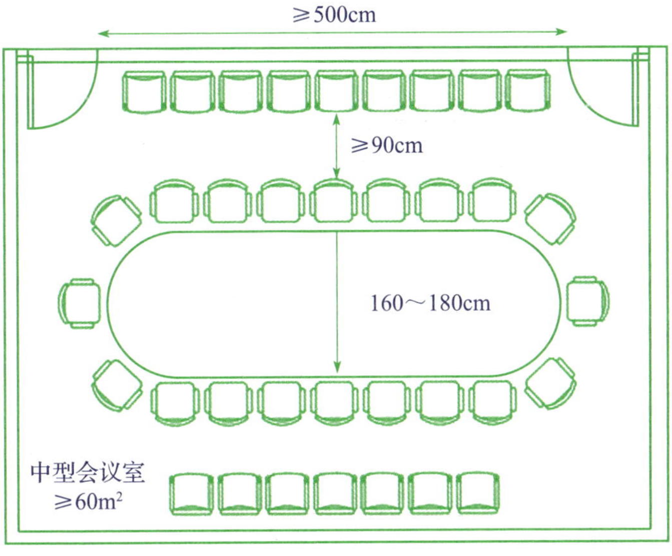

图 2-11　中型会议室标准尺寸

宽度为 160 ～ 180cm，高度为 75 ～ 80cm。如果会议室位于高层建筑内，依据《高层民用建筑设计防火规范》规定，达到 60 平方米的独立开间需设计两个以上的安全疏散出口，其相邻两个安全出口最近边缘的水平距离不应小于 5m。

8. 洽谈室

洽谈室是供简短交谈、接待使用的功能室，一般为封闭性房间，确保私密性。如图 2－12 所示，洽谈室的面积不应小于 $10m^2$，可容纳 3 ～ 5 人交谈。常规的洽谈桌以圆形居多，圆形洽谈桌的尺寸直径至少为 80cm。部分洽谈室会设计长方形的洽谈桌，尺寸为 120cm×90cm。

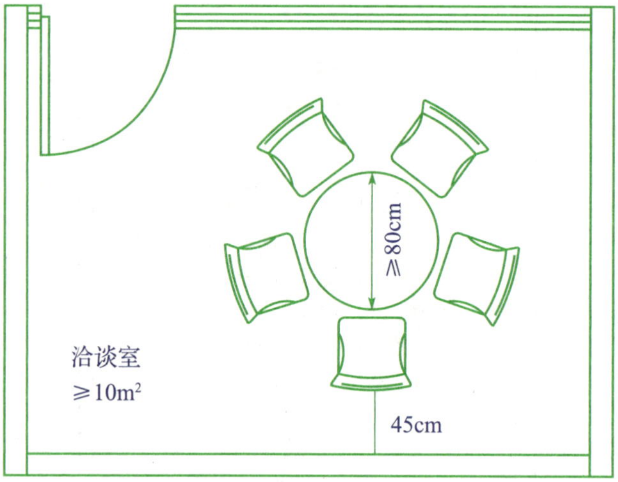

图 2－12　洽谈室标准尺寸

任务二 保障健康和安全的办公环境

一、创建和改进良好的工作环境

建立和维护安全、健康、卫生、低碳环保的办公环境，既是用人单位的责任，也是全体员工的义务。

（一）企业要保护员工

企业有责任保证员工在工作中的健康、安全，制定和不断完善有关员工健康和安全的规章制度，以利于不断建设、维护和改善员工的工作环境。

（二）员工要爱护自己

员工有义务严格遵守国家安全、健康、卫生法律法规和本企业的规章制度，积极主动地保持和维护工作环境的健康、安全、卫生，确保自身的健康和安全。

边学边练

2人一组，在行政办公室查找问题，填写表2-1。

表2-1　安全检查报告书

办公室名称：　　　　　　　　　办公室使用人：　　　　　　　　日期：

检验项目	待改善项目	其他	备注	复检
消防通道	□无法使用　□道路阻塞			
灭火道	□失效　□走道阻塞　□缺少			
走道	□阻塞　□脏乱			
门	□阻塞　□损坏			
窗	□损坏　□不洁			
地板	□不洁　□损坏			
厂房	□破损　□漏水			
楼梯	□损坏　□阻塞　□脏乱			
厕所	□除臭　□漏水　□损坏			
办公桌椅	□损坏			
工作桌椅	□损坏　□污损			
餐厅桌椅	□损坏			
厂房四周	□脏乱　□废弃未用			
机器设备	□保养不良　□基础松动			
高压线	□基础不稳　□保养不良			
插座/开关	□损坏　□不安全			
电线	□损坏			
给排水	□漏水　□排水不良			
仓库	□零乱　□防水防盗不良			
废料	□未处理　□放置零乱			
其他				

主管：　　　　　　　　检验员：
问题：
处理意见：
整改措施：
健康代表：

二、委任安全和健康代表

企业行政管理人员承担着建立、维护和改进办公环境的责任，应该有计划、有组织、有目标地确立办公环境发展规划，制定办公环境管理制度，开展办公环境检查。安全和健康代表应为公认的有责任心和献身精神的员工，其应具有建立安全和健康的工作环境的理论知识，掌握国家有关安全、健康、卫生的法律法规和企业的相关规章制度，并具有发现安全、健康、卫生问题和提出改进意见的能力。企业要委任安全和健康代表，定期对办公环境进行安全方面的检查，若发现隐患，在职责范围内排除危险或减少危险；如果发现个人无法排除的危险，有责任和义务报告、跟进，直到解决。安全和健康代表要将异常情况认真记录在隐患记录及处理表中，如表 2－2 所示。

表 2－2　工作场所影响健康和安全的隐患记录及处理

工作场所名称：诗韵有限责任公司 F 楼

序号	时间	发现的问题	处理建议	发现人	处理结果	处理人
1	2023.03.05 11:20	太阳光线直射计算机（1 号）显示器的屏幕，有碍操作人员视力健康。	报告主管调整 1 号计算机安放位置，避免阳光直射显示屏。	李小平	已按主管指示调整了 1 号计算机安放位置，解决了问题。	钟克强
2	2023.03.13 10:00	复印机电源线有一段胶皮已经裸露，可能遇水漏电、伤人。	最好更换新的电源线，尽快先用胶布缠上。	赵欣欣	已用胶布缠上；并已报告主管，批准派人购买新的电源线。	卫东林
3	2023.03.22 14:20	孙丽离开计算机操作岗位时未关闭应用程序，容易发生泄密事故。	提醒孙丽应执行信息保密规定，离开岗位时关闭应用程序。	梁秋	孙丽虚心接受了建议，表示今后一定认真执行信息保密规定。	栾雯丽
4	2023.04.04 11:15	送水站昨天送来的饮用水，桶上缺少有效日期标识，不放心饮用。	立即与送水站取得联系，问明情况，如有问题应予更换。	孙丽娜	送水站答复：运送中不慎碰掉标识，表示道歉并已更换。	章清扬
5	2023.04.12 13:40	午间休息闲谈时听新员工黄凯说虽经岗前培训但仍不知灭火器怎么用。	建议主管为新录用员工专门进行一次安全防火实战训练。	李曼	主管欣然接受了建议，决定本周内适当时机开展此项培训。	侗小琴
6	2023.04.20 15:35	周玲玲把密级文件和已录入文件信息的软盘乱放在办公桌上，可能泄密。	提醒周玲玲应执行信息保密规定，不能随手乱放密级信息。	王平镇	周玲玲愉快地接受了建议，表示今后一定不再发生类似错误。	谷兰
7	2023.04.27 09:50	办公室内电器设备的电源开关都是分设的，下班时分别关闭时容易遗漏。	建议主管设置一个总开关控制所有分开关，以避免漏关。	吴丽华	主管欣然接受了建议，立即安排电工设置了办公室总开关。	郎白敏
8	2023.05.10 08:30	包括保管机密文件和备份文件的文件柜都是木制品，不利于保密和防火。	建议主管把保管机密文件和备份文件的文件柜换成金属制品。	邱红菱	主管接受了建议，决定本周内购买金属文件柜换上。	白秋英

续表

序号	时间	发现的问题	处理建议	发现人	处理结果	处理人
9	2023.05.25 13:30	办公室新增设备后，空间狭窄、通风不畅，夏季闷热，不利于员工健康。	报告主管调整布局，把部分员工和设备挪到另一间办公室。	陈芙蓉	已按主管指示调出 1 名员工和桌椅，改善了室内通风状况。	仇雨金

知识链接

建设办公环境应遵守的原则和满足的基本要求

一、建设办公环境应遵守的原则

1. 维护企业员工身心健康。

2. 保证企业员工人身和财产安全。

3. 保守企业秘密。

4. 保证企业经营效益。

二、建设办公环境应满足的基本要求

1. 建筑要坚固。

2. 光线要充足。

3. 温度要适宜。室温保持在 18℃～ 28℃。

4. 保持工作场所空气流通；空气的质量要达到良好以上。

5. 在办公室内严禁吸烟，可在工作区外设立吸烟区。

6. 空间要适当。座位间要留有通道，保证员工工作的舒适性。

7. 噪声小，可利用屏障、地毯、设备、隔音罩减少噪声。

8. 办公用品要满足健康、安全标准，包括工作台面、椅子、各种存储设备等，杜绝有害物、可燃材料、易伤害人体的棱角及毛刺。

9. 办公设备操作要符合安全要求，操作指南和注意事项要明显张贴在办公设备上。电源线有序摆放或加以覆盖，严防漏电、踩踏或绊倒行人。

10. 办公区要设置相应的消防设施及必要的报警装置。

11. 办公室要提供符合健康、安全要求的饮水设施。

12. 办公区要配备急救包，并定期更换。

13. 建立相应的规章制度，包括健康安全规定、防火规定、人员出入规定、保密规定等。

14. 要有符合组织目标的装饰、标识。

15. 要有适当的绿色植物。

16. 必要时设置母婴休息室。

三、办公室的安全防范措施

办公室的安全保障工作也是非常重要的。在安全防范措施方面，需要保持严谨的态度，培养良好的保密习惯，采取有效的工作措施。

（1）通过在设备上刻蚀或喷涂编码来添加安全标记。

（2）设备加设安全锁。

（3）可携带的电子设备应该在不使用时妥善保管。

（4）定期对设备进行检查，并准确跟踪设备的位置和编号。

（5）控制人员进入办公场所后，设备间应及时上锁，人员进入用刷卡或指纹识别系统控制。

（6）加强安全教育，减少偷窃行为。启用闭路电视监视系统，并加强安保工作。

（7）值班人员应填写安全工作日报表，如表 2－3 所示。

表 2－3　安全工作日报表

填写日期：　　　　年　　月　　日

无意外事故			意外事故				
人员	时间	累计时间	工作场所	姓名	内容	原因	损失

部门经理：　　　　　　　　　　　　　　　　　　　　　　　　科长：

（8）如果不慎发生失窃等情况，要及时查找问题，填写安全整改通知书，如表 2－4 所示。

表 2－4　安全整改通知书

部门：　　　　　　　填写日期：　　　年　　月　　日　　　　字第　　号

不安全地点	不合规则处或不安全情形说明	建议改善事项	改善期限	改善经过及结果

审核	总经理		部门经理		科长		组长	

（9）数据和信息保护的重点内容如表 2－5 所示。

表 2－5　数据和信息保护的重点内容

序号	重点内容
1	价格和市场信息。竞争对手能使用这些信息来获得利益，如投标时，事先得知其他企业的报价。
2	财务信息。财务状况会直接影响企业的股价、银行信贷和商务合作。
3	裁员和招聘的信息。这些信息可能被新闻单位、员工或各类协会不适当使用。

续表

序号	重点内容
4	新产品的市场信息、市场活动和价格政策。这些信息对竞争对手用处很大。
5	保护数据和信息：使用密码来保护计算机数据，并定期更改，注意不要公开给未被授权人员。
6	定期备份计算机信息，备份文件保留在独立的地方，注意防火防潮和加锁。
7	定期检查病毒，防止由于病毒造成数据破坏和丢失。
8	禁止将U盘等移动设备带进或带出企业，这样能避免病毒入侵、防止数据丢失。
9	当使用计算机时，正确地退出相关运行程序。
10	定期保存数据。
11	显示器应放在不易被来访者看到屏幕信息之处。
12	离开办公桌时，关闭应用程序。
13	正确地保存磁盘。纸面数据应保存在带锁的、防火的柜子里。
14	办公室无人时，总是锁上文件柜。
15	把钥匙存放在机密的地方。
16	办公室无人时，不要把机密信息和文件留在办公桌上。
17	等待处理时，应把机密信息放在文件夹中。
18	增加安全知识方面的培训，使用保安人员和闭路电视监视系统。
19	在某些情况下，可能出现工作人员和来访者受到攻击的危险，应该采取措施使危险程度最小化。
20	工作人员的提包、钱夹、手机等个人财产应该放置在带锁的存储空间里。

故　事

谨防失窃

谨防失窃

一天，小白正坐在电脑前整理客户资料。小王走过来说：“小白，午饭时间到了，别做了，抓紧时间去吃饭，不然食堂去晚了好菜都没了，今天食堂包饺子，你特别爱吃的那种。”

小白一听，有点着急：“马上就好了，王总给我的客户资料都录入了，我保存一下啊！”小王：“哎呀，快点！”小白：“我关上电脑。”小王：“不用，马上就回来，回来接着做。”两个人急急忙忙去吃午饭，10分钟吃完后返回办公室。小白：“门怎么没关？”小王惊呼：“我的手机不见了！”小白：“我U盘呢？王总给我的客户资料都在里面呢！”小白马上报警，小王忙着挂失各种卡，警察调取监控录像发现：就在二人离开吃饭的10分钟里，一个中年男子进入办公室，见屋内无人，将小白的U盘、小王的手机偷走了。更重要的是，一个装有新设计图纸的档案袋也被偷走了。事后虽然在警方协助下追回了丢失物品，但是很多公司保密客户信息被犯罪分子出售给了对手公司，公司因此丢失了大量订单。小王也因为手机丢失被盗刷银行卡。

故事启示 当办公室无人时，千万不能忘记锁上门，手机、U盘、设计图纸等贵重物品要锁进柜子中，以防盗贼窃取。

任务三 处理紧急情况

一、伤病员急救

在办公场所突发意外，可能出现伤病员需要急救的情况，这是企业行政管理人员必须注重的工作之一。企业应安排急救员，配备急救设备和急救箱，普及急救知识。例如，在中毒窒息事故的应急救援过程中，因为救援缺乏针对性、平时演练不够、救援器材不能满足要求、员工缺乏应急救援知识、盲目施救等原因导致伤亡的事故多有发生，教训极其深刻。因此，掌握一定的急救、互救知识，对受伤人员进行及时和正确的救治，往往可以减轻伤害程度甚至挽救生命，同时也可为医护人员的到来争取时间。

故 事

物流公司失火

物流公司失火

在某物流公司办公室，艾家任走进总经理吴安庆办公室，说道：“报告吴总，消防局来电话，说要来检查消防情况，要求我们对三次检查发现的问题进行整改，对我们提出了很多要求。”吴安庆生气地说：“消防，消防，整天没事找事，这几天等忙完了再说。”艾家任说：“吴总，这事情很重要的。”吴安庆说：“我还很忙呢，消防、消防，消防队能帮我们赚钱吗？”边说边往外走，看到工人们在搬货物，大声说：“你们听着，这几天‘双11’都给我打起精神来，抓紧时间干活儿。”工人王晋来说：“货可真多啊，只能放在这里了。”艾家任说：“吴总，这里是防火通道啊，不能随便摆放货物。”吴安庆：“这里都是我的地方，我想放哪里都可以。”结果没过多久，由于楼梯间电路老化，引发货物着火，电梯不能运行，冒着浓烟的货物堵塞了通道，虽然艾家任拨打了119火灾紧急救援电话，但是很多员工仍然被堵塞在楼内，最终造成了货物损失，后经消防员及时扑灭明火，避免了人员伤亡。

故事启示　这是一个血的教训，警示企业必须严格执行事故预警发现报告制度。如果吴安庆能够将安全放在第一位，就能够避免所有的损失。在企业管理中，提早预防、防止经济损失是控制成本的有效方法。

二、紧急应对

紧急情况是指发生的事情是不可预见的或突然的，可能是危险的，而且是需要立即采取措施的情况。例如：企业内部可能发生许多紧急情况，包括工作人员或来访者突发疾病；工作人员或来访者遭受意外事故；出现火灾或爆炸报警，需要疏散建筑物内人员；有暴力危险的来访者攻击或威胁工作人员；金钱或物品被盗；等等。这些紧急情况可能会发生在企业内部，所以企业需要制定有关的紧急措施，以减少危险。企业有责任保证在其办公地点发生的所有紧急情况得到安全处理，并将工作人员、来访者及工作场所的危险最小化。企业应拟定《紧急情况安全处理程序手册》并出台危险处理的相关措施，发给每个工作人员一份，写明如果发生这样的紧急情况应采取的程序，但是这些手册的内容必须保密。此外，企业要制定安全防范管理措施并督促相关人员认真执行。例如：发放 ID 卡给工作人员，为来访者发放来宾卡或通行证。规定所有来访者必须从接待区被接走，并且不允许其独自在建筑物中走动。安装闭路电视监视器，为工作人员发放报警器，为关键人员安装应急按钮。在人员管理上，不安排人员单独工作。

三、建立事故发现和报告制度

（一）安排培训

对新员工做培训时，应该讲明工作中可能导致事故的情形和本企业事故报告的规定。要让所有工作人员知道急救箱在何处放置和负责其工作区的急救员的姓名。在指派的急救员不在的情况下，如果有人发生事故或身体不适，大多数企业会配备一名专门人员。

（二）使用事故记录本

所有企业必须保留事故记录本，相关人员应记录事故现场的详情，尤其对于伤害细节的记录应详细，留作证据。

（三）使用事故报告表

事故报告表必须包括下列有关信息：（1）受伤人的姓名、家庭住址、出生日期、职位（如果是工作人员）；（2）事故发生日期和时间、受伤或事故的发生地点；（3）受伤或事故的细节；（4）在事故发生时采取的行动、提供的急救处理和进行处理的人员；（5）受伤人员是否送往医院，如果送往医院，应记录医院的名称和地址；（6）事故证人的姓名和职务、职称；（7）事故报告人的签名。

事故记录本中应记录事故的所有细节，相关人员应在事故发生后尽快填写事故记录本和事故报告表。两者必须保存在安全有锁的柜子中或抽屉里，并且保留至事故发生后 20 年。

边学边练

填写事故记录本和事故报告表

事故经过：2022 年 2 月 7 日（星期一）中午 12:30，顾客毛黎萍来到鑫鑫里饭店二楼 304 房间，坐在餐桌前正在吃饭，座椅突然塌陷，毛黎萍摔倒，服务员王大陆和保安人员郭力新帮忙把她扶起来，拨打 120 呼叫了救护车，由行政人员金美兰陪同，将顾客送至附近的方形大街 22 号平安医院治疗，到医院后，经医生诊断，毛黎萍右手胳膊骨折。

根据上述事故填写事故记录本（见表 2－6）和事故报告表（见表 2－7）。

表 2－6　事故记录本

时间	顾客姓名	地址	事故或疾病	处理人	记录人

表 2－7　事故报告表

事故发生部门：　　　　　　　　填报日期：　　　　　年　　月　　日

事故种类			发生时间		发生地点	
事故经过						
伤亡情况						
财产损失	直接费用	元	间接费用	元	合计	元
善后处理结果说明						
原因分析						
防止对策						
改善计划						
签报批示栏	总经理	（副）总经理	行政部	部门经理	部门主管	填表人

四、防火措施检查和安全警告

（一）制定办公环境的防火措施

企业应将火灾或爆炸警告的疏散程序告知所有工作人员。相关内容也必须包括在新员工的培训计划中。

企业应定期检查火警铃是否正常工作，定期举办防火演习，使工作人员知晓应急处置的正确流程；应指定建筑物每一层的疏散负责人员，根据面积大小和人员数量确定负责人员的人数。一些企业会在每一层楼梯旁边配备担架，帮助疏散不能行走的人员。所有员工应该尽量在离开工作区域前关上所有的门和窗户。负责疏散的人员应尽可能检查门和窗户是否已经关上，最后再离开楼层。建筑物应安装防火门，防火门应当总是关闭的且处于良好状态。

此外，企业要确保没有物料堆积阻碍防火门附近的通道，以防止紧急情况下门无法打开；火警铃应遍布每一栋建筑物，让每一个工作人员在铃声响起时都能听到；应安装报警灯，确保建筑物的烟雾报警器在探测到烟雾时会立即发声，应定期检查烟雾报警器，确保电量充足；建筑物应安装喷水装置，在探测到火灾的情况下，它们会自动工作。企业应该精心维护并定期检查以上设备，以确保其正常工作。

（二）减少火灾危险的措施

（1）工作人员不允许在房间内吸烟。

（2）工作人员在首次参加培训时，应被告知正确的疏散程序。

（3）应进行定期的防火演习，估算离开建筑物花费的时间。

（4）应邀请消防员提出本建筑物疏散的具体建议。

（5）应经常检查所有电气设备，以确保其处于正常的工作状态。

（6）所有磨损的电线应立即由有资格的人员处理。

（7）所有使用的电器应由有资格的人员定期检查和维护。

（8）易燃品应存放在防火柜中。

（9）办公室的家具应尽可能用金属而不是木材制作。

（10）所有区域应保持清洁，不乱放废纸和纸板箱。

（11）应每天清除废纸篓中的垃圾，废纸篓应使用金属材质。

（12）工作人员应知道最近的灭火设备的位置。

（三）安全警告的注意事项

1. 安全警告应贴在所有建筑物的显著位置

企业应配备与卫生和安全有关的布告板，使所有工作人员和来访者能看到。安全警告必须写明在火警的情况下应采取的防范措施，疏散时使用最近的安全出口；同时提醒人们不能使用电梯以及工作人员在疏散离开房间前必须关闭所有的门和窗户。

2. 张贴其他安全须知

例如：在所有设备上方或旁边放置详细须知，说明如果设备不能正常工作时应采取的步骤，其他安全须知应指明负责人员的姓名。

3. 张贴安全出口标志

建筑物内应有明显的安全出口标志。当危险发生时，工作人员应按照统一布置向安全出口撤离。

安全无小事，生命排第一。企业应做好安全隐患排查工作，把隐患消灭在萌芽中，时时刻刻注意安全，有效防止危险发生。消防器械检查记录表和消防设备检修报告如表 2－8、表 2－9 所示。

表 2-8　消防器械检查记录表

填写日期：　　　　　年　　月　　日

编号	检查结果	编号	检查结果	编号	检查结果
异常处理对策					
检查结果说明					

部门负责人：　　　　检查员：

表 2-9　消防设备检修报告

编号：　　　　　　　　　　　　　　　　年　　月　　日

检修部门		检修设备	
检修原因			
检修情况结果说明			
更换品种及数量			
备注		检修人	

检修人员：　　　　消防主管：

知识链接

灭火器材

主要的灭火器材包括：

1. 装有沙子的防火箱。

2. 消防毯。

3. 灭火器。灭火器的种类很多，其所充装的灭火剂可分为水、二氧化碳、化学泡沫、卤代烃、干粉等，如表 2-10 所示。

表 2-10　灭火器的种类

制成物料	水	二氧化碳	化学泡沫	卤代烃	干粉
适用火情	扑灭木和纸引起的火种	扑灭易燃液体或电引起的火种	扑灭易燃液体引起的火种	扑灭易燃液体或电引起的火种	扑灭任何火种
不适用火情	不适用于易燃液体或电引起的火种	不适用于金属燃烧引起的火种	不适用于电引起的火种	卤代烃具有毒性，而且会破坏臭氧层	

任务四 办公室 6S 管理

一、办公室 6S 管理要素

办公室 6S 管理是在 5S 基础上，增加了一项“安全”，即重视员工安全教育。员工应树立安全第一的观念，防患于未然。6S 管理强调企业应建立安全的环境，所有的工作应在安全的前提下开展。

（1）整理（Seiri）。将办公场所的所有物品区分为有必要与没有必要的，除了有必要的留下来，其他的都清除掉。

（2）整顿（Seiton）。把留下来的必要物品依规定位置摆放，并放置整齐，加以标示。

（3）清扫（Seiso）。将办公场所内看得见的与看不见的地方清扫干净。

（4）清洁（Seiketsu）。任何时刻都维持整洁的办公环境。

（5）素养（Shitsuke）。每位员工养成良好的习惯和追求整洁办公环境的自律精神，能够按规则做事，培养主动积极的精神。

（6）安全（Safety）。“五关”，即下班前关计算机、空调、照明、门窗及其他电器（如打印机、复印机、碎纸机等）。

知识链接

办公室 6S 管理工作口诀

整理：要与不要，一留一弃
整顿：科学布局，取用快捷
清扫：清除垃圾，美化环境
清洁：清洁环境，贯彻到底
素养：形成制度，养成习惯
安全：安全操作，以人为本

二、办公室 6S 管理责任区划分

（一）个人责任区

个人责任区是指个人的桌面、抽屉、电脑、文件柜以及个人办公桌范围的地面，每个人都有责任做好个人责任区的 6S 管理工作。

（二）公共责任区

公共责任区是指大堂、电梯、走廊、公共通道、楼梯口、安全口、茶水间、洗手间和未分配到部门的办公区域，公共责任区的6S管理工作由运营管理部制定标准，并指定专人负责。

边学边练

制作办公室6S管理宣传海报

搜索相关资料，利用易企秀等软件制作办公室6S管理宣传海报，要求不能漏项。

三、办公室6S管理的具体实施规范

（1）办公桌6S管理。桌面要做到无灰尘、水渍、杂物，下班前要清理桌面。重要纸质文件、保密文件（包括发票、客户信息、工作联络单）等一律入柜。其他纸质文件全部整齐放置在文件架和文件夹中，不得散放在桌面上。办公用品要摆放整齐。桌下不得堆放与工作无关的文件和物品（如报纸、杂志、废纸箱、私人用品等）。座位办公区域放置座位名牌，员工外出或出差时应将名牌反面放置并附联系方式，告知自己不在位置上。

（2）办公椅6S管理。保持干净清洁；摆放整齐，离开时办公椅要靠近办公桌，摆放在桌面下方；桌面、墙壁等物体表面禁止乱涂乱画。

（3）抽屉6S管理。下班离开前要锁好抽屉，屉中物品摆放整齐。个人抽屉应每星期整理一次，清理抽屉中一个月内用不到的物品，最下面抽屉用于存放私人物品。

（4）文件柜6S管理。有标识（部门、编号、责任人），柜内物品、文件等摆放整齐，标识明确，便于查找。文件柜要每半个月整理一次，若有变动，标签应及时更新。对舍弃的文件、资料，应遵照安全、保密的原则进行销毁。

（5）计算机6S管理。公共办公区计算机统一放置于靠屏风（墙）的位置，应摆放端正，保持清洁。下班时关闭电源。

（6）打印机、传真机、碎纸机6S管理。节约用纸，双面打印，纸张存放整齐。及时取回打印、传真的文件，以免丢失、泄密。不允许用传真机复印大量文件（单张或紧急时候可以特殊对待）。打印机、传真机、碎纸机应有资产编号和标识注明部门、放置地点、保管人姓名。

（7）饮水机6S管理。严禁在饮水机上放置茶杯、饮水用具，违者没收。饮水机水龙头处不可以洗手、洗水果。

（8）地面6S管理。保持干净；计算机电源线、网络线、电话线等扎放整齐。

（9）易燃品6S管理。禁止纸袋、纸张、纸板、纸箱、塑料、泡沫等易燃品与电源线、网线、电话线放置在一起，保证安全。

（10）通道、走道6S管理。保持通畅，不得摆放影响美观或走路的纸箱等。

禁止随地吐痰。

（11）垃圾篓6S管理。垃圾篓应放置于桌下内侧，不得放在通道上。垃圾篓内至3/4容量后应及时倒掉垃圾。大件垃圾及时处理，不应在垃圾篓中堆放。

（12）临时摆放物品6S管理。原则上公共场地不允许摆放纸箱、物品等。如特殊情况需临时摆放，必须放置整齐，不得影响整个办公场所美观及行走方便。

（13）公用、流动座位6S管理。使用人员均有责任和义务在使用和离开时做好办公区域的清洁工作。

（14）卫生间6S管理。使用马桶后应自觉冲水，洗手后将水珠甩入水池，洗手盆内不准倒茶叶。卫生间可以从一定程度上反映企业的管理能力、执行能力以及员工的基本素质。

故　事

办公电脑6S整顿

诗韵有限责任公司的办公室标准化管理专员安思林向部门经理李克良汇报工作时提道："在检查管理系统6S实施的过程中，发现有些员工办公电脑的文件混乱，到处是随意创建的子目录。有些子目录和文件标注得也不清楚，打开后才能知道里面是什么内容。而且文件版本种类繁多，过期的文件、临时文件、错误文件或者一个文件多个副本现象数不胜数。"李克良说道："必须要求员工严格落实6S管理，将材料、文件进行有序放置，标注清楚、存储空间合理布局。"一周后，员工都交口称赞："这样的做法帮助我们消除了很多垃圾文件，提高了工作效率。"

故事启示　通过规范办公室工作现场秩序，加速办公室工作环境和工作状况的调整及改进，从而提高员工工作效率。

项目测验

一、单选题

1. 6S活动的目的是（　　）。

A. 节约　　B. 安全　　C. 防火　　D. 浪费

2. 现代办公室通常使用"开放式"和哪种不同的方式来布局？（　　）

A. 封闭式　　B. 单间式　　C. 密闭式　　D. 独立式

3. 建设办公环境（　　）。

A. 是企业的单方面保障　　B. 是个人的单方面保障

C. 与企业和个人无关　　D. 是单位和个人的双方保障

4. 6S管理的核心和精髓是（　　）。

A. 素养　　B. 整理　　C. 整顿　　D. 清洁

5. 重视员工安全教育，员工应树立安全第一的观念，防患于未然。6S管理是5S的升级，在5S基础上，增加的一项是（　　）。

A. 整理　B. 整顿　C. 清扫　D. 安全

二、多选题

1. 空间的使用有三个方面的要求，即（　　）。

A. 费用最小化　B. 满足工作需要　C. 满足社会性　D. 满足灵活性

2. 办公室布局有三个目标，即（　　）。

A. 经济实用　B. 奢侈的布局　C. 美观大方　D. 独具品位

3. 建设办公环境，应遵守的原则包括（　　）。

A. 维护企业员工身心健康

B. 保证企业员工人身和财产安全

C. 保守企业秘密

D. 保证企业经营效益

4. 企业要建立相应的规章制度，包括（　　）。

A. 健康安全规定　B. 防火规定

C. 人员出入规定　D. 保密规定

5. 办公室 6S 管理的要素包括（　　）。

A. 整理　B. 整顿　C. 清扫

D. 清洁　E. 素养　F. 安全

三、判断题

1. 信息时代的办公设备的特点是自动化、一体化、无纸化、可随身携带。（　　）

2. 建立和维护安全、健康、卫生、低碳环保的办公环境，既是用人单位的责任，也是全体员工的义务。（　　）

03

项目三

建设制度

- 任务一　建立工作程序
- 任务二　确定工作的质量标准
- 任务三　建设基础制度

知识目标

了解企业工作程序建立和制度建设的必要性和重要性、建立工作程序的原则和基础制度建设等相关知识点。

技能目标

掌握基础制度建设的步骤和要求；能够通过制定工作标准控制工作的质量，学会制定科学合理的工作程序和基础制度。

素质目标

树立遵章守纪的思维，培养集体主义观念，培养纪律严明的理念。

思维导图

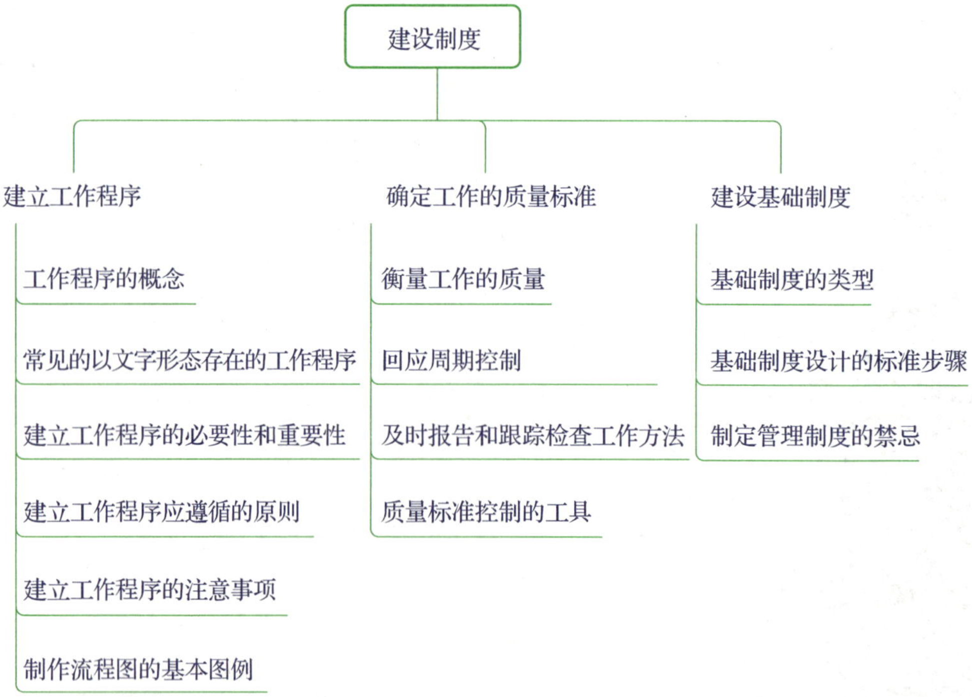

任务一

建立工作程序

一、工作程序的概念

工作程序（即工作流程）是指工作事项的活动流向顺序。工作程序包括实际工作过程中的工作环节、步骤和程序。在工作程序的组织系统中，各项工作之间是一种动态的逻辑关系。如图3-1所示，任何一项工作都要按照项目立项批准启动、项目规划、阶段执行、评审验收（未通过则优化整改）、成果交付/款项结算、项目结项的步骤进行。在实施过程中，管理工作、信息处理以及设计工作、物资采购和施工、验收、结项都属于工作程序的一部分。如果要全面了解工作程序，就要用到工作程序图。工作程序图示一目了然、便于执行是企业行政管理工作程序的特点。这些工作程序可以根据企业的需要，被编写到OA（办公自动化）系统，企业员工可进行在线办公和无纸化办公，简化了操作流程。

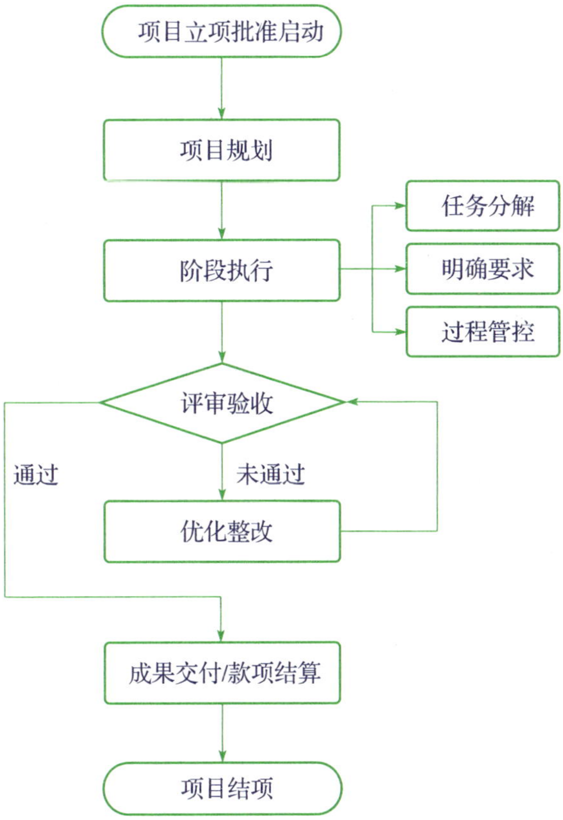

图3-1　项目工作程序图

二、常见的以文字形态存在的工作程序

（1）在国家法规中存在的工作程序。如司法中规定的批捕程序、审判程序。

（2）规章制度中存在的程序。如企业执行归档管理程序、报销审批程序等。

（3）为某项工作专门规定的程序。如来访接待程序、新员工入职程序等。这些专门的工作程序既要依据相关的规章制度，又是对规章制度很好的补充。

（4）为某次工作专门规定的程序。如某次会议的会序、某次接待工作的日程安排、某次活动的实施方案等，实质上就是此次工作的具体的实施计划。

三、建立工作程序的必要性和重要性

（一）有利于规范行政管理人员的行为

现代化办公能够充分展示每一个行政管理人员的个性化能力，但容易造成办公形式、进程、质量的不一致性，从而影响整体工作的推进和目标的实现。建立完善的工作程序，能够尽可能地保证行政管理人员在不同的工作地点、不同的工作时间遵循统一的工作标准，达到统一的要求，实现统一的目标。

（二）有利于建立公平公正和正义的环境

公平公正是中国特色社会主义的内在要求。在企业中，无论什么类型的工作，如果没有统一的章法来约束，是无法实现公平公正和正义的。所以，完善的行政管理工作程序是行政管理人员在职责范围内实现公平公正和正义的重要保障。

（三）有利于提高企业办公效率

在实际工作中，行政管理工作纷繁复杂，各种临时性事项、紧迫性事项往往会接踵而至，这个时候如果行政管理人员分不清轻重缓急，抓不住核心关键，就很可能出现每件事都去做、每件事都没有结果的情况，导致工作效率低下。假如企业能够从全局高度出发、从事件的轻重缓急出发建立科学的行政工作程序，那就能够避免很多问题，使工作有序开展，提高效率，达成目标。

（四）有利于树立良好的企业形象

完整、灵活的企业行政管理工作程序能够体现行政管理人员高效的工作效率，对树立企业良好的社会形象具有至关重要的作用。

四、建立工作程序应遵循的原则

建立工作程序是企业行政管理人员的常规工作内容之一，应该遵循规律性、法规性、公平性和简化性四个原则。

（一）规律性原则

规律性原则是指建立工作程序时必须遵守客观规律的要求。只有经过反复实践，才能掌握事物的客观规律，做事得心应手、运用自如；反之，如果违背客观规律，工作就会失败或者造成不同程度的损失，急于求成，最后只能事与愿违。完成一项工作如同建造一栋大楼，如果在基础没有打牢的前提下就开始砌墙、封顶，那这栋楼必然会倒塌，违反客观规律，势必会造成窝工浪费。

（二）法规性原则

法规性原则是指建立工作程序时必须符合法律法规的要求。如果工作程序与法律法规相悖，不仅违法违纪，还会失去公平正义，不会得到公众的支持和认可。

（三）公平性原则

公平性原则是指建立工作程序时必须符合公平、公正、公开的要求。一项工作程序不仅应该保证程序执行的结果是公平的，还应保证程序执行的过程是公开透明的，这样才能使程序的利益方感到公平正义。例如，企业选聘中层干部的方案既应该保证选聘的结果对竞聘者是公正的，也应该保证选聘的过程是公开透明的。

（四）简化性原则

简化性原则是指凡是能简化的程序环节都应该尽量简化，凡是能简化的辅助要求也应尽量简化。这样不仅能够给服务对象带来诸多方便，还能简化办事人员的工作负担，提高工作效率。

企业行政管理工作程序的建立不仅涉及在实际工作过程中各个环节的目标、方法和措施等细节，还涉及人、财、物、技术和政策等要素及辅助要求。这些复杂的因素，靠一个人很难准确地把握和正确地解决，需要向上级、同事等多方征求意见，反复推敲，最后才能确定结果。

五、建立工作程序的注意事项

建立工作程序的注意事项包括：

（一）明确工作程序的目标

凡是工作目标大多都会涉及标准和指标。标准有国际标准、国家标准、地方标准和企业标准。例如，国际标准的纸张尺寸可分为 A、B、C 三个系列。此标准的特色是纸张尺寸的长宽比例均为 1.4 左右。同系列但是不同尺寸的纸张，其几何比例相同，这就是固定的标准。除标准外，指标可能涉及的范围包括国家政策和法律法规的要求，但涉及最多的方面还是数量、质量和时限。对于工作程序而言，建立规范准确的目标，有利于工作的高效执行。

（二）制定工作程序的细节

工作程序的细节，即为了实现工作程序中的各个环节目标所需要采取的方法和步骤。一般而言，工作程序包含准备、计划、实施、总结评价等阶段，每个阶段可能都会有若干个环节。例如，我们在做总结时，就可能涉及搜集反馈意见、计算收支费用、撰写工作总报告等内容。

故　事

细节决定成败

细节决定成败

诗韵有限责任公司经理办公室。员工杨侠坐在赵绘同经理对面。

赵绘同："我发现大客户对公司利润所作贡献越来越多，我决定成立大客户管理部并由此部门优化 VIP 服务流程，由你负责，以此提高客户的满意度，提高客户的忠诚度。这是文件。"说完将手里的大文件签字后递给杨侠。

3天后，赵绘同来到大客户管理部。杨侠：“我部日夜兼程，设计出了一整套高质量的服务流程，请过目。”杨侠招呼另外2名员工安丽丽和常大铭一同介绍汇报。

安丽丽指着设计稿说：“在营业厅有专门的VIP室，有特定的服务流程。”赵绘同点头称赞：“水平一流，迅速执行。”3人异口同声：“是。”

大客户高金英在VIP室享受了一整套贵宾服务后，在普通的营业大厅排队付费，耽误了大量时间。高金英在服务调查单上勾选“非常不满”，原因是“付费排队”。

赵绘同看到“非常不满”的报告，致电杨侠：“杨经理来一下。”

杨侠迅速面见赵绘同说明情况：“出现‘非常不满’的情况，是因为付费环节的管理是企业独立的内控部门负责，在公司内部单独垂直管理，整个流程的最后一个环节即付费环节却没有特别的安排，所以即使前面各项程序设计得再周到，最后这一项就会给VIP服务大打折扣。”

故事启示 工作程序涉及企业、客户多方面利益，工作程序设计得不科学就会直接暴露企业内部存在的问题，进而影响客户忠诚度。

（三）确定工作程序的辅助要求

1. 帮助性条件

工作程序的辅助要求是指实现工作程序的目标和实施工作程序的步骤所需要的帮助性条件。例如，“无现金化”本身无可厚非，但是强制性不收现金违反了相关法律规定。根据国家法律法规要求，人民币在我国境内任何一个地方都是合法流通的，任何单位和个人都不能拒收现金。企业如果要出售商品，就必须在工作程序中解决付款这个辅助问题。

知识链接

法定货币

《中华人民共和国中国人民银行法》第16条和《人民币管理条例》第3条都规定：“中华人民共和国的法定货币是人民币。以人民币支付中华人民共和国境内的一切公共的和私人的债务，任何单位和个人不得拒收。”

2. 根据实际情况需要更改工作程序

例如，某企业后勤设备管理规定中有一条是：“新购买的设备必须先入库，然后再由使用单位领出使用。”而在实际工作中，由于使用单位距离库房比较远，而且马上需要将这些设备投入使用，上级部门便决定将设备从厂家直接运送到使用现场。负责设备管理的部门原来是不需要派人到现场的，现在又需要到现场办理入库和领出手续了，这种情况就属于根据实际情况对规定进行了调整。所以，如果要更改工作程序，使用部门和相关协调部门就一定要考虑好设备管理部门派人到现场的相关事宜。

六、制作流程图的基本图例

如图 3－2 所示，流程图是由一些图框和流程线组成的，其中图框表示各种操作的类型，图框中的文字和符号表示操作的内容，流程线表示操作的先后次序。企业行政管理人员可以使用 Word、Excel 和 PPT 制作流程图，示例如图 3－3 所示。

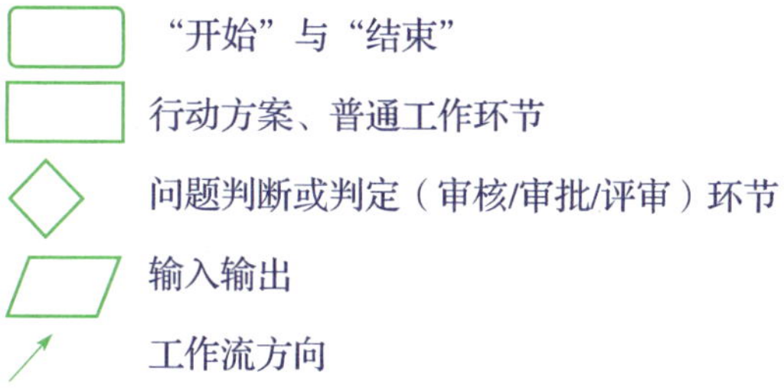

图 3－2　流程图图例

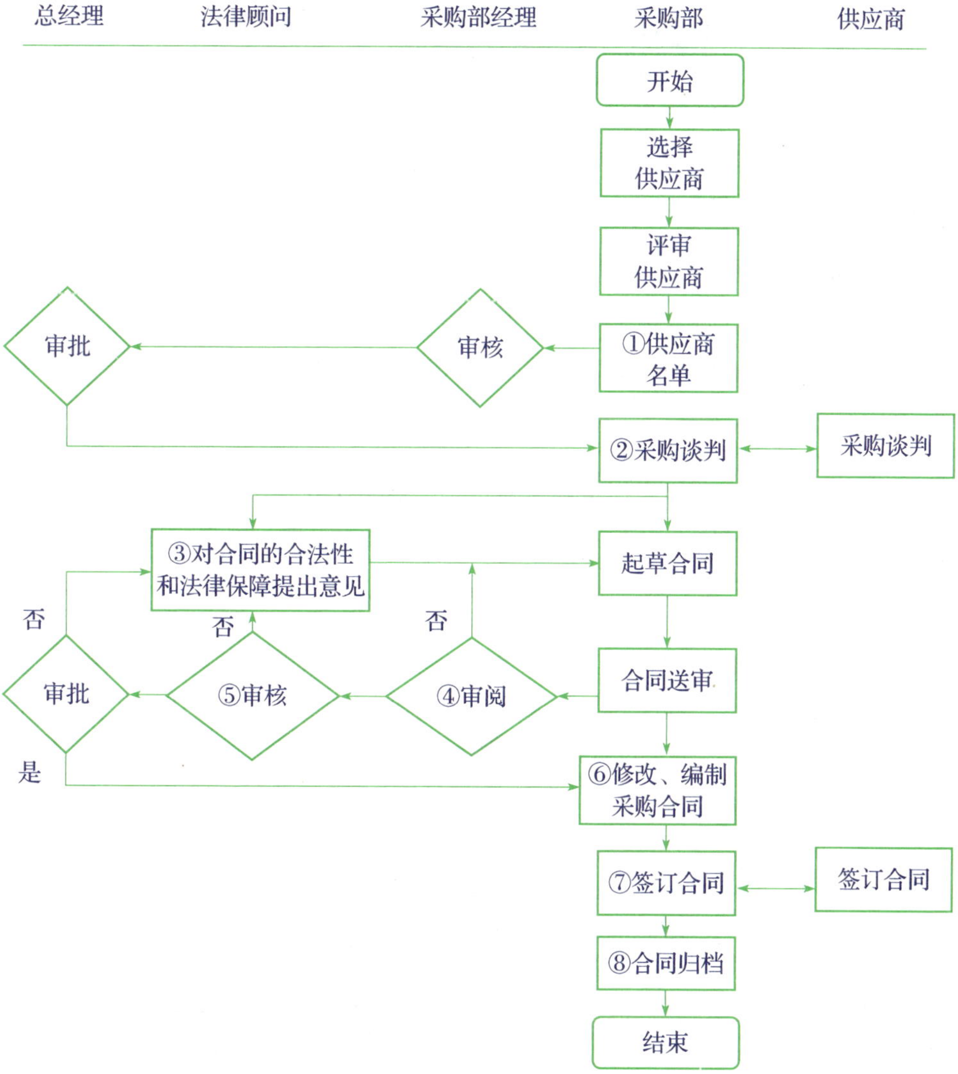

图 3－3　采购合同制定流程图示例

边学边练

设计一整套高质量的服务流程

假设你在诗韵有限责任公司大客户管理部工作，接到的任务是：为了优化VIP服务流程，请设计一整套高质量的服务流程，以期提高VIP客户的满意度，进而提高其忠诚度。在营业厅设有专门的VIP室，有针对VIP客户特定的服务流程。

任务二 确定工作的质量标准

一、衡量工作的质量

（一）质量标准

质量是指企业行政管理工作的质量，标准是指企业行政管理服务令服务对象认同和满意的程度。服务质量的认同和满意程度表现在是否在对象期待的时间内提供了服务，以及服务是否符合其心理需要和实际需要。

（二）工作标准

工作标准是员工的行为指南和考核依据。缺乏工作标准，往往导致员工的努力方向与企业整体发展方向不统一，造成大量的资源浪费。因为在缺乏参照物时，时间久了，就容易造成员工工作懈怠。

（三）管理手册

为了进一步做好有效管理，应将服务标准和实现这些标准的政策依据、法律法规、指导思想和工作程序等制作成管理手册，如“质量手册”“职工手册”等，并依据这些手册对服务质量进行控制和管理。

二、回应周期控制

通常而言，企业会使用回应周期来处理多种问题。例如，某企业宣称其客服人员会在24小时内回复来电或者在7天内以书面形式回复客户的投诉。这就是回应周期。回应周期分为回应的时间和满足最终期限。现代通信系统速度的加快和计算机技术的应用，使人们的注意力集中在速度和时间上，企业在处理问题时给客户或查询者一个明确的答复时间，包括制定满足客户最终期限的要求，已经逐渐成为衡量企业服务质量的重要标准之一。随着通信系统的发展，电子邮件、传真、即时聊天软件、智慧化移动办公软件等多种工具的使用已经成为惯例。因此，做好回应周期的管控会让客户有更高的满意度。

知识链接

小型企业和大型企业中行政管理人员工作跟踪的区别

在小型企业中，行政管理人员可能是办公室中的唯一成员，其任务少、工作单一，因此，跟踪员工工作进展的频次相对较低。

在大型企业中，行政管理人员的任务多、工作复杂。一项工作项目需要众多工作人员在一段时间内共同完成。行政管理人员需要确保项目阶段性的效果和进度。通常而言，工作项目会被分成几个部分，对每一部分都设定完成目标，并进一步跟踪工作进度，逐步推进。只有每部分都按照期限完成，全部工作才能按期完成。

三、及时报告和跟踪检查工作方法

除了回应周期控制外，工作人员应及时向上级汇报工作进展。在紧急和常规情况下，工作人员能够区别优先次序，做好重要、紧急等不同程度的排序。常用方法包括：

（1）非正式口头检查。在工作期间询问相关人员工作的进展情况。

（2）工作日志检查。根据开始时的工作计划列表核对完成时间。

（3）现场检查。查看实际工作进展情况。如观察个人公文架上等待处理的工作数量。

（4）对照检查。对照清单和制订的计划检查工作进展。如果任务被分为几个部分，确认各部分的目前进度是否符合期限。

（5）监督检查。使用工作任务质量监督检查表检查重要工作的进度。

四、质量标准控制的工具

质量标准控制的工具包括质量控制手册、作业指导书、表格等。

（一）质量控制手册

质量控制手册是用来明确质量标准的书面文件，包括关于这些标准如何被监控、分析和采取正确措施的信息。例如，监督某不合格产品的退款事宜，就要进一步识别在哪个制造过程中出现了问题，并保证该问题得到解决。一本规范的质量控制手册需要有规范排版，保证程序符合实际需要并且上手迅速，并指出应急处理方法等。质量控制手册的要求如下：

（1）有标准的布局和方式，如页边距、字体、标题样式和信息。

（2）清楚地标明日期和参照，是否为最新添加的信息等。

（3）如果是散页，可将其存储在环形文件夹中，目录页放在前面，易于更换。

（4）注意装订方式、手册的跟踪和语言风格。

（二）作业指导书

作业指导书是指导作业者进行标准作业的文书，具体是对某项行政管理工作应达到的目标、标准、数量、质量、安全和具体操作要求的指导文件。如客户休息室服务作业指导书。

（三）表格

表格是用来收集和记录标准化信息的文件，也是执行工作程序和控制工作质量的工具。行政管理人员日常工作中会接触大量的表格，包括工作场所影响健康和安全的隐患记录表、工作申请表、客户登记表、人事记录表以及订购表等。加强表格的管理，可以提高工作效率。表格的使用需要注意以下要求：

（1）遵循最少原则，即在实际工作中，企业使用的表格数量应保持最少，因为表格太多可能会导致低效率。

（2）表格不得任意更改。确定程序时，应该明确所有必要的表格。

（3）不得随意替换表格。已经获得 ISO 9001 标准认证的企业所使用的表格应符合规范要求，不得随意替换。

（4）表格的设计因素包含很多内容。表 3－1 是工作任务质量控制表。设计人员一定要清楚表格要表达的目的，将表格的作用发挥到最大。总的来说，表格应该是简化版文件，包含必要信息；应该以逻辑顺序布局，以易于填写；应该考虑填表人员的认知水平，列出合适的问题；应该考虑信息的安排，减少信息处理过程中的错误。此外，还应该考虑复印过程和表格计算机化的具体操作。表格最终的目的是确保预先收集的信息可以被准确地填写，将错误降到最小。

表 3－1　工作任务质量控制表

提交日期		发出任务人姓名	
要求完成日期		实际完成日期	
工作内容			
特殊指导			
工作者	签字：　　日期：		
任务组其他成员			
发出任务人完成下面 2 项后提交给上级			
1. 你满意工作者所执行的工作吗？（是 / 否）			
2. 你提出的意见（希望）：			
办公室主任签字：　　日期：			

边学边练

在表 3－2 中设计回应的时间。

表 3-2　回应时间设计

工作任务	回应时间
QQ 工作群	
OA 平台审批流程	
微信工作群	
短信	
企业微信	
销售产品在线客服	
直播带货客服	

任务三
建设基础制度

一、基础制度的类型

企业管理分为高层管理、中层管理和基层管理三个层次，三个层次分别强调的是对业务和资源整体上的把控，业务管理中的控制、组织和协调以及业务处理的过程管理。无论哪个层面的管理，都应该了解企业最基本的制度内容。

企业基础制度的形式包括管理手册、程序文件和作业指导书三种类型。管理手册阐明了企业的方针和目标，描述了管理体系构架和要素，是整个体系运行的总纲。程序文件是运行方法的具体描述，是开展各项管理工作的控制程序，是体系的主体，是管理手册的量化和细化。作业指导书是各项管理活动指导性文件及相关工作记录表单，是控制程序的支持性文件。

二、基础制度设计的标准步骤

从事制度设计工作的行政管理人员，必须遵循以下步骤：

（1）确定方针，明确制度的依据是什么、选择的时机是否明智、制度需要达到什么样的目的等。

（2）明确企业的价值理念，共同研讨这些价值理念如何在制度中体现和贯彻落实。

（3）将设计并修改后的管理制度草案上报，由高层管理者审定。

（4）全面推广执行，根据运行情况不断完善配套措施。

三、制定管理制度的禁忌

管理制度的制定不能仅依据管理者的主观期望，还必须得到广大基层员工的认同。为了最大限度地实现制度目标，制定管理制度的禁忌包括以下几点：

（一）避免单纯强调惩罚

有的企业规定，完不成定额就会有处罚、考核落后就会影响晋升与工资等。然而，适度的惩罚是必要的，但只强调惩罚是远远不够的，良好的制度不仅要懂得何时罚，更要明确何时奖。

（二）避免人际关系紧张

管理制度倡导的是通过良好的工作标准和管理模式营造彼此信任和合作的氛围。若人际关系紧张，企业内部就会产生内耗，员工就会认为组织内部人际利益的竞争才是对自己最大的威胁，这样就不利于保持企业生产的高效运行。

（三）避免制度对员工造成压力和威胁

当管理制度对员工的自我实现、成长路线、个人安全或情绪产生不利的影响时，员工就会感到恐慌和威胁，进而产生消极情绪，影响工作。如同“弹簧理论”，一定的压力能够调动员工的积极性，如果不断地施压就会让员工不堪重负，适得其反。

知识链接

弹簧理论和职业压力

物理学中，弹簧伸缩的长度取决于两个因素：一是对弹簧施加压力的大小，二是弹簧的弹性系数。在弹簧的弹性范围内，弹簧所受的压力或者牵引力越大，弹簧伸缩的长度越大。但是，如果弹簧持续保持在受力状态，那么它的寿命将大打折扣，所以应该不时地使弹簧处于放松状态，以延长其使用寿命。

“弹簧理论”同样适用于企业内部员工的压力管理。在一定范围内，对员工施加一定的压力，将有利于提高员工工作绩效。但是如果承受过度的或者是持续不断的压力，员工会不堪重负，工作绩效不仅不能提高，反而会适得其反。因此必须对员工进行释压援助，缓解职业压力过大带来的消极影响。

职业压力是指职业环境中威胁性刺激持续作用而引起个体一系列心理、生理、行为活动改变的一种紧张状态。职业压力，又称工作压力，它的作用具有二重性。适度的压力可使人注意力集中、思维反应敏捷、机体活力增强；过度的压力会造成一系列心理的、生理的和行为的应激症状，如多疑好怒、头晕头疼、疲惫不堪、工作效率下降、逃避工作责任等。过重的职业压力会严重损坏压力承载者的身心健康。

（四）避免制度形同虚设

如今还存在这样一个问题，就是许多企业并不是没有制定制度，反而是制度繁多杂乱、政出多门、相互抵触，最终的结果也是形同虚设。所以，企业要建立一套体系完整、内容合理、行之有效的管理制度，就要对制度的制定者和制度内容提出要求，并确保基础制度与职能制度一体化。

边学边练

3 人一组，分别挑选 3 家国内知名企业，查找该企业关于员工管理的制度，填写表 3-3 并做对比，思考企业为什么要制定相应的制度。

表 3-3　三家公司制度对比

公司名称：		公司名称：		公司名称：	
奖励制度内容	惩罚制度内容	奖励制度内容	惩罚制度内容	奖励制度内容	惩罚制度内容

问题思考：

项目测验

一、单选题

1. 建立工作程序是企业行政管理人员的常规工作内容之一，应该遵循的原则是规律性、法规性、公平性和（　　）。

A. 中立性　　B. 平和性　　C. 复杂性　　D. 简化性

2. 某企业宣称其客服人员会在24小时内回复来电或者在7天内以书面形式回复顾客的投诉。这就是（　　）。

A. 来电期　　B. 回应周期　　C. 回复期　　D. 投诉期

二、多选题

1. 以文字形态存在的工作程序一般可以哪几种形式呈现？（　　）

A. 在国家法规中存在的工作程序　　B. 规章制度中存在的程序

C. 为某项工作专门规定的程序　　D. 为某次工作专门规定的程序

2. 建立工作程序需要（　　）。

A. 明确工作程序的目标　　B. 制定工作程序的细节

C. 确定工作程序的辅助要求　　D. 制定个人形象

3. 回应周期分为哪些部分？（　　）

A. 回应的时间　　B. 满足最终期限

C. 作业指导书　　D. 合同书

4. 质量控制手册是用来明确质量标准的书面文件，包括关于这些标准的哪些信息？（　　）

A. 如何被监控　　B. 分析　　C. 采取正确措施　　D. 配套措施

5. 一般来说，企业基础制度包括的类型有（　　）。

A. 管理手册　　B. 程序文件　　C. 作业指导书　　D. 合同书

6. 基础制度设计的步骤有（　　）。

A. 确定方针，明确制度的依据是什么、选择的时机是否明智、制度需要达到什么样的目的等

B. 明确企业的价值理念，共同研讨这些价值理念如何在制度中体现和贯彻落实

C. 将设计并修改后的管理制度草案上报，由高层管理者审定

D. 全面推广执行，根据运行情况不断完善配套措施

三、判断题

1. 凡是工作目标大多都会涉及标准和指标。标准有国际标准、国家标准、地方标准和企业标准。（　　）

2. 在紧急和常规情况下，工作人员也必须能够正确区别优先次序，做好重要、紧急等不同程度的排序。（　　）

3. 管理制度的制定不能仅依据管理者的主观期望，还必须得到广大基层员工的认同。（　　）

04

项目四

人员管理

知识目标

了解员工绩效管理的主要规定，了解工作目标的时效性，掌握常规工作方法和考勤方法，掌握改进工作的步骤。

技能目标

能够进行绩效管理，能够选择高效率的工作模式减少浪费，能够在规定时限内实现工作目标，能够不断改进工作、提高工作效率。

素质目标

培养敢于创新的工作意识；加深对集体的归属感；锻炼一丝不苟的工作态度。

思维导图

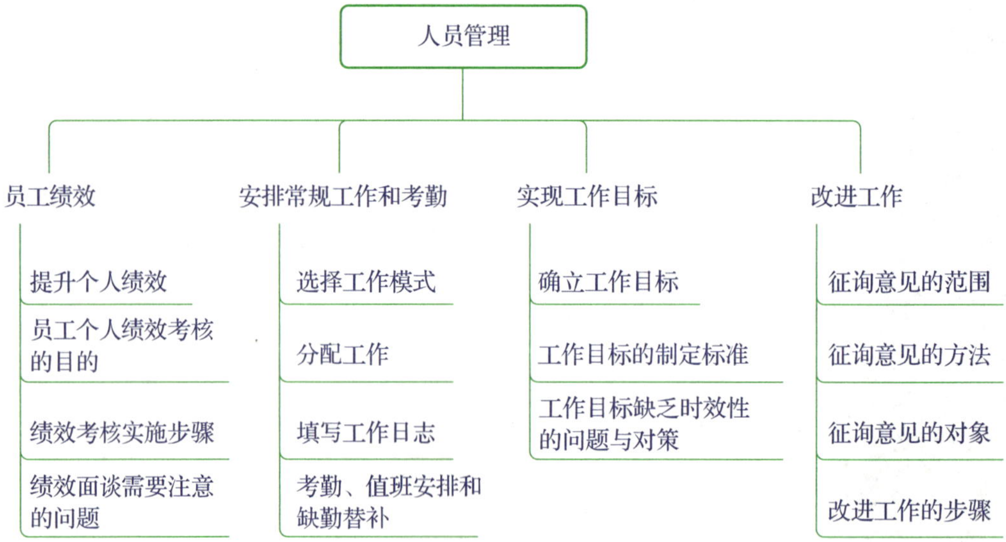

任务一

员工绩效

员工绩效是指组织内部的员工为组织所做的努力及贡献的收益。取得良好的绩效管理方法，无论是对企业还是对员工个人都是非常重要的。

一、提升个人绩效

（一）遵守工作标准

企业要保证工作人员守规矩、讲纪律。工作人员要保证工作程序有序运行，就必须遵守工作标准。

（二）绩效考核标准的确定

个人的工作绩效应该是健康运转和达到考核标准以上的。但是，在违背某些具体规定的前提下，就不能保证工作的正常运行和绩效达标。因此，考核就显得尤为重要。

知识链接

绩效的三个层次

绩效包括三个层次，即组织绩效、团队绩效和员工个人绩效。

对组织而言，绩效就是人和物在数量、质量及效率等方面的完成情况。

对员工而言，绩效是考核者对自己工作状况的评价。

组织绩效应在员工个人绩效实现的基础上得以实现，但是员工个人绩效的实现并不一定保证组织绩效一定会实现。

二、员工个人绩效考核的目的

（1）提高员工的业务素质。

（2）实现个人目标与企业目标的双赢，促进个人和企业的共同成长。

（3）鼓励和激发员工主动完成所负责的工作，让其更加主动地按照规范要求完成组织目标。

（4）将个人的需要与组织的发展战略紧密结合起来。通过将企业中长期的目标分解成年度、季度和月度指标，进而不断督促员工阶段性完成工作目标。

（5）员工在达成当年目标后，可以为企业制定下一年新的工作目标提供参考。

三、绩效考核实施步骤

第一步，确定考核的主体和客体，解决“谁来考核”和“考核谁”的问题。

第二步，制订考核计划。

第三步，为考核做充足准备。

第四步，实施考核。

故 事

三个销售员都达标了吗

三个销售员都达标了吗

米尼销售公司有三位销售人员，分别为赵丽丽、钱冬天和孙西林。赵丽丽，女，42 岁，负责湿巾市场；钱冬天，男，35 岁，负责餐巾市场；孙西林，男，25 岁，负责一次性餐具市场。2020 年确定的年度销售目标均为 1 亿元。

到了 2020 年底，他们的直接绩效结果是：赵丽丽和钱冬天均 100% 完成销售目标，而孙西林没有完成。原因分析后可知：

赵丽丽负责的湿巾市场销售额超过预期水平的 20%，2019 年底湿巾的消费需求猛增。实现销售额 1.2 亿元。

钱冬天负责的餐巾行业遭受沉重打击，由于 2020 年餐饮业和旅游业受到影响，他克服困难完成目标，但他为完成指标导致分销渠道积压了大量产品。实现销售额 1 亿元。

孙西林面对的一次性餐具行业同样遭受严重滑坡，他果断采取了一系列补救措施，直接转向外卖快餐市场，而且他的经营业绩远远超过同行的竞争对手。实现销售额 8 000 万元。

屠卡卡是孙西林的好朋友，她推测了结果：“赵丽丽最好，钱冬天其次，孙西林你垫底。”

孙西林觉得非常委屈，到销售总监葛鑫办公室哭诉。葛鑫说：“这是一场误会，我已经分析了真实情况，也在高层开会说明了情况，从实际情况看，大家普遍认为你最好，赵丽丽其次；而钱冬天虽然完成了任务，但严重违反相关规定。我们调研了公司外部情况，也专门修改了关键考核指标。”

故事启示 单纯从年度销售额来看，赵丽丽最好，钱冬天其次，孙西林垫底。从实际情况来看，孙西林的表现或许是最好的。依据合理的销售绩效进行考核，就能够得出准确的结论，关键是指标如何设计，如是否有外部可比指标，参考行业增长速度（或主要竞争对手）等。

四、绩效面谈需要注意的问题

（一）确保真实

绩效面谈时，考核人员要向被考核者保证谈话内容对他人是保密的，这一点是非常重要的，否则被考核者会在谈话中有所掩饰，导致面谈效果不真实。

（二）提出改进措施和建议

考核人员应该指出被考核者本次绩效考核中的不足，并提出改进的措施和建议。

（三）提出员工关注的内容

绩效考核结束后，员工特别关注的内容是绩效面谈的重点，也是员工下一阶段工作的重点。

（四）关注职业发展

在面谈过程中，考核人员一定要认真倾听被考核者的意见，充分调动对方讨论的积极性，重点谈其个人工作表现，而不要对个人加以批评。同时，谈论的内容也要与个人的发展有关。对员工今后的事业发展提出指导性意见。绩效面谈不仅是谈过去，更重要的是谈未来的发展。因此，对未来事业目标发展的确定就成为面谈的重要组成部分。

边学边练

4人一组，分别扮演故事“三个销售员都达标了吗”中的赵丽丽、钱冬天、孙西林、葛鑫。针对员工个人上一年的工作情况，模拟绩效面谈，记录问题，提出改进的建议。

赵丽丽扮演者：　　　　葛鑫扮演者：

问题：

改进的建议：

钱冬天扮演者：　　　　葛鑫扮演者：

问题：

改进的建议：

孙西林扮演者：　　　　　葛鑫扮演者：

问题：

改进的建议：

任务二

安排常规工作和考勤

一、选择工作模式

为了确保日常工作的正常运转，企业有灵活多样的工作模式可供选择。除了常规工作模式外，弹性工作、居家工作、远程工作、交叉工作、兼职工作等工作模式各有优缺点，工作人员可根据具体工作任务的轻重缓急选择合适的工作模式，从而实现节约资源、提高工作效率、提高服务质量、增加服务效益的目标。如今，企业选人、用人的策略和方式方法正在发生改变。

（一）弹性工作

弹性工作是指工作人员在灵活的机制下工作。工作人员一天的工作时间段由自己选择，如开始时间、午餐时间和结束时间，工作人员可以累积计算工作时间，从而能抽出时间做其他的适合自己的事。

（二）居家工作

居家工作是指工作人员在家里完成工作任务，可以使用各种方式安排工作，如一个星期在家工作 3 天，在办公室工作 2 天。

故　事

远程工作模式

2020 年，面对年初突如其来的新冠疫情，为了确保日常工作的正常运转，远程工作模式成为新常态。与此同时，在国家多项政策推行“灵活用工”的大方针下，数字工作的发展空间也呈现出蓬勃兴起的新态势。随着我国5G网络基础设施的日臻完善和关键技术的逐步提升，工作模式也将在理念、组织、工具和安全多方面发生变革。2023年协同办公市场规模预计达330.1亿元。

故事启示 现代企业已经打破了员工“早八晚五”一天8小时坐在办公室里办公的固有模式，而是采取灵活多样的办公形式，以满足不同企业不同特点的需要。对于繁忙的企业行政管理人员来说，采用恰到好处的工作模式，不仅能够最大限度地调动员工的工作积极性，激发其创新热情，提高其办公效率，而且有助于准确地把握信息，实现有效的时间管理。同时，有助于企业留住优秀员工，提质增效。

（三）远程工作

远程工作是指工作人员能远程通过电话和计算机处理工作，适用于不必与客户进行实际接触的工作人员。远程工作能够节省办公室使用成本，企业聘用在偏远地区或在高失业率地区的工作人员进行远程工作，可以支付较低的工资。

（四）交叉工作

交叉工作是指由两个人分担全部时间的工作。他们一起协调工作，协作完成任务，共同管理工作进度。每个人通常工作半周，两个人在工作的重叠时间可以交换信息和更新进展。

（五）兼职工作

兼职工作是指工作人员拥有在多家企业工作的多种技能。这些技能可以合同或收费的形式提供给一家企业，还可以在一周或短期内，再为几家不同的企业兼职工作。

二、分配工作

每一位企业行政管理人员都是在某一个团队中开展工作的，既接受他人分配给自己的工作，又为他人分配工作。

（一）接受他人分配的工作

（1）准备一个专用笔记本，放在伸手就能拿到的地方，记录分配给你的工作任务的所有信息。包括分配给你工作的人员姓名、工作单位和职务，工作任务的详细内容、要求和时限。

（2）遇到不清楚的问题时，要立即向分配给你工作的人提出，直到清楚为止。其中需要的设施、设备、工具、用品，自己能解决的有哪些，不能解决的有哪些，相关情况应及时向上级或任务分配人报告。

（3）需要他人的配合和帮助时，应尽量与对方协调时间。如果问题比较复杂，自己无法解决，应该向上级报告，求得解决。

（4）需要资金时，应编制预算，并向上级申报。对于复杂的工作任务，必须制订计划和工作流程。

（二）为他人分配工作

（1）给直接下级人员分配工作。

（2）给专业人员分配工作，如分配汽车驾驶员执行接站任务。

（3）向其他部门布置工作或传达任务，如传达总经理办公会议决定，要求各部门在周五下午打扫卫生。

（三）分配工作时可供选择的方法

分配工作时可供选择的方法包括口头、书面、电话、电子邮件、工作群发等。

（四）分配工作的注意事项

（1）说明标准细节。例如，分配的任务是复印文件，就必须明确说明复印的数量、纸张大小、纸张颜色、装订要求等。

（2）说明轻重缓急程度以及完成任务的最终期限。

（3）明确有关的资源和信息。例如，分配的是一次植树任务，应详细告知树苗领取地点、工具领取地点。此外，还需告知完成任务过程中出现任何问题和困难时相关负责人的联系方法。

三、填写工作日志

（一）工作日志的定义

工作日志是指针对自己的工作，每天记录工作的内容、花费的时间以及在工作过程中遇到的问题，解决问题的思路和方法。通常填写在一张表格上。例如，某集团一直践行“今日事今日毕”的管理方法，即及时做事，不要拖延。

（二）工作日志的特征

（1）一天的日志是由发生在不同时间、地点的相互独立的事情组成的。

（2）一天中发生的事情，有的是工作日志中已安排好的，有的是临时发生的。

（3）某些事项与记录人正在做的一个或者多个任务、项目相关。

（4）某些事项一定会涉及其他人员，可能是同事、朋友、客户、供应商、竞争对手等。

四、考勤、值班安排和缺勤替补

为了保证企业的正常运转，考勤、值班安排和缺勤替补工作不可或缺。

（一）考勤

考勤的目的是提高出勤率，工作人员有事须提前请假，防止整体工作断档、出现缺口和无法衔接等不良情况的发生。

（二）值班安排

企业进行值班安排的原因有节假日、生产和经营需要、安全需要、时差原因、紧急情况等，值班时需要填写值班日志。

（三）缺勤替补

缺勤替补的原因有：工作人员按劳动法规定休年假，工作人员根据个人需要进行加班、串休，工作人员休产假，工作人员因病请假，工作人员因事请假等。

知识链接

《职工带薪年休假条例》

《职工带薪年休假条例》于2007年12月7日国务院第198次常务会议通过，自2008年1月1日起施行。

第一条　为了维护职工休息休假权利，调动职工工作积极性，根据劳动法和公务员法，制定本条例。

第二条　机关、团体、企业、事业单位、民办非企业单位、有雇工的个体工商户等单位的职工连续工作1年以上的，享受带薪年休假（以下简称年休假）。单位应当保证职工享受年休假。职工在年休假期间享受与正常工作期间相同的工资收入。

第三条　职工累计工作已满1年不满10年的，年休假5天；已满10年不满20年的，年休假10天；已满20年的，年休假15天。

国家法定休假日、休息日不计入年休假的假期。

第四条　职工有下列情形之一的，不享受当年的年休假：

（一）职工依法享受寒暑假，其休假天数多于年休假天数的；

（二）职工请事假累计20天以上且单位按照规定不扣工资的；

（三）累计工作满1年不满10年的职工，请病假累计2个月以上的；

（四）累计工作满10年不满20年的职工，请病假累计3个月以上的；

（五）累计工作满20年以上的职工，请病假累计4个月以上的。

第五条　单位根据生产、工作的具体情况，并考虑职工本人意愿，统筹安排职工年休假。

年休假在1个年度内可以集中安排，也可以分段安排，一般不跨年度安排。单位因生产、工作特点确有必要跨年度安排职工年休假的，可以跨1个年度安排。

单位确因工作需要不能安排职工休年休假的，经职工本人同意，可以不安排职工休年休假。对职工应休未休的年休假天数，单位应当按照该职工日工资收入的300%支付年休假工资报酬。

第六条　县级以上地方人民政府人事部门、劳动保障部门应当依据职权对单位执行本条例的情况主动进行监督检查。

工会组织依法维护职工的年休假权利。

第七条　单位不安排职工休年休假又不依照本条例规定给予年休假工资报酬的，由县级以上地方人民政府人事部门或者劳动保障部门依据职权责令限期改正；对逾期不改正的，除责令该单位支付年休假工资报酬外，单位还应当按照年休假工资报酬的数额向职工加付赔偿金；对拒不支付年休假工资报酬、赔偿金的，属于公务员和参照公务员法管理的人员所在单位的，对直接负责的主管人员以及其他直接责任人员依法给予处分；属于其他单位的，由劳动保障部门、人事部门或者职工申请人民法院强制执行。

第八条　职工与单位因年休假发生的争议，依照国家有关法律、行政法规的规定处理。

第九条　国务院人事部门、国务院劳动保障部门依据职权，分别制定本条例的实施办法。

第十条　本条例自2008年1月1日起施行。

边学边练

填写员工考勤统计表

任务描述：小组合作进行角色扮演，查找劳动法对于婚假、产假、丧假等相关规定和员工上个月应出勤天数，填写员工考勤统计表（见表4-1）。根据员工请假情况，填写员工请假申请单（见表4-2），部门负责人意见、人力资源部意见、主管副总意见、总经理意见均列入该表。诗韵有限责任公司员工请假情况：（1）米青青，在行政办公室工作。上个月请病假1天。（2）于云山，在销售部工作，上个月请婚假。（3）贾鹤来，在新产品研发部工作，上个月请产假。（4）安平萍，在保安部工作，上个月因爱人住院，请护理假7天。

表4-1　员工考勤统计表

编号：　　　　　　　填表日期：　　　　　年　　月　　日

姓名	所属部门	出勤天数	应出勤天数	请假					迟到早退		备注
				事假	病假	婚假	产假	其他	迟到累计时间	早退累计时间	

表4-2　员工请假申请单

编号：　　　　　　　填表日期：　　　　　年　　月　　日

姓名		所属部门	
请假类别	□事假　□病假　□婚假　□产假　□丧假　□其他（请注明）		
请假事由			
请假时间	年　　月　　日至　　　年　　月　　日		
部门负责人意见			
人力资源部意见			
主管副总意见			
总经理意见			

任务三 实现工作目标

一、确立工作目标

（一）确立正确的工作目标

目标是指在一定的时间内所要达到的具有一定规模的期望标准。从某种意义上说，目标就是企业和员工所期望达到的成就和结果。目标有个人和集体之分，这里主要是指员工个人的工作目标。在工作中，建立工作目标是每个员工以及管理者必须具备的基本能力，也是特别重要的工作环节。每一个员工都要为自己确立正确的工作目标，但同时也必须注意工作目标的时效性。

（二）企业和员工要实现双赢

确定工作目标是企业进行管理的一个重要手段。为保证工作高效率地完成，企业或个人都应设立工作目标。同时，企业对行动方案的实施情况要进行有效的监督，准确地了解工作的进展，及时调整实现目标过程中存在的偏差。企业可采取定期召开会议、访谈、跟踪等方式来监督行动方案。企业和员工实现双赢，既是企业文化建设的目标，又可以体现企业人力资源管理的价值。

故 事

奋斗目标

奋斗目标

米尼贸易公司总经理苗丙川办公室。苗丙川：“刘桦立，经过董事会决定，任命你去F分公司做经理。在过去很长一段时间内，不论派谁去担任经理，都不能改变其落后的面貌，总公司已经定性它为无药可医的顽疾了。这个重任就落在你身上了，希望你能彻底改变它。”

经过三个月的调查研究，刘桦立决心改变这一现状，全体员工大会上，他说：“我提出‘三年销售额翻番’的奋斗目标，同时我承诺，若能完成这一目标，就把这个处在交通不便之地的分公司迁到市中心去。”台下一片掌声。各部门都在议论：“太激动人心了！”“咱们一定加油干！”

一周后，人力资源部对比发现：员工出勤率大大提高。

而且，为了改变公司的颓势，员工工作干劲十足，会议气氛十分活跃。就这样，仅过了一个多月，公司销售额就开始显著增长。

他们仅用了两年就完成了三年的目标。分公司也在大家的期盼中迁到了市中心地段。

全体员工举办了庆祝晚会，在大家举杯畅饮时，苗丙川也来了，他正在听大家谈论着。

资历深厚的人力资源部部长王涛说："过去，在新经理上任前，我们大家就因以前的惨淡业绩而感到羞愧，也不是不想改变这种局面，我们都盼望可以尽快换个新环境，一扫这里的沉闷气氛。"

财务部部长刘丽说："是啊，可是按照公司惯例，这个分公司常年赤字，即使提出迁移的计划，总公司也不会批准的。所以我们都不敢去想这个事。"

人力资源部部长王涛继续说："所以大家都感到迷茫，没有干劲。"

销售部部长艾德嘉说："如今，刘经理给了我们希望，大家也就有了斗志！"

苗丙川总结说："各位同事，你们辛苦的付出换来了今天的成就。希望大家再接再厉，确定好下一个奋斗目标，一起取得更大的成绩！"

故事启示 为充分激发团队的工作热情，就需要制定具有诱惑性的工作目标，让团队成员看到实现这个目标之后的收益。每个目标都涉及具体的行动方案，行动方案要明确实现目标的不同阶段，以及每个阶段要完成的工作任务情况。如果该目标实现的主体不是企业，而是多个人，行动方案就要明确每个人的具体工作职责，保证目标有序完成。

二、工作目标的制定标准

工作目标要具有可接受性、可考核性、挑战性。

（一）可接受性

一个工作目标对于企业员工来说是可接受的，那么就很容易完成，该工作目标也就具有时效性。但是如果工作目标超出员工能力所及的范围，则该目标不但对接受者没有激励作用，而且对于工作目标的时效性也会产生影响。企业所制定的目标要明确，而且是员工力所能及的，只有切实可行的目标，才能激发员工的动力，太大的目标只是空谈而已。

（二）可考核性

工作目标要能够量化，企业应建立目标考核制度。工作目标只有具有可考核性，才能有效激发员工的积极性，是使其提升工作效率。在完善的考核制度下，员工就会按照工作目标的要求，在规定的期限内有效地完成工作目标。

（三）挑战性

企业应为员工制定"跳起来够得着"的目标。如果完成一项工作所达到的目标对于员工来说没有多大的挑战性，他们就没有更大的动力去完成，这就很难激发员工的创造性和工作热情，缺乏激情不利于工作目标的实现和良好作风的养成。因此，制定具有挑战性的工作目标对于保证工作目标的时效性会产生促进作用。

知识链接

"跳起来够得着"的目标

如果员工的能力是100%，那么"跳起来够得着"的目标就需要员工的能力达到 110% 或 115% 才能实现，但这 10% 或者 15% 的能力增长，对员工来说是完全可能的，管理者只要帮助员工找到实施目标的方式和手段，那么这个“跳起来够得着”的目标不但不会使员工恐惧，反而会激励他们充分发挥自己的潜能，唤起自身不断挑战的热情。

三、工作目标缺乏时效性的问题与对策

（一）工作目标的时效性是完成某项工作目标所需要的期限

一般来说，企业为完成某些工作目标经常会确定一个最后期限，企业可以按照工作目标的最后完成期限来评估该项目标是否实现，如果超过这一具体日期，则意味着工作目标没有完成。

（二）工作目标不能按时完成要追究原因

有些工作目标不能按时完成，没有体现出其时效性，究其原因，可能有以下几种：工作目标不够具体、缺乏现实性、最后期限不合理、工作人员自身条件不足、没有明确的实现工作目标的行动方案、监督力度不够、激励机制不健全、受工作目标所处环境的影响等。

（三）解决问题的对策

只有找到问题出现的原因，解决起来才会得心应手。通过目标明确、期限合理、明确组织的作用、做好计划、加强监督管理、建立有效的激励机制、不断优化工作环境等多种目标管理方式，让员工树立不断进步的意识，培养员工的责任感，起到“不用扬鞭自奋蹄”的激励作用，持续推动员工进步，实现企业与员工双赢的局面。

边学边练

根据故事“奋斗目标”刘桦立的提议填写表 4-3。

表 4-3　项目提案表

填写日期：　　　　　年　　月　　日

<table>
<tr><td>单位</td><td></td><td>职称</td><td></td><td>姓名</td><td></td></tr>
<tr><td>提案名称</td><td colspan="3"></td><td>编号</td><td></td></tr>
<tr><td colspan="2">现状、缺点、说明</td><td colspan="4"></td></tr>
<tr><td colspan="2">提案改善内容（具体、详细）</td><td colspan="4"></td></tr>
<tr><td colspan="2">估计投资额（分项估算）</td><td colspan="4"></td></tr>
<tr><td colspan="2">预计效益暨投资回收期</td><td colspan="4"></td></tr>
</table>

任务四

改进工作

一、征询意见的范围

个体要定期总结和检查自己的工作，查找工作中存在的问题并加以改进。但是，如果只从自己的角度来看待工作中的不足，往往难以发现存在的缺陷，因此，需要向周围的人征询改进的意见。征询意见的范围包括工作业绩、工作能力和工作态度。

（1）工作业绩是指自己在一段时间内，如一个月、一个季度、半年或一年内，工作中取得的业绩是突出、一般还是较差。

（2）工作能力是指自己在一段时间内，工作能力表现如何，是强、中等还是弱。

（3）工作态度是指自己在一段时间内，工作态度是积极的、一般的还是消极的。

个体确定征询范围后，在征求意见时可以根据所处的环境和自己的喜好采取各种各样的方法。

二、征询意见的方法

征求意见的方法包括面谈、座谈会、书面、电话、电子邮件和在线沟通软件等各种方法。

（1）面谈是面对面的向上级征询对自己工作的意见，需要表达自己诚恳的态度，可以就某一问题进行深入的讨论，也可以排除相互之间的误解。

（2）座谈会即召开一个征询意见的小型访谈。有的时候问题越辩越明，专业的座谈会更容易辨清事情的本质。

（3）书面即写一份情真意切的书信，向他人征询意见。专业的书面材料如调查表，更能打动他人，可以更广泛地征询意见。

（4）对于不方便面谈的对象，可以采用打电话或发电子邮件的方式征询意见。

（5）远程工作时适合使用微信中的视频、音频、群聊、公众号等在线方式征询意见。也可以使用腾讯会议、QQ 等在线沟通软件工具征询意见。

知识链接

微信群

随着互联网技术的发展，微信已经成为人们日常工作、生活中必不可少的沟通工具，微信群已经被越来越多的人接受和使用。那么，什么是微信群？如何建立微信群？如何加入/退出微信群？这些都是新媒体时代的企业所面临的问题。

- 什么是微信群

微信群是腾讯公司推出的多人聊天交流的平台，用户可以通过网络快速发送语音短信、视频、图片和文字。用户可以通过微信与好友进行形式上更加丰富的类似于短信、彩信等方式的联系。

- 如何建立微信群

1. 点击微信界面右上角的“+”图标，然后点“发起群聊”。

2. 勾选想要添加到群里的好友，然后单击“确定”，就可以建立所需的“微信群”。

3. “微信群”创建成功后，用户可以群发语音或者文字图片。

4. “微信群”管理：点击聊天界面右上角的按钮，如果选择“－”，然后点成员头像左上角的“－”可以删除群成员了；单击“+”，可以添加群成员。

5. 修改“微信群聊”名称：点击聊天界面右上角的按钮，选择“群聊名称”后，输入新的群名称，点击“保存”即可。

- 如何加入/退出微信群

1. 加入微信群的两种方法：一种是通过扫描群二维码，另一种是通过好友邀请。如果经常使用某个群，可以将这个群保存到通讯录（进入微信群聊界面，点击右上角多人头像，开启“保存到通讯录”即可），再次查找群聊界面时，直接选择这个微信群（通讯录→群聊→选择一个群）就可以了。

2. 退出微信群：点击聊天界面右上角的按钮，选择退出群聊后，就可以退出某个群了。

三、征询意见的对象

征询意见的对象包括同事和上级。

（一）向同事征询意见

（1）请求评价。实事求是地评价自己的工作，诚恳地请求同事提出改进的意见。

（2）取得谅解。与某位同事间若有摩擦、隔阂和不愉快，一定要先向同事道歉，取得同事的谅解后，再诚恳地向同事征询意见。

（3）补齐短板。对于同事提出的意见，包括工作、学习、生活和待人处事各方面存在的问题和缺点，都要正确对待，诚恳接受，认真改正，以利于督促自己向优秀看齐迈进。

（二）向上级征询意见

（1）争取支持。要实事求是地向上级汇报自己的工作，争取上级的支持。

（2）查找不足。要与上级一起讨论自己的工作，对照工作标准和自己的工作计划进行分析，达到标准的予以肯定，作为继续发扬的方向；未达到标准的予以否定，作为今后改进的方向。

（3）主动改进。要认真听取上级对自身工作的批评，虚心接受上级的指导，并主动向上级征询改进工作的方法，以利于在今后实施改进。

故　事

会唱歌的文件夹

会唱歌的文件夹

诗韵有限责任公司产品质量大会上。

总经理高明亮说：“今年公司制定了新的质量规定，上周已经发给大家了，大家执行新规定有什么问题吗？”

大家交头接耳，一车间主任杨建设说：“大海，我竟然没看到这个新规定。你看到了吗？”二车间主任李大海说：“我也没看到这个新规定。”

高明亮问：“知道这个新规定的人请举手。”

来的 20 个人，8 个人举手，12 个人面面相觑。

会后，高明亮说：“费主任，马上调查一下怎么回事！”

办公室主任费琳琳说：“文件都是按时发放的，没有看到的原因是文件在车间里流转时，这些主管根本不知道文件已经摆在桌上。高总，这个我有责任，我们马上改进一下。”

费琳琳对助理白小白说：“小白，把传递文件的活页夹改成红色的，希望通过醒目的颜色管理，能让主管们立即阅读或处理该文件。”

该措施实行之初，文件流转速度加快很多，但是过了一阵子，文件往往又会被停滞在某个车间主管的桌上。原因是：主管们并不是常常坐在办公桌前，该文件有时候也会被后来的报表或是其他材料给掩盖住。

白小白又把活页夹改成一个有机玻璃板，并在上面装了一个蜂鸣器。当夹着文件的有机玻璃板传递到车间主管的桌上时，只要将文件板放在桌上，触压开关便会发出蜂鸣的声音，直到有机玻璃板被拿起。自此之后，各部门主管都会及时查阅重要文件。

故事启示　随着社会经济的不断发展，不同行业、不同工作岗位的要求也不断变化。作为企业行政管理人员，只有不断改进工作和提升自己，才能适应纷繁复杂的工作要求，圆满完成任务。

四、改进工作的步骤

（一）确立改进目标

在征询多方面的意见和认真总结分析的基础上，要进一步明确自己的改进方向，制定改进目标。

（1）扬弃改进。与上级一起分析并确认自己今后可能承担的新职责，摒弃工作中的消极因素，保留和发扬其积极因素。

（2）发展提速。根据前段工作的实际情况，分析目前的工作是否存在不足，自身有无较大的发展空间，如果有，这时需要采取改进措施，加以提高。

（3）目标支持。与上级和同事商定自己将要担任的新职责和需要提高的原来承担的职责的目标，并将确定的目标报告给上级，得到确认和支持。

（4）措施保障。与上级和团队中的相关人员商定培训计划和保证达到目标的各种保障措施。

（二）积极参加培训

为了改进工作，达到预期目标，实现自己的职业梦想，应该制订提高计划，积极地参加各种培训和学习，如：

（1）研究生、本科、大中专等在职教育；

（2）短期或者终身的职业技术培训；

（3）职业资格培训；

（4）考试、自学、拜师学艺。

（三）评价和检查改进情况

为达到改进工作的目标，应定期对自己的工作和学习培训进行评价和检查。

（1）问题分析。与上级讨论自己的达标进展情况，不断分析可能出现的各种问题。

（2）查找因果。检查自己的工作和培训计划的实施情况，查找出现问题的原因。

（3）及时修正。通过适当的调整和修改达不到的培训目标，使目标更契合实际。

边学边练

故事“会唱歌的文件夹”中，白小白对文件夹做了几次改进？将你的发现填在表 4－4 中。

表 4－4　工作改进记录表

提交部门		提交人			提交日期	
改进次目	工作内容	达成结果	完成情况	未完成原因	解决措施	备注
1						
2						
3						
4						
5						

项目测验

一、单选题

1. 绩效考核的目的是（　　），而不是分清责任，当绩效出现问题的时候，大家的着力点应该放在如何改善绩效而不是划清责任上。

A. 划清责任　　B. 改善绩效　　C. 划清界限　　D. 投诉

2. 绩效实施的步骤包括（　　）。

（1）确定考核的主体和客体，解决“谁来考核”和“考核谁”的问题；（2）制订考核计划；（3）为考核做充足准备；（4）实施考核。

A.（1）（2）（3）（4）　　B.（4）（1）（2）（3）

C.（2）（4）（1）（3）　　D.（3）（2）（4）（1）

3. 工作人员进入各自的工作岗位完成每天的任务，需要将工作记录下来，这就要（　　）。

A. 划清责任　　B. 写工作日志　　C. 划清界限　　D. 写个人日记

4. 工作目标是指在一定的时间内所要达到的具有一定规模的（　　）。

A. 责任　　B. 期望标准　　C. 界限　　D. 日记

5. 改进工作内容的要点是（　　）。

A. 汇报　　B. 征询改进意见　　C. 谈理想　　D. 计划

6. 个人绩效考核的目的主要有（　　）。

A. 提高员工的业务素质

B. 实现个人目标与企业目标的双赢，促进个人和企业共同成长

C. 鼓励和激发工作人员主动完成所负责的工作，让其更加主动地按照规范要求完成组织目标

D. 将个人的需要与组织的发展战略紧密结合起来。通过将企业中长期的目标分解成年度、季度和月度指标，进而不断督促员工阶段性完成工作目标

E. 员工在达成当年目标后，可以为企业制定下一年新的工作目标提供参考

二、多选题

1. 工作模式包括（　　）。

A. 常规工作　　B. 弹性工作　　C. 居家工作

D. 远程工作　　E. 交叉工作　　F. 兼职工作

2. 企业行政管理人员接受他人分配给你的工作时，应该做到：准备一个专用的笔记本，放在伸手就能拿到的地方，记录分配给你的工作任务的所有信息。包括（　　）。

A. 分配给你工作的人员姓名

B. 工作单位和职务

C. 工作任务的详细内容、要求和时限

D. 不用记录

3. 如果目标实现的主体不是企业，而是多个人，行动方案就要明确每个人的具体工作职责，保证目标有序完成。同时，对行动方案的实施情况要进行有效的监督，准确地了解目标完成的进展情况，及时调整实现目标过程中存在的偏差。行动方案的监督可采取哪些方式来进行？（　　）

A. 定期召开会议　　B. 访谈

C. 跟踪　　D. 查找

4. 工作目标要具有（　　）。

A. 可接受性　　B. 可考核性　　C. 不可挑战性　　D. 挑战性

5. 征询意见的范围包括（　　）。

A. 工作业绩　　B. 工作能力　　C. 工作态度　　D. 工作意见

6. 征询意见的对象包括（　　）。

A. 同事　　B. 上级　　C. 亲戚　　D. 同学

三、判断题

1. 个人的工作绩效应该是健康运转和达到考核标准以上的。（　　）

2. 考勤的目的是提高出勤率，工作人员有事应提前请假，防止整体工作断档、出现缺口和无法衔接等不良情况的发生。（　　）

3. 企业和员工双赢，既是企业文化建设的目标，又可以体现企业人力资源管理的价值。（　　）

4. 当同事指出自己在工作、学习、生活和待人接物方面存在的问题和缺点后，要正确对待、诚恳接受、认真改正。（　　）

05

项目五

发展和维护团队效率

任务一　凝聚团队精神

任务二　开展团队合作

任务三　提升团队绩效

知识目标

掌握团队精神、团队合作和团队管理在企业运行发展中的重要意义，了解建立团队精神、团队合作和团队管理的相关知识点。

技能目标

能够建立和维护与同事的良好关系，能够有效地加强团队管理。

素质目标

培养集体荣誉感，塑造团队精神，树立大局意识。

思维导图

- 发展和维护团队效率
  - 凝聚团队精神
    - 追求高绩效团队
    - 团队的组成形式
    - 形成团队精神
    - 团队精神的作用
    - 团队精神的重要性
  - 开展团队合作
    - 良好的团队合作
    - 提供帮助时应注意的问题
    - 判断和识别问题及分歧的方法
    - 解决问题和分歧的原则
  - 提升团队绩效
    - 确立清晰的团队目标和保障措施
    - 建立团队管理的运行机制
    - 团队成员的工作
    - 评估和监督

任务一

凝聚团队精神

一、追求高绩效团队

（一）团队的概念

团队是一个为了共同目标而组成的共同体。团队工作主要以自我管理的小组形式进行，每个小组由一组员工组成，负责一个完整的工作过程或其中一部分工作。工作小组成员在一起工作以改进操作流程，通过开展计划和实施控制来处理发生的各种问题。在工作中，大家互相支持、高效工作，能够比个人单打独斗地工作取得更大的业绩，这就是建立团队的意义。团队是为了一个特定的目标或任务建立起来的，强调的是整体业绩，以及通过成员的共同奋斗取得较好的工作成绩。从动机、价值取向和目标追求的角度看，团队成员的一致性远远高于其他类型的群体。

（二）团队的特征

（1）成员有共同的奋斗目标；

（2）成员在技能、经验和知识方面具有互补性；

（3）成员在动机、价值观和目标追求方面具有一致性；

（4）团队共同努力的结果大于个体成员的绩效总额。

（三）重视团队的作用

现代企业越来越重视团队的作用，因此，很多企业都注重培养员工的团队意识，形成团队精神，强化团队的凝聚力。团队的组成对于组织的绩效起着重要的作用，追求高绩效团队成为许多组织的口号与理想。要达到这个目标，首先必须明确团队的类型，根据不同类型的团队确定不同的绩效，并给予相应的报酬。总之，企业要重视团队的作用，加强团队管理，这样，团队效率才会提高。

故　事

最理想的人选

最理想的人选

肖小白成功应聘某公司，总经理对与肖小白同时应聘的5个人说："试用期满，将在你们中间选一名业务主管。"听了总经理的话，肖小白发誓要当上业务主管。

肖小白认为，短短的3个月里要凸显业绩仅靠埋头苦干是不行的，自己必须凭借聪明才智苦干加巧干。此后，肖小白开始利用互联网，登录广告设计网，博览他人的设计创意并频频与网络设计高手交流。同时，肖小白虚心地向4位同事学习，而他人向肖小白请教问题时，肖小白每次都把自己独特的见解藏起来，只说一些能在网上查询到的观点。肖小白常常安慰自己："我并没有伤害他们，我只是努力提高自己而已。"

试用期满，肖小白的业绩果然比其他4个人突出。然而，总经理的决定却让肖小白大跌眼镜：他不仅没能当上业务主管，还被公司淘汰了！

面对总经理的决定，肖小白问他为什么。总经理平和地说："我们公司之所以能有今天，主要靠的是团队合作精神，因此，在我们公司，能跟同事共同提高的人才是最理想的人选。"原来，总经理对他的所作所为明察秋毫。肖小白离开公司时，总经理拍着他的肩膀语重心长地说："记住，跟同事共同提高比只向同事学习受欢迎。"

故事启示　能跟同事共同提高的人，是团队最理想的人选。

二、团队的组成形式

常见的团队有如下几种形式：正式团队、非正式团队、职能团队、部门团队和项目团队。

（1）正式团队是企业为了特定目的而设立的组织。如某企业为了做好质量监督工作成立的质检部。

（2）非正式团队是基于组织成员的情感和心理需要自发建立起来的，并非是按照有关制度规章而建立的组织。如不同部门之间的员工因为共同爱好而成立的读书沙龙、排球队、棋牌社。

（3）职能团队是执行特定任务的小组。如为了某公关活动成立的专项组。

（4）部门团队是同一业务部门工作的小组。如物品采购组、资料保管组。

（5）项目团队是为特定项目工作的小组。如人力资源部下设的专门负责招聘的小组。

三、形成团队精神

只有做到以下几点，才能形成团队精神。

（一）凝聚力量，高效运转

团队精神是大局意识、协作精神和服务精神，它反映的是个人利益和集体利益的统一，是保证组织高效率运转的精神力量。团队精神需要全体成员拥有共同的价值观、高度的行动互补性、强大的凝聚力以及良好的组织文化。它具有凝聚、激励和控制的功能。

（二）彼此激励，集体进步

在长期的工作磨合中，团队内部逐渐形成了特有的习惯、信仰、兴趣等文化理念，形成了共同的使命感和归属感。每个成员都能够要求进步，向最优秀的人看齐，彼此激励。与此同时，团队精神可以使每个成员都能够清晰地认识到个人的价值远远小于团队的价值，形成了“1+1>2”的效应，进而保障团队高效运转。

（三）顾全大局，乐于奉献

（1）团队即组织，精神即灵魂。团队精神是一种顾全大局、乐于奉献、协调配合、依靠集体效能取得成功的理念和劲头。团队精神与个人英雄主义或窝里斗格格不入。

（2）个体最强与整体最优。人是社会动物，既是独立的个体人，也是联合的团队人。团队是个体的归宿。

（3）人的生存和发展离不开团队，人类的竞争往往是团队与团队的竞争。能量互补，精诚团结，在个体最强的基础上实现整体最优，是团队精神的最高境界。

（4）团队精神是一种团队至上、奋勇争先的集体主义精神，不怕牺牲与协同作战。紧要关头相互照应是团队精神的核心要义。

（5）团队精神是一种顾全大局、肝胆相照的真诚合作精神。

（6）成就他人与实现自我。团队精神是一种在共同信仰引领下先人后己、舍己为人、不求回报的无私奉献精神。如全心全意为人民服务是中国共产党的根本宗旨。

知识链接

女排精神

中国女排在1981年第三届世界杯女排赛上夺得了第一个女子冠军，之后于1982年秘鲁世锦赛再度登顶，1984年又折桂洛杉矶奥运会，1985年再夺世界杯，1986年又一次蝉联世锦赛冠军，成了世界排球史上第一支获得“五连冠”的队伍，创造了女子排球比赛的历史性荣耀。

一直以来，中国女排坚定“为国争光”的信念，完美地体现了顽强拼搏、团结奋斗、无私奉献、为国争光的中华体育精神。五星红旗的一次次升起、庄严国歌的一次次奏响，令无数中华儿女热血沸腾。一时间，各行各业掀起了学习女排精神、发扬女排精神的热潮。“团结起来，振兴中华”的口号响彻神州大地。

女排精神，已经成为民族精神和时代精神的重要象征，至今仍然激励着中华各族儿女不断奋发向上，追求卓越，这就是优秀团队精神的体现。

四、团队精神的作用

团队精神的作用包括：

（一）目标导向

团队精神能够使团队成员齐心协力，拧成一股绳，朝着一个目标努力。对团队中的个人来说，团队要达到的目标即是自己必须努力的方向，从而使团队的整体目标分解成各个小目标，在每个成员身上都得到落实。

（二）团结凝聚

任何组织都需要一种凝聚力，传统的管理方法是通过自上而下的行政指令进行组织运转的，淡化了成员个人感情和社会心理等方面的需求。团队精神则通过对群体意识的培养，通过成员在长期的实践中形成的习惯、信仰、动机、兴趣等文化心理来沟通成员间的关系，引导成员产生共同的使命感、归属感和认同感，逐渐强化团队精神，产生一种强大的凝聚力。

（三）促进激励

团队精神要靠每一个成员自觉地向团队中最优秀的员工看齐，通过成员之间正常的竞争实现激励的目的。这种激励不是单纯地停留在物质基础上，而是要能得到团队的认可，获得团队中其他成员的承认。

（四）实现控制

在团队里，不仅成员的个体行为需要控制，群体行为也需要协调。团队精神所产生的控制功能，即通过团队内部所形成的一种观念的力量、氛围的影响，从而约束、规范、控制团队的个体行为。这种控制不是自上而下的硬性强制力量，而是由硬性控制转向软性内化控制，由控制个人行为转向控制个人的意识，由控制个人的短期行为转向对其价值观和长期目标的控制。因此，这种控制更为持久且更有意义，而且容易深入人心。

五、团队精神的重要性

团队精神的重要性表现在：

（一）推动团队运作和发展

在团队精神的作用下，团队成员产生了互相关心、互相帮助的交互行为，显示出关心团队的主人翁意识和责任感，并努力自觉地维护团队的集体荣誉，自觉地以团队的整体声誉为重来约束自己的行为，从而使团队精神成为企业全面发展的动力。

（二）培养团队成员之间的亲和力

一个具有团队精神的团队，能使每个团队成员显示高涨的士气，有利于激发成员工作的主动性，由此自发形成集体意识、共同的价值观，团队成员自愿地将自己的聪明才智贡献给团队，同时也使自己得到更全面的发展。

（三）有利于提高组织整体效能

通过发扬团队精神，能进一步节省内耗。如果某企业总将时间花在如何界定责任、应该找谁处理等问题上，就会损伤企业的凝聚力，降低员工的积极性。

边学边练

故事“最理想的人选”中，肖小白为什么被淘汰了？肖小白在哪些方面需要改进？将相关内容填入表 5－1 中。

表 5-1　肖小白被淘汰的原因及改进建议

肖小白被淘汰的原因	给肖小白的改进建议

任务二

开展团队合作

一、良好的团队合作

良好的团队合作需要做到：

（一）建立和维护与同事的良好关系

企业中，团队的建立和管理十分重要，团队之间的相互合作、有效沟通，对于团队的高效运转起着非常重要的作用。良好的关系可以使同事之间有效地协作，彼此能够互相理解、互相帮助，从而顺利完成工作任务。这就要求团队成员善于与同事建立并维持良好的工作关系。

（二）遵守对同事的承诺

遵守对同事的承诺是建立、发展和维护团队效率的最基本要求。团队成员应具备诚实守信、一诺千金的基本素质，遵守承诺、执行委托。如果对同事的承诺不能兑现，要向其解释原因。

（三）能够向同事提供信息和支持

在团队工作中，团队成员要具备责任意识、目标意识和互助意识，每一个成员都应该将团队目标放在首位，提供所需的信息和支持，包括建议和指导，以及人力、物力和财力的帮助。

（四）遵守原则

无论是制订计划还是分配工作，都应当遵守如下原则：

（1）掌握团队中每一个成员的工作能力、发展需要及其他具体情况。

（2）依据团队的总体工作目标和团队成员的具体情况来制订工作计划。

（3）充分考虑团队中每个成员的实际工作能力、基本特点和个人发展需要。

故　事

帮助小丁邮寄

帮助小丁邮寄

小丁在讲台上，打开 PPT，课表显示：8:30 上课。

该课堂有 20 名员工，时钟指向 8:20。手机电话铃声响起，小丁步行到走廊接听电话。

小丁与马处长微信视频对话。

小丁：“您好！”

马处长：“小丁你好，我是北京的马处长，培训班资料赶紧邮寄过来，不然就耽误给大家发证书了。”

小丁：“好的，马上办理。”与此同时，走廊上刚巧路过的小李正好听到这段对话。小丁眉头紧皱：“这怎么好，马上上课了。”

小李：“小丁，别急，你的事情我帮你办可好？”

小丁：“这是钥匙，在我办公桌抽屉里，邮寄给北京的资料，马上送邮局，地址都写好了。”

小李：“你放心上课，我马上给你取来，别弄错了。”

小李取来资料。

小丁：“对，是这个。”

小李：“马上邮寄，你安心上课。”

小丁递给小李钥匙：“骑我电动车去，给你钥匙。”

小李：“好的”。

小李骑着电动车到邮局邮寄。8:30 小丁按时上课。教室响起小丁的讲课声。

9:15 小丁下课，看了一下手机微信，看到小李已经将邮件回执图片通过微信发给了她。随后，小丁马上给马处长转发了这个回执图片，并附上：“马处长，邮件已寄出，这是回执，请注意查收。”

马处长回复：“好的，效率挺高啊，点赞！”

故事启示　当团队中的同事由于某种原因，不能按时完成工作任务时，团队中的其他成员应及时向其提供多方面的帮助，包括提供信息和建议、具体的指导等。

二、提供帮助时应注意的问题

（一）事先征得对方的同意

团队成员在提供帮助之前，要事先征得对方的同意，而不能贸然行事。团队成员需要认真了解、分析、掌握同事不能完成工作任务的原因、所需帮助的具体事项和内容；对同事提供帮助时，必须有的放矢；不能不问原因，不能“帮倒忙”，不能不考虑到对方的顾虑；考虑自己的能力是否达到对方工作的标准；等等。

（二）不能超出自己的职权范围

团队成员提供帮助时，要在确保自己的任务按时完成的前提下进行。任何工作都重视质量，包括生产、经营、销售、新产品开发等各项工作都有质量要求。如果在团队工作中发现与工作质量有关的问题，就要明确提出、及时处理，积极维护团队信誉和效益。因为达不到质量要求，就是没有达到目标。一个团队的工作质量，代表着一个团队的综合素质，关系到一个团队的信誉。所以，在发现工作质量方面的问题后应及时提出来，并与相关人员讨论，尽快找到解决问题的办法，这是对个人和团队都负责任的行为。

（三）交流和反馈信息、提供建议要讲求方式

交流和反馈信息、提供建议要讲求方式，交流和反馈信息、提供建议的时间、地点和方法应灵活变通，适应不同同事的情况。例如，如果是指出问题，那么要充分考虑到问题的严重程度和团队成员的心理承受力，应尽量回避第三者，进行单独交流，使交流的内容不外传、不公开，这样更容易让人接受。

（四）正确处理工作关系中的矛盾和分歧

在团队完成的每一项工作中，都可能因为对各项事务的认识程度不同、做事的方法和理念不同、利益不同或其他相互间的感情等多种因素，出现矛盾和分歧。团队成员应该正确地面对矛盾和分歧，采取积极的态度和行动，尽可能地化解矛盾，解决分歧，团结一致完成任务。

知识链接

出于自觉和自愿的“团队合作”力量强大而持久

团队合作是指团队成员通过共同的合作完成某项事情。1994 年，著名管理学家斯蒂芬·罗宾斯首次提出了“团队”的概念：为了实现某一目标而由相互协作的个体所组成的正式群体。在随后的 10 年间，关于“团队合作”的理念风靡全球。当团队合作是出于自觉和自愿时，它必将产生一股强大而且持久的力量。

三、判断和识别问题及分歧的方法

如果团队成员间出现问题和分歧，就会破坏团队的安定团结，影响团队各项工作的进行和目标的实现，必须引起高度重视，立即加以解决。团队成员可以从三个方面来判断和识别与同事是否出现了问题和分歧：

（1）感情上是否有相互疏远、不信任、不和谐的感觉；

（2）工作上能否相互配合；

（3）向第三者征询意见和看法。

四、解决问题和分歧的原则

解决团队成员间出现的问题和分歧的原则是：

（1）从大局出发；

（2）积极主动；

（3）选择恰当的时间、地点和方法；

（4）在矛盾超出自己解决能力范围时及时汇报，寻求帮助。

边学边练

“百官去帽缨”对现代企业管理的启发

相传楚庄王平定叛乱，取得全胜，为庆大捷宴请众将、百官，并让爱妾许姬为大家敬酒。正开怀畅饮，一阵狂风吹灭了所有的灯烛，黑暗中，有一个人拉住许姬的衣袖调情，许姬不从，顺手扯了他的帽缨。许姬当即将此事告诉了庄王，要求庄王在掌灯后立即下令查出帽子上没有缨的人。庄王听了哈哈大笑，当即发话：请百官都把帽缨去掉，然后下令点灯。这样，谁是行为不轨者，已无法分辨。许姬不明其意。庄王解释说，酒后狂态，人常有之，倘若治罪，必伤国人之心，使百官不欢而散，所以不能那么办。

后来在吴兵伐楚的战争中，有一个人奋勇杀敌，为保卫楚国立了大功。庄王问他为什么如此勇敢，他回答说：“臣，乃殿上绝缨者也。”

1. 分析百官去帽缨的事实真相。

2. 分析百官去帽缨的原因。

3. 分析百官去帽缨取得的效果。

4. 对现代企业管理的启发。

任务三

提升团队绩效

一、确立清晰的团队目标和保障措施

（一）团队目标

团队目标主要包括任务的性质、范围、标准和时间要求。在一个企业中，即使一个人有再大的才能，也不可能完成所有的任务。只有团队成员共同努力，才有可能比较顺利地完成各项工作。做好团队管理，可以有效帮助企业达成目标。

（二）保障措施

保障措施包括可用的人力、物力以及信息资源、发生意外情况之后的弥补方案、阶段性的进度研讨会、工作进展的信息公示等。例如，某部门负责举行一场答谢客户的联欢会。那么，负责这个活动的团队就要清楚：这次任务是要举办联欢会，并且要通过一系列的活动设计增进客户对公司的归属感，之后要根据公司的总体要求，了解这场联欢会的规模控制在什么范围、规定多少人参加、可控预算多少、人员分工及职责。如果距离联欢会还有一个月的时间，那么每星期要完成哪些任务、有没有突发情况的应急预案等要一一落实。为了保证上述任务的有效落实，团队可以采用时间计划表、人员分工图、阶段性工作告示板等方法，团队成员可根据实际情况相互间给予鼓励和支持。

故　事

将相和

战国时期的赵国，蔺相如是文臣，廉颇是武将。蔺相如由于在渑池之会上的英勇表现，为赵国做出了卓越的贡献，被封为上卿。廉颇凭借征战沙场、奋勇杀敌的大功劳成为赵国的将军。廉颇认为蔺相如只凭着能言善辩就立下功劳，职位却比他高，心里不平衡，扬言说："如果让我碰见蔺相如，我一定要好好羞辱他一番。"蔺相如听说了这件事，便刻意避免和廉颇见面。

长此以往，蔺相如的门客以为他畏惧廉颇，然而蔺相如说："秦国不敢侵略我们赵国，是因为有我和廉将军。我对廉将军容忍、退让，是把国家的危难放在前面，把个人的恩怨放到一边啊！"这话被廉颇听到，觉得自己为了争一口气，就不顾国家的利益，心里非常惭愧。于是，他解衣赤背，背上惩处罪人用的荆条，到蔺相如府上谢罪。从此以后，他俩齐心协力保卫赵国。

故事启示 在这个故事中，蔺相如和廉颇两人都在一个团队中，起初有一些矛盾，但是为了保家卫国这个共同的目的，两个人最终还是建立了良好的关系。"负荆请罪"的故事，就是廉颇一开始气量狭小，然后蔺相如出于大局考虑不与他冲突，后来廉颇认识到了自己的错误，也是出于大局，采用了赤膊背着荆条的方法，郑重地表达了歉意，也教育了身边的其他人。战国时期思想家荀子曾强调"民齐者强"，指的就是人心要齐，唯有如此，才能国家强盛，战无不胜，而企业工作也是如此。

二、建立团队管理的运行机制

（一）制定规章制度

团队的运行必须有相应的规章制度做保障，管理者要让团队成员清楚必要的工作制度、工作程序、工作标准等。

（二）建立信息报告

建立信息报告机制的好处：一是可以让上级及时掌握工作进展情况，为下一步的工作开展做好准备；二是下级可以及时得到上级的支持和帮助。报告信息的方式既可以是书面报告又可以是口头汇报。

知识链接

阿米巴经营模式

阿米巴经营模式是由日本著名企业家稻盛和夫提出的，该模式通过建立直接与市场相联系的部门结算制度、量化的赋权管理模式，激发员工工作积极性，提升工作效率，同时能够帮助企业培养一批优秀的管理者，并塑造良好的企业文化。阿米巴经营模式相当于把一个大公司分解成若干个独立经营的小公司，每个小公司称为"阿米巴"，其管理者称为"阿米巴长"，每个小公司都有属于自己的经营领域。阿米巴组织在成立之后，都会树立阿米巴经营理念，重点包括科学核算、权责下放、自主决策、及时关注、鼓励学习等，每个成员都能够及时、全面地了解项目情况、工作成效、存在问题等信息，并形成良好的学习氛围。阿米巴经营模式的目的是提升企业经营的创新水平，并培养优秀的管理人才。

三、团队成员的工作

（一）任务公平合理

如果每个人接受的任务公平合理，就会提高整个团队的工作积极性，团队成员齐心协力，更易于完成目标。当然，管理者在分配任务时，要综合考虑工作经验、能力水平、个人兴趣等因素，不能让一个人的工作量过大，也不能让简单的工作总落在一个人身上。

（二）做好团队活动

为了更好地进行团队管理，相关部门应当合理安排团队活动。通过定期举行会议、参与社会活动、开展内部团建等多种方式，激发团队成员的工作热情、提高团队成员的参与积极性、增强团队成员的集体主义精神。

（三）日常监督检查

企业应建立团队日常讨论机制，做好监督、检查工作，以促进团队平稳发展，共创未来。有效的日常评估对于企业具有重要的意义。在实际工作中，根据目标要求定期检查团队的工作情况，评价团队的工作业绩，是企业行政管理者经常性工作内容之一，也是企业监督和评价各个团队和人员表现不可缺少的环节。

四、评估和监督

（一）建立团队评估和监督指标

（1）心理安全感。当团队成员主动承担风险任务时，要关注他是否有安全感。例如，在日常的工作中团队成员会不会因为害怕犯错，尽量采取保守的工作方法，因为即便结果不出彩也总比搞砸了强，这需要通过管理沟通、改正错误做法加以避免。

（2）可靠性。即分析和判断团队成员是否可靠，面对一项协作任务时，要分析每位成员能否按时交付自己需要负责的那一份成果。

（3）清晰的目标和分工。即分析和判断组织架构是否明晰、团队是否有清晰的目标和分工。

（4）个人对团队的意义。即分析和判断团队成员是否明白自己负责的工作内容对于整个团队的意义。

（5）团队工作影响力。即分析和判断团队成员是否真正明白团队所做的工作所带来的影响。

（二）业绩评估的实施

1. 制订评估计划

在评估之前，需要做好评估前的动员工作，做好组织培训，制订评估计划，确定评估内容、评估时间和评估方法等。

2. 确定评估人员

评估人员通常是工作人员的业务主管，完成对直接下属员工的业绩评估和监督。

3. 评估结果反馈

评估人员要将评估结果反馈给每一位员工。一方面，可以帮助员工改进工作中的不足；另一方面，可以充分肯定员工的工作业绩，鼓励他们更好地为企业的发展作出贡献。

通过评估，企业可以发现员工工作过程中出现的问题和不足，要求员工加以改正；对员工的工作业绩给予肯定，可以加强上下级之间的联系，既有利于保持和增加员工的工作动力，又可以挖掘和发现后备人才。

（三）评估过程中要注意的问题

（1）评估的业绩应该是自上次评估以来已完成的工作业绩。

（2）评估时要对双方谈话内容进行保密。对于谈话过程中员工特别关注的问题，应指出该问题产生的原因，并提出解决的建议和措施。

（3）对有发展潜力的员工要考虑其本人希望发展的领域。

（4）评估人员应与员工讨论有关个人发展或专业发展的话题。

边学边练

两人一组，分析下面案例中团队存在的问题，并提出解决问题的方案。

老刘在K公司服务了20年，但是没有任何领导职务，他在业务科负责票据整理工作。最近办公室搬迁，老刘的工作效率下降了，他在票据的整理和分类等业务方面发生了许多错误。业务科康科长约谈老刘两次，提醒他在工作表现方面不太理想，要多加注意，但是两周过去了，老刘的工作仍然未见改善。

康科长检查经老刘整理的票据，结果并没有查出异常；康科长在观察他工作的时候，看到他有时候把票据架在额头前以遮挡阳光。同时，其他同事也有同样的情况。经过多次谈话和调查，康科长发现，老刘感觉自己的视力下降，最近和家人也发生了一些不快，心理压力很大。

1. 团队中的问题：

2. 解决问题的方案：

项目测验

一、单选题

1. 在长期的工作磨合中，团队内部逐渐形成了特有的习惯、信仰、兴趣等文化理念，形成了（ ）。

A. 汇报　　B. 共同的使命感和归属感

C. 意见　　D. 改正

2. 哪些关系可以使同事之间有效地协作，彼此能够互相理解、互相帮助，从而顺利完成工作任务？（ ）

A. 竞争　　B. 良好　　C. 有意见　　D. 别扭

二、多选题

1. 在企业中，团队有不同的组成形式。常见的有（ ）几种形式。

A. 正式团队　　B. 非正式团队　　C. 职能团队

D. 部门团队　　E. 项目团队

2. 所谓团队精神反映的是个人利益和集体利益的统一，是保证组织高效率运转的精神力量，包括（ ）。

A. 大局意识　　B. 协作精神　　C. 服务精神

D. 工作标准　　E. 共同赚钱

3. 具体完成各项工作时，无论是制订计划还是分配工作，都应当遵守以下（ ）原则。

A. 掌握团队中每一个成员的工作能力、发展需要及其他具体情况

B. 依据团队的总体工作目标和团队成员的具体情况来制订工作计划

C. 充分考虑团队中每个成员的实际工作能力、基本特点和个人发展需要

D. 非正式团队也能参与活动

4. 当团队中的同事由于某种原因，不能按时完成工作任务时，团队成员应（ ）。

A. 及时向其提供多方面帮助　　B. 提供信息和建议

C. 进行具体指导　　D. 不提供任何消息

5. 建立信息报告的好处在于（ ）。

A. 可以让上级及时掌握工作进展情况，为下一步的工作开展做好准备

B. 可以及时得到上级的支持和帮助

C. 重点信息无须采取保密措施

D. 团队能知晓任何活动的信息

6. 在评估过程中，要注意以下哪几个问题？（ ）

A. 评估的业绩应该是自上次评估以来已完成的工作业绩

B. 评估时要对双方谈话内容进行保密

C. 对于谈话过程中员工特别关注的问题，应指出该问题产生的原因，并提出解决的建议和措施

D. 不能提供任何消息

三、判断题

1. 所谓团队，是指一个为了共同目标而工作的集体。(　　)

2. 遵守对同事的承诺是建立、发展和维护团队效率的最基本要求。(　　)

3. 团队的运行必须有相应的规章制度做保障，要让团队成员清楚必要的工作制度、工作程序、工作标准等。(　　)

06

项目六

职场礼仪

知识目标

掌握职场电话礼仪、职场服饰礼仪和职场宴会礼仪的标准。

技能目标

能够熟练运用职场电话礼仪、职场服饰礼仪和职场宴会礼仪，能够尊重他人，知礼、守礼、用礼。

素质目标

培养“你的礼仪价值百万”的观念，树立良好的个人形象，建立友好和谐的人际关系，增强服务意识和大局观念。

思维导图

任务一

职场电话礼仪

一、接听电话礼仪标准

（一）尊重对方

职场中，常常会使用电话进行交流，无论是拨打者还是接听者，都应当注重礼仪修养，这是对通话者的尊重，更是对企业文化的认同，是每个人为人处世、礼貌待人的直接表现。不管通话者的地位高低，都要做到尊重对方，这是最基本的礼仪要求。

（二）响不过三

不要故意拖时间，电话铃响两遍就应该接起。拿起话筒第一句话先说："您好！"如果电话铃响过四遍后，拿起话筒应向对方说："对不起，让您久等了。"这是礼貌的表示，可消除对方久等心情的不悦。当听到电话铃声响起时，就应该把注意力放在准备接电话上。有的员工明明知道电话在响，但仍然和同事交谈，导致电话铃声不断，这是在接电话时非常忌讳的事情。

（三）礼貌用语

1. 开头语

电话的开头语会直接影响拨打者对接听者的态度、看法。当接起电话后，应该自报家门。例如："您好，这里是诗韵有限责任公司人力资源部，请问您找哪位？"待对方自报家门后，可以问："请问您需要什么帮助？"

2. 通话时礼貌用语

通电话时要注意尽量使用礼貌用语，如"您好""请""谢谢""麻烦您"等。打电话时，说话态度要和蔼，语言要清晰，既不装腔作势，也不娇声娇气。

3. 错误电话的接待礼仪

接到打错的电话时，首先应该确认对方要找的单位和人员，如果单位和人员确实不对，应该询问对方要打的是什么号码，然后把你的电话号码告诉对方。切忌接到错误电话时，和对方说"你打错了"后就挂断电话，这是非常不礼貌的行为。

（四）倾听并做好通话记录

如果打来的电话是找自己的，那么，应该按照正常的交谈礼仪进行通话，耐心地倾听对方的谈话内容，不要随意打断。在倾听时，还应该不停地回应对方的谈话，表明接线人在认真倾听对方的讲话。凡与工作有关的通话，都需要做好通话记录，及时上报给需要转告的人员。

（五）挂断礼仪

原则上是等待对方先挂或者尊者先挂，之后自己再挂断，即通话是否结束一般由拨打者来决定，如果拨打者还没讲完，接听者便挂断电话是很不礼貌的。如果接听者手里的工作确实很忙，需要马上去做，而对方谈话的兴致又很浓，这时，接听者要委婉地告诉对方：“真想和你多谈谈，可现在我这边有急事需要处理，请原谅，明天我打电话给你好吗？”

故　事

电话礼仪的禁忌

电话礼仪的禁忌

米尼演艺公司计划于下月赴S公司考察项目，刘明就此事与S公司相关人员联络，于是，他拨通了S公司综合办公室的电话。

可是，电话响了足足有半分多钟的时间，不见有人接听。刘明正纳闷着，突然电话那端传来一个不耐烦的声音：“什么事啊？”刘明一愣，以为自己拨错了电话：“请问是S公司综合办公室吗？”“废话，你不知道自己往哪儿打电话啊？”“哦，您好！我是米尼演艺公司的，请问马主任在吗？”“你是谁啊？”对方没好气地盘问。刘明心里直犯嘀咕：“我叫刘明，是米尼演艺公司办公室行政助理。”

“刘明？你跟我们马主任什么关系？”

“关系？”刘明更是丈二和尚摸不着头脑，“我和马主任没有私人关系，我只想请示一下我们公司到贵公司考察项目的事。”

“考察项目？马主任不在，你改天再来电话吧！”

没等刘明再说什么，对方就“啪”地挂断了电话。

刘明感觉像是被人戏弄了一番，拿着电话半天没回过神来。

故事启示　像S公司这样接待的员工，不注重最基本的职场电话礼仪，会给来电者带去诸多不便，严重的会因为小小的细节而影响企业形象。因此，无论是提升个人能力还是提升企业形象，遵循电话礼仪是最基本的行政工作之一。

二、拨打电话礼仪标准

拨打电话礼仪包括列提纲、挑时间、正确拨号。

（一）列提纲

企业行政管理人员在主动拨打电话之前，需要有所准备，把要谈话的内容在头脑中过一遍，或者列一个提纲，这样在打电话时能够提高谈话效率，避免遗漏交流的内容。

（二）挑时间

企业行政管理人员应选择合适的通话时间。一般情况下，通话时间的选择要遵循“不在早上8点之前、晚上10点以后、三餐之间给人打电话”的原则。如果对方有午睡的习惯，切记午休时间不要打电话。

（三）正确拨号

企业行政管理人员要查清对方的号码，做到正确拨号。如果拨错了号码，要向对方表示歉意，不要一听打错了，就放下电话。同时，电话拨通后，要等电话铃响七声之后，如果没有人接听再挂断，否则是不礼貌的。

知识链接

电话接听记录

电话接听记录需要填写来电人姓名、单位、时间、电话、来电内容摘要等（见表6-1）。接听者应当在谈话结束前登记好电话接听记录，若不能及时填写好记录，需要点击小休，以免下一通电话到来。牢记5个记录内容：何时、何人、何地、何事、如何进行。电话记录要简洁、完善。

表6-1 电话接听记录

填写日期：

来电单位		来电人姓名	
来电时间	年 月 日 时 分	电话号码	
来电内容摘要			
记录时间		记录人	

三、电话礼仪注意事项

（一）一手拿话筒，一手执笔做记录

在日常生活和工作中，很多人都习惯用一只手接电话，当需要记录电话内容时，会将电话夹在肩膀上，但这样电话很容易因夹不住而掉下来，发出刺耳的声音，会给对方造成不适。为了消除这种现象，接听者在接电话的时候，要一手拿话筒，一手执笔做记录，以轻松完成与对方的交谈和记录。接听者也可以先用电话录音，然后进行笔录。

（二）注意声音和表情

接电话能够反映出一个人的基本素养，接听者接电话时应运用礼貌用语，注意声音的感觉，不要过大、过于粗糙，要委婉细腻，让对方感觉很好听。同时，接电话时不要把自己的不良情绪带进去，以免对交谈造成不良的影响。

（三）重复来电要点

电话接听完后，接听者要重复对方的谈话要点，在对方确认没有问题的情况下，再挂断电话，这样可以避免造成工作中的失误，提高工作效率。

（四）遇到中断时主动回拨

如果电话交流过程中因故中断，应主动拨回去。在日常打电话的时候，可能都会遇到正在交谈的时候电话突然中断的情况。如果刚才你是拨打电话的一方，要主动再拨过去，即使之前已经把主要事情说清楚了，也要拨过去解释一下电话

中断的原因，如“不好意思，刚才信号不好”等，以体现对对方的尊重和重视。

（五）“请您稍等”的时间不宜过长

“请您稍等”的时间不宜过长，通常时间应不超过1分钟。对于对方要咨询的信息接听者无法说清楚，需要问其他人或者查资料的时候，要先说一句“请您稍等”。但是接听者也不能让对方一直等。若超过1分钟，就要和对方说一句：“抱歉，让您久等了。”如果接听者一时半会儿找不到人又查不出资料，那就向对方说明情况，让对方先忙别的。可以说：“不好意思，您要的数据或者资料我再确认一下，之后给您回复。”

（六）道谢

道谢也是基本的电话礼仪，切忌以为见不着对方就觉得无所谓，只有尊重对方，才能增进双方感情，增加双方的密切往来。

边学边练

查找故事“电话礼仪的禁忌”中的问题，填写表6－2。

表6－2 故事“电话礼仪的禁忌”分析表

阶段	标准	对话序号	拨电话方	接电话方	标准用语	查找问题
第一阶段	接听	1	半分多钟的时间，不见有人接听。		3声内接起：对不起，让您久等了。	
第二阶段	自报家门，询问对方需要	2	……	什么事啊？	你好！这里是××公司，请问需要什么帮助？	
第三阶段	左手接电话，右手持笔，耳朵注意倾听来电，在电话记录本上清晰记录内容	3	请问是S公司综合办公室吗？	废话，你不知道自己往哪儿打电话啊？	文明用语，语调平和：您好，这里是××公司××部门，请问您找哪位？	
		4	哦，您好！我是米尼演艺公司的，请问马主任在吗？	你是谁啊？	请问您是哪一位？	
		5	我叫刘明，是米尼演艺公司办公室行政助理。	刘明？你跟我们马主任什么关系？	请稍等，我帮您看看他是否在办公室。	
		6	关系？我和马主任没有私人关系，我只想请示一下我们公司到贵公司考察项目的事。	考察项目？马主任不在，你改天再来电话吧！	您要找的人暂时不在，我可以帮助记录您的问题，稍后转达或请他给你回复。	
第四阶段	挂断	7	……	“啪”地挂断了电话。	打电话者先挂或者尊者先挂。	

任务二

职场服饰礼仪

一、职场服饰礼仪要求

（一）服装是企业的视觉传达系统

1. 服装是企业无声的活动广告

在职场礼仪中，衣着占据相当重要的地位。即使一个人沉默不语，衣着品味也会泄露其个性、身份、角色、涵养、阅历及其心理状态等多种信息，如服饰传递性别特征，女士要求端庄，男士要求有阳刚之气。

2. 服装是视觉形象的首因效应

它以一种“非语言”的方式，直接影响他人对员工的第一印象，关系到对员工个人形象的评价，同时也关系到一个企业的形象。因此，职场人士有必要时刻注意自己的穿衣打扮，只有得体，才能获得来自他人的尊重，以及自己对职业的尊重。

（二）员工的服饰要求简洁大方

1. 简洁方便

着装应避免厚重笨拙，简洁方便的衣着有助于员工方便、灵活地开展工作。

2. 全局之美

穿衣搭配要考虑全面，恪守服装本身约定俗成的搭配，局部服从于整体，力求展现着装的全局之美。

3. 整齐卫生

衣服要熨烫好，折好放好，要时刻保持整齐；衣服要保持完好，不要有残破或补丁；衣服要勤于换洗，讲究卫生，衣服上不要有污渍、油迹、汗味和体味。

4. 文明大方

员工的穿着要文明大方，符合社会的道德传统和常规做法。无论男女，在正式场合不应穿袒胸露背，暴露大腿、脚部和腋窝的服装，正式场合也不能穿过短的服装，如短裤、小背心、超短裙等，也不要穿过紧的衣服，因为它们不仅行动不便，也很失礼。

（三）遵守企业的整体要求

有的企业会统一要求员工穿着制服，如保险公司、银行、通信公司、酒店等。这类企业对员工着装的规定较严格，员工上班时必须要穿工装，不同工种的衣服也有不同，员工形象尽量保持一致。有的企业对于服饰没有规定，自行着装的员工给人干净、整洁的感觉即可，但是不能太随便。例如，员工不应该佩戴太多的首饰，衣服颜色不能过于复杂，一般控制在三种颜色以内。

故 事

A 君的职场遭遇

A 君所在公司要求员工穿着正装，可 A 君刚到这家公司上班的第一天穿的是休闲装。这一举动引起了公司总经理的不满，他和 A 君第一次谈话就明确告诉 A 君其着装与公司风格不符。后来，尽管 A 君确实有所改变，但是留给领导的第一印象已经形成，很难有质的改变。

后来 A 君跳槽到一家公司，基本全天候西装上班，即便是夏天，他也每天穿正装短袖上班。就这样，新领导对他的态度非常认可。后来领导约见客户的时候，也给了他很多陪同机会。A 君通过穿着体现了敬业精神，得到了领导的认可，在事业方面也峰回路转。

故事启示 A 君的转变，说明他真正意识到了职场服饰的重要性，而且也认识到了第一印象的重要性。职场衣着是职场礼仪的直观“门面”，直接影响公司内外对员工个人工作态度和工作素养的认知。目前，很多公司已经将统一的职业服饰作为企业文化进行管理。

二、男士基本服饰礼仪

（一）整体搭配

虽然男士不一定要穿西服或者正装，但是服装会体现一个人对事情的看法以及对于周围环境尊重的程度，所以男士的穿着必须符合一定的规范。穿西装时宜搭配皮鞋，这样比较协调。参加宴会、舞会时，男士应系上颜色协调的领带，同时要注意西装的清洁。

（二）西装颜色

西装的上下装颜色最好一致，上下不同色时，要注意有一定的反差。在男士的基本服饰中，西装是比较常见的，在很多场合都比较适宜。在工作或正式场合，男士宜选择深蓝色或深灰色西装，选择白色、浅蓝色或浅灰色衬衣，选择深蓝色或黑色的鞋袜。

（三）西装款式

西装分为不同的款式。如欧式西装上衣呈倒梯形、纽扣较低、衣领较宽，美式西装则相对宽松、舒适。

（四）佩戴领带

与西服搭配最密切的就是领带。男士应根据不同的场合选择搭配不同的领带。

（1）斜纹的领带给人果断权威、稳重理性的感觉，适合于谈判、会议主持场合。

（2）圆点、方格样式的领带中规中矩，适合初次见面和见长辈时使用。

（3）不规则图案的领带活泼、有个性，适合酒会、宴会和约会。

（五）西装扣子

穿单排扣西装时可以不扣扣子，如果要扣则只扣上面的一颗。双排扣西装最好扣上全部扣子，显得庄重大方。

（六）个人卫生

男士应保持个人卫生，留短发、剃胡须，指甲不得留长，不能有体味。

三、女士基本服饰礼仪

（一）整体搭配

在工作场合，女士的衣着应保持清洁、熨烫平整，穿起来大方得体，显得精神。女士的穿着应场合而易，根据不同的场合搭配适当的衣服、鞋子、发型、首饰。例如，女士头发不要长过肩部，或挡住眼睛，如果是长发，则必须将长发梳成发髻盘在头上，禁染奇异的颜色或梳怪异的发型，同时应保持清洁卫生，不能凌乱。

（二）颜色搭配

在颜色搭配方面，浅色或暖色调的服装会有扩张感，使人显得轻松活泼。因此，女士可以根据不同需要进行选择和搭配。除了主体衣服之外，鞋袜、手套等的搭配也要多加考究。例如，袜子以透明近似肤色或与服装颜色协调为好，避免带有花纹的袜子。

（三）佩戴饰品

女士适当地佩戴饰品往往能够起到画龙点睛的作用，但佩戴的饰品不宜过多，否则会分散对方的注意力。女士佩戴饰品时，应尽量选择同一色系，与整体服饰搭配统一。

此外，女士应避免服装过于暴露。

知识链接

旗袍礼仪介绍

旗袍文化源远流长，是我国历史发展的一个缩影。旗袍是中华女性最具代表性的传统风格时装之一。旗袍的美是一种典雅而高贵的美，对穿着者的要求较高，不仅表现在对身材的要求上，而且表现在对穿着者内涵及气质的要求上，同时对背景、环境、气氛要求也较高。

旗袍是我国一种具有民族风情的女性服装，是由满族女性的长袍演变而来的。满族旗袍的主要特点为宽大、平直，衣长及足，材料多用绸缎，衣上绣满花纹，领、衣、襟、裾都有花边。随着时代的变迁，旗袍的袖子从宽到窄，从长到短；下摆从长到短，再由短到长。

穿旗袍的动作规范：

- 正确的站姿

1. 头正、颈挺直、双肩展开向下沉，人体有向上的感觉。

2. 收腹、立腰、提臀。
3. 两腿并拢、膝盖挺直、小腿往后发力，人体的重心在前脚掌。
4. 穿旗袍时，双脚可站丁字步或“V”字步，双手交叉置于肚脐位置上。
5. 站立时应保持面带微笑。

- 正确的坐姿

坐姿的原则是“坐如钟”，给人以端正、大方、自然、稳重之感。
1. 入座时要轻、稳，走到座位前轻稳地坐下。
2. 双膝应并拢。
3. 坐满椅子的2/3，一般情况下不要靠背，休息时可轻轻靠背。

- 正确的走姿

1. 以站姿为基础，面带微笑，眼睛平视。
2. 双肩平稳，双臂前后自然地、有节奏地摆动，双肩、双臂不应过于僵硬。
3. 重心稍前倾，行走时，两脚两侧行走的线迹为一条直线。
4. 步幅要适当。特别是穿高跟鞋时，步幅应小些。
5. 走路时应有一定的节奏感，走出步韵来。

边学边练

4～5人一组，相互分享自己前往饭店、酒店、商场等各类场所体验的经历，谈一谈对于企业员工身着统一工装的印象和感受，分析自身对于男女职场服饰礼仪重要性的理解。

任务三 职场宴会礼仪

一、宴会之前的准备

（一）发出请柬的礼仪

宴会礼仪是出席商务活动的必备常识。宴会组织者应该提前制订计划，在宴会的前半个月或一个星期发出请柬。这样做的目的是让受邀者能够从容地安排自己的时间。如果安排聚会的前一天才通知，很明显就不合适。

（二）遵守赴宴时间礼仪

宴会受邀者在收到邀请后，无论去不去参加，都应告知宴会组织者，这也是对邀请的礼貌回复。如果决定要赴宴，那就应遵守时间，最好提前到。

（三）重视赴宴的服装礼仪

在服装方面，最主要的就是大方得体，受邀者要根据宴会的实际地点和规模进行适当的穿戴选择，这对于宴会组织者是一种尊重。女士参加宴会时不宜穿裤子，以过膝的裙子为宜，而且用的香水不宜过浓。

（四）到宴相互问候礼仪

受邀者如约到达宴会场地后，应该与其他受邀者点头示意或相互问候，不管是认识的还是不认识的都要一视同仁。这样可以避免尴尬，从被动变为主动。

二、入座礼仪

在餐饮礼仪中，入座礼仪非常重要。这既体现了个人素养，又决定了整个宴会的气氛。如果受邀者一进门就不管不顾，随便挑一个方便的位置就坐下来，也不管其他人是否已就座，更不在乎自己是否霸占了别人的位置，这是非常不礼貌的。

（一）座次排列

中餐宴会座次排列遵循“尚左尊东”的原则，但在国际惯例中则是“以右为尊”。此处所谓的右与左是根据面对正门的位置来确定的（见图 6－1）。这里的“尊”可以简单理解为重要、地位高的意思。如果餐桌是圆桌，那么正对大门的为主人，主人左右手边的位置以离主人的距离来看，越靠近主人位置越尊贵。倘若是八仙桌，如果有正对大门的座位，则正对大门一侧的右位为主宾。如果不正对大门，则面东的一侧右席为首席。

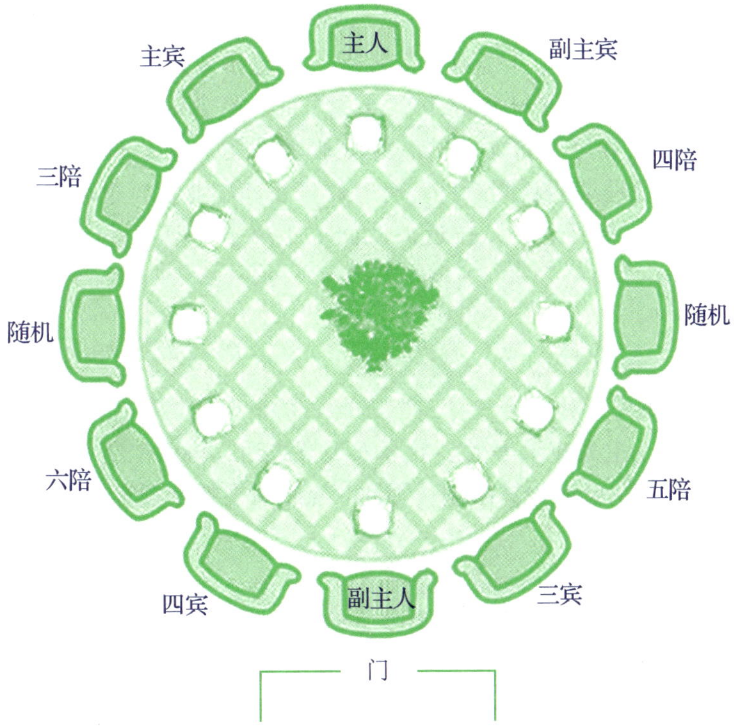

图 6－1　座次排列示意图

（1）宴请时，每张餐桌上的具体位置也有主次尊卑的分别排列。基本方法有：

1）主人大都应面对正门而坐，并且在主桌就座。

2）举行多桌宴请时，每桌都要有一位主桌主人的代表在座位上。位置一般和主桌主人同向，有时也可以面向主桌主人。

3）各桌位次的尊卑应根据距离该桌主人的远近而定，以近为上，以远为下。

4）各桌距离该桌主人相同的位次，讲究以右为尊，即以该桌主人面向为准，右为尊，左为卑。

（2）安排的用餐人数。每张餐桌上所安排的用餐人数应限 10 人以内，最好是双数，如 6 人、8 人、10 人。如果主宾身份高于主人，为表示尊重，也可以安排在主人位子上坐，而请主人坐在主宾的位子上。其他宾客没有严格的规定。

（3）大型宴会放置座位卡。举办大型宴会时，为了便于客人准确无误地就座，招待人员和主人应及时加以引导指示，同时可以在每位客人所在的座次正前方的桌面上，事先放置醒目的个人姓名座位卡。举行涉外宴请时，座位卡应以中、英文两种文字书写。我国的惯例是中文在上、英文在下。

（4）便餐的排列席位。如果需要进行桌次的排列，可以参照宴请时桌次的排列进行。位次的排列可以遵循四个原则：右高左低，中坐为尊，面门为上，以及景观为佳、临墙为好。

（二）入座交谈礼仪

主人应该提前到达宴会场地，在靠门位置等待，并为客人引座。受邀者应该听从东道主安排入座。受邀者就座时，千万不要拖拉座椅，而应轻轻挪动，以免制造噪声，影响氛围。受邀者入座后，脚不宜伸向两边，以免碰到邻座，同时双手应放在大腿上，不要将胳膊肘放在桌上，也不要用手托腮或两手交叉在脑后。如果饭桌上主宾双方只是低头吃饭，气氛一定会很僵硬。恰巧彼此之间背景、年龄、性格、爱好等都不一样，那么聊什么呢？这个时候，就可以聊聊彼此的爱好、说一说近期的新闻事件。有时候家乡和毕业院校也可以作为交流的话题，有可能你就会找到老乡，拉近彼此间的距离了，但不宜谈论过于敏感的话题。

三、点菜礼仪

（一）主人的角色

如果时间允许，主人应该等大多数客人到齐之后，将菜单给客人传阅，并请他们来点菜。公务宴请会有预算限制，因此，点菜时要控制预算，提前做好功课，选择合适档次的请客地点。

（二）客人的角色

一般来说，客人不应该在点菜时太过主动，而是要让主人来点菜。如果对方确实盛情要求，可以点一个价格适中且普遍适口的菜肴。

（三）中餐点菜注意事项

在菜品数量方面，所点主菜数量要比客人数量多 1 ～ 2 道，并搭配冷盘和汤品。在菜式方面，特别油腻的菜宜少点；一般需点一到两个有特色、上档次的菜；不要同时点几道同类型的菜，肉类的种类和做法最好有区分，要考虑点餐的多样性；注意客人是否有忌口、是否吃辣等。

中国的饮食文化与养生文化是相辅相成、密不可分的。在日常饮食中不宜暴饮暴食，需按照食物的温、寒两性以及个人的体质选择适当的食物，滋补养生，温润为佳，五谷为养，五果为助，五畜为益，五菜为充，气味和而服之，以补精益气。除了注重外在菜品，更为注意的便是均衡的搭配、适合的营养成分补充，做到真正意义上的增补进益。

（四）西餐上菜顺序

（1）头盘。又称开胃品，一般有冷盘和热头盘之分，常见的品种有鱼子酱、鹅肝酱、熏鲑鱼等。

（2）汤。大致可分为清汤、奶油汤、蔬菜汤和冷汤四类。品种有牛尾清汤、各式奶油汤、海鲜汤、美式蛤蜊汤、意式蔬菜汤、俄式罗宋汤、法式葱头汤等。

（3）副菜。通常水产类菜肴与蛋类、面包类菜肴均称为副菜。鱼类菜肴讲究搭配专用的调味汁。

（4）主菜。肉、禽类菜肴是主菜，其中最具有代表性的是牛肉或牛排。肉类菜肴配用的调味汁主要有西班牙汁、蘑菇汁、浓烧汁等。禽类菜肴的原料取自鸡、鸭、鹅。禽类菜肴的烹饪方式多为煮、炸、烤、焗，调味汁主要有咖喱汁、奶油汁等。

（5）蔬菜类菜肴。可以安排在肉类菜肴之后，也可以与肉类菜肴同时上桌，蔬菜类菜肴在西餐中称为沙拉，一般由生菜、番茄、黄瓜、芦笋等制作而成，也可用鱼、肉、蛋类制作。

（6）甜品。西餐的甜品是主菜后食用的，包括布丁、冰激凌、奶酪、水果等。

（7）咖啡。饮咖啡时一般要加糖和淡奶油。

四、食之有“礼”

饮食活动应具有一定的礼仪规范性。一个人是否遵守这些“礼”规矩，决定着一个人在别人眼里的地位和印象，并体现着其个人修养、文化底蕴。在社会交往中，宴请是最常见的交际活动，掌握规范的就餐礼仪不仅可使人们聚在一起惬意地享受美酒佳肴，还可以沟通感情，增进友谊，达成合作。

（一）取食礼仪

（1）用餐前不要用餐巾纸擦拭餐具。

（2）入席后不要立即动手取食。应待主人打招呼，由主人举杯示意开始时，客人才能开始。

（3）夹菜要文明，应等菜肴转到自己面前时，再动筷子；不要抢在邻座前夹菜，一次夹菜量不宜过多。就餐时要细嚼慢咽，这不仅有利于消化，也是餐桌上的基本礼仪要求。绝不能大块往嘴里塞，狼吞虎咽，这样会给人留下贪婪的印象，而且对自身也不健康。不要挑食，不要只盯住自己喜欢的菜吃，或者急忙把喜欢的菜堆在自己的盘子里。

（4）用餐的动作要文雅，夹菜时不要碰到邻座，不要把盘里的菜拨到桌上，不要把汤碰翻。不要发出不必要的声音，如喝汤时“咕噜咕噜”，吃菜时嘴里“叭叭”作响，这都是粗俗的表现。

（二）禁忌行为

（1）不要用手去嘴里乱抠。

（2）用牙签剔牙时，应用手或餐巾掩住嘴。

（3）不要让餐具发出任何声响。

（4）不要劝酒，不要只顾自己玩手机，不能沉默不语，不要用自己的筷子给别人夹菜。如果一定要给别人夹菜，则要用公用筷子。

（5）不能一边吃饭一边吸烟。

（6）嘴里的骨头和鱼刺不要吐在桌子上，可用餐巾掩口，用筷子取出来放在碟子里。

（7）掉在桌子上的菜不要再吃。

（8）进餐过程中不要玩弄碗筷，或用筷子指向别人。

五、敬酒敬茶礼仪

（一）敬酒礼仪

（1）待上级相互敬酒完毕，下级可开始敬酒。

（2）站起来敬酒，双手举杯。

（3）可以多人敬一人，绝不可一人敬多人。

（4）碰杯、敬酒时，要有说辞。

（5）端起酒杯，右手握杯，左手垫杯底，自己的杯子高度应低于别人，表示尊敬。

故　事

如此吃相

在与自己的同事一道外出参加一次宴会时，姜小石因为举止有失检点，从而招致了大家的非议。宴会上，姜小石为了自己能够吃得更加畅快，在开始用餐之后便一而再、再而三地减轻自己身上的“负担”。他先是松开自己的领带，接下来又解开领扣、松开腰带、卷起袖管。尤其令人感到不快的是，他在吃东西时，总爱有意无意地发出“滋滋”的声音，全然没有考虑在场人员的感受。姜小石在宴会上的此番作为，不仅令本部门同事目瞪口呆，也让其他部门同事感觉到无地自容。大家就此纷纷指责姜小石既丢了自己的脸，又丢了单位的脸。

故事启示　随着商务宴会的逐渐普及，在餐桌上的礼仪合适与否，有可能直接决定了公司能否得到潜在的客户或者商业合作伙伴的认同。不要以为只要热情、选择最高档的就餐场所，就可以赢得对方认可，很多时候就餐时的文明举止也一定会给对方留下良好的印象。

（二）敬茶礼仪

（1）茶具要清洁。待客人进屋后，主人应先让座，后备茶。在冲茶、倒茶之前用开水烫一下茶壶、茶杯，这样既讲究卫生，又显得彬彬有礼。

（2）茶水要适量。

（3）注意不同种类茶叶泡茶用水的温度、泡茶的时间。泡茶的基本原则是按比例投茶。成人的饮茶量通常以每天泡饮干茶 5 ～ 15 克为宜，茶水比例一般为 1 : 50。

（4）倒茶时，无论是大杯小杯，都不宜倒得过满或过少。

（5）端茶要得法。敬茶时通常是用一只手抓住杯耳，另一只手托住杯底，把茶端给客人。

知识链接

筷子的礼仪

中餐的餐具主要是杯、盘、碗、碟、筷、匙六种，所有的餐具都应该轻拿轻放。筷子的主要功能是用餐时夹取菜肴。使用筷子时，应以右手执筷，共用拇指、中指、食指三指的前部捏住筷子的前方 1/3 处。使用筷子取菜用餐时，需要注意下列禁忌：

忌品尝筷子。不论筷子上是否残留食物，都不要用舌头舔，更不宜长时间把筷子含在嘴里。

忌舞动筷子。与人交谈时，应暂时放下筷子，切不可用其敲击碗、盘，或指点对方。

忌举着筷子停在空中，不知道夹什么，在菜碟间来回游移。

忌跨放筷子。当暂时不用筷子时，可将它放在筷子座上，或支放在自己所用的碗碟的边缘，不要把它直接放在餐桌上，更不要把它横放在碗盘上，尤其是公用的碗盘上；掉在地上的筷子不要再用。

忌插放筷子。不用筷子时，将其插放在菜肴中是不可取的。此外，也不要拿筷子当叉子用，以其去叉取菜肴。

西餐的餐具礼仪

使用餐巾时要将其对折之后平铺在大腿上。餐巾可用来擦嘴或手，不可用来擦餐具或擦脸。

吃西餐时要左手持叉，右手持刀；左手食指放在叉子把上，右手食指按在刀背上。

吃某些食物时，先左手用叉子按住食物，右手用刀将其切成小块，然后用叉子叉住食物，再送入嘴中。

喝汤时要用匙，而喝咖啡不用匙。

如果打喷嚏或咳嗽，要用餐巾或手帕捂住嘴或鼻子，同时转过脸去。

如果在用餐期间暂时离开一会儿，应将餐巾纸放在自己所坐的椅子上，以示很快即回。

吃剩的鸡、鱼骨头和渣子应放在自己盘子的外缘，不要放在桌上，更不能丢在地上。

六、离席礼仪

（一）告别时说明、致歉

一般而言，酒会或茶会的时间大都在两小时以上。客人中途离开酒会或茶会现场时，一定要向邀请你来的主人说明、致歉，和主人打过招呼后，应该马上就走，不要拉着主人在大门口聊个没完。

（二）禁忌闹场

有些人参加酒会、茶会时，当中途准备离去时，会问他所认识的每一个人要不要一块走，结果本来热热闹闹的场面被他这么一鼓动，很多人会随其提前离场。这种闹场的事最难被宴会主人谅解，注意不要犯这种错误。

边学边练

下个月25日，公司要宴请8位来宾，其中包括部门主管领导1人、副主管1人、6位员工，由行政助理王可可和办公室主任艾嘉盛2人陪同。用餐标准遵照“现行企业商务接待标准”的三级招待标准，宴请消费控制在100元/人以下。

要求：2人一组，设计宴会请柬，排列座席，设计点餐，列出预算费用。

宴会请柬设计	座席主宾排列示意图
	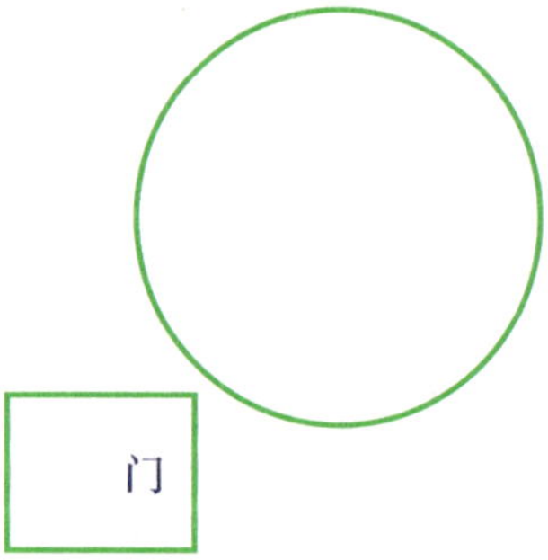
点餐设计	**预算费用**

项目测验

一、单选题

1. 接听电话要做到铃声不超过几次?(　　)

A. 响不过四　　B. 响不过三
C. 响不过五　　D. 响不过六

2. 员工不应该佩戴太多的首饰，衣服颜色不能过于复杂，一般控制在几种以内?(　　)

A. 四种　　B. 三种　　C. 五种　　D. 六种

3. 职场宴会入座后，正确的做法是(　　)。

A. 脚伸向两边　　B. 双手放在自己大腿上
C. 将胳膊肘放在桌上　　D. 用手托腮

二、多选题

1. 拨打电话的礼仪标准，包括(　　)。

A. 列提纲　　B. 挑时间　　C. 正确拨号　　D. 不用做什么

2. 一般通话时间的选择要遵循的原则是(　　)。

A. 不在早上 8 点之前　　B. 不在晚上 10 点以后
C. 三餐之间给人打电话　　D. 不在晚上 6 点之后

3. 职场男士应当(　　)。

A. 留短发　　B. 剃胡须
C. 指甲不得留长　　D. 不能有体味，要保持个人卫生

4. 宴会组织者要提前做好计划，至少在宴会的前多少天发出请柬?(　　)

A. 1 天　　B. 7 天　　C. 0 天　　D. 30 天

5. 职场宴会座次排位遵循的原则是(　　)。

A. 尚左尊东　　B. 面朝大门为尊　　C. 里面位置为好　　D. 中间位置为差

三、判断题

1. 无论你是拨打者还是接听者，都应当注重礼仪修养，这是对同事的尊重，是对公司文化的认同，是每个人为人处世、礼貌待人的直接表现。(　　)

2. 西装下面的一个扣子是系的，包括双排扣的西装。(　　)

3. 职场赴宴不必遵守时间。(　　)

07

项目七

接待来访

知识目标

掌握来访接待的主要流程；掌握来访接待标准规范要求；熟知商务接待工作中的禁忌。

技能目标

能够遵照来访标准接待来访者；能够持续改善并提高接待服务的质量水平；能够评价和总结商务接待。

素质目标

培养崇尚节约、传承中华传统文化的美德，以及自觉提升和维护集体的对外公众形象，增强文化自信。

思维导图

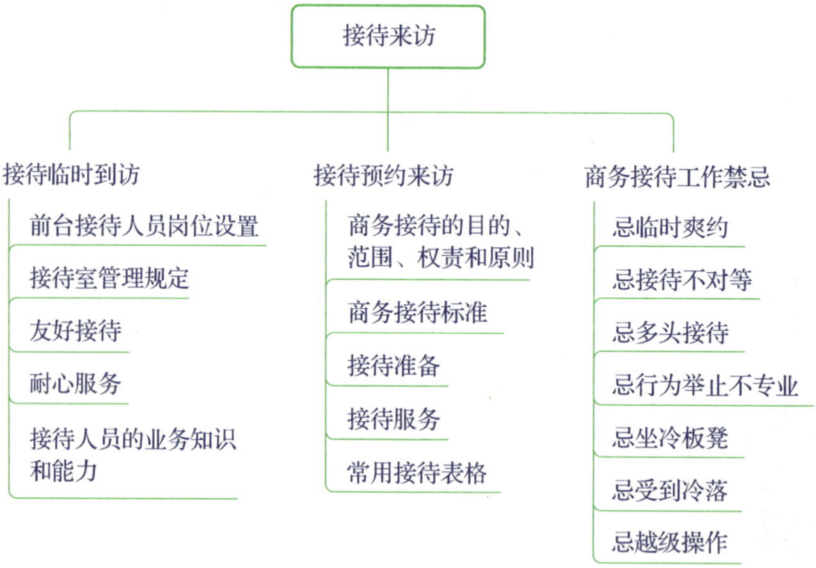

任务一 接待临时到访

在企业行政管理的实际工作中，有相当多的来访者事先没有预约。突然来访的客人通常被称作临时到访客人。临时到访客人的接待工作即接待临时到访。

一、前台接待人员岗位设置

任何来访的客人都不应绕开前台接待人员而直接去找被访者。因此，企业一般都会设置前台接待岗位。前台接待人员的责任之一就是要甄别来访者，让预约好或者有接待必要的来访者及时得到接待，而将那些没有必要接待的来访者客气地挡在门外，不要让来访者直接见到上司或者他人而影响其工作。办公楼大厅前台工作人员要注意保持本人及其工作区域的良好形象，礼貌和友好地迎接来访者，避免不必要的延误。

二、接待室管理规定

接待室是与客户交流和沟通的第一场所，对于塑造企业良好形象、展现企业风采具有十分重要的意义。为规范接待室管理，使接待工作有序开展，企业一般会根据自身需要制定管理规定。

（一）环境卫生

（1）由保洁员负责接待室的各项清洁整理工作；

（2）物品摆放整齐，且表面无灰尘；

（3）地面干净无脏物，空气清新；

（4）备品齐全。

（二）电器设施

（1）空调的使用：当环境温度高于25℃或低于18℃时，可以开启空调，由接待人员负责空调的开关。

（2）灯光电源在光线允许的情况下视情况开启或关闭，人员离开时关闭室内所有电源。

（三）人员管理

（1）着装规范，仪表端庄，佩戴胸牌。

（2）文明礼貌，态度和蔼，热情接待。

（3）敬业爱岗，恪尽职守，耐心倾听来客反映的问题，并详细记录。

（4）严格遵守公司相关规定，没有越格行为。

（5）正确受理来访者到访事项，不得推诿、敷衍、拖延。凡遇到重大、紧急事项，立即请示汇报有关领导，妥善处理。

（6）如有来客提出办理限制事宜，须婉言解释。

（7）遵守回避和保密制度，接待人员与来访者有直接利益关系的，应当回避；不得将有关情况透露给其他单位和人员。

（8）加强业务知识的学习，不断提高自身素质和业务水平。

（9）遵守员工手册相关规章制度。

三、友好接待

（一）尊重来访者

（1）使用礼貌性语言；

（2）真心诚意地关心和帮助来访者，热情地欢迎来访者；

（3）友善地请来访者坐到座位上；

（4）亲自奉上茶水。

故　事

小白的接待

有一位未预约的客人要见人力资源部部长。前台接待小白马上通知人力资源部杨部长。杨部长在电话里面说："我正在接待一位重要的客人，请对方稍等。"小白转告客人说："杨部长正在接待一位重要的客人，请您等一下，请坐。"正说着，电话铃又响了，小白匆匆用右手指了一下椅子，赶快接电话，客人面有不悦。小白接完电话赶快为客人送上一杯水。与客人闲聊了几句，缓解了客人的情绪。

故事启示　在这个故事中，小白不应该对客人说，部长正在接待一位重要的客人，这等于暗示客人，你不重要。接待人员应该认识到，所有的客人都会认为自己是最重要的，因此，不能慢待客人，要对不能及时接待他表示歉意，并恭敬地请他坐下等待。

（二）获取信息

（1）采集信息。前台接待人员要对来访者情况进行登记（见表 7-1），并向其提供来宾卡，注意在来访者离开时将卡收回。同时，接待人员要做好接待记录（见表 7-2），以了解来访者的所在单位、姓名、职务、来访的目的、欲想访问的部门和人员等信息。

表 7-1　公司来宾出入登记表

访问时间	年　　月　　日　　时　　分		
来宾姓名		证件号码	
来宾工作单位			
来宾地址		来宾电话	
来访事由			
受访者签名		离开时间	

表 7－2 接待记录

年 月 日

来访者姓名		性别		职务		单位	
来访时间			离开时间			联系电话	
来访目的							
接待记录	记录人： （签字）						

（2）迅速地与来访者欲访问的人进行联络，并明确地向他们提供来访者的信息。

（3）根据来访者欲访问的人的意见向来访者说明下一步安排和相关情况。

（4）确保来访者在等待中感到舒适。接待人员可以向来访者提供座椅和饮料、刊物、报纸，或向他们介绍企业情况及他们感兴趣的事项。

（三）引导来访者到企业被允许访问之处

（1）在来访者欲访问人的允许下，接待人员应迅速做出选择：请欲访问单位派人来接；本人将来访者送到欲访问单位；指导来访者自己前去欲访问单位。

（2）来访者如果要求参观企业，应该愉快地指引来访者访问和参观企业对外不保密的单位、地点和项目。

（3）如果来访者要求参观企业的对外保密项目，应该婉言谢绝。

四、耐心服务

（一）公开信息

企业接待人员应该积极地向来访者提供企业的公开信息。在无法回答问题时，应将来访者介绍给能够回答提问的人员，力求让来访者感到满意。

（二）端正接待临时来访者的态度

临时来访者脾气秉性各异，提出的问题也会各式各样。企业接待人员在解答临时来访者的问题时要认真并有耐心。无论来访者是易于沟通的还是难以沟通的，性格是内向的还是外向的，脾气是平和的还是急躁的，接待人员都应该以诚挚恳切的态度让对方感到自己是受欢迎和受重视的。

（三）感谢光临

对客人的到来要有“感谢光临”的心态，当自己手头事情很多，接待的客人又难以应付时，要积极地暗示自己：“不要着急，一件一件解决，一定能做好。”当来访者情绪过于激动时，不要受其影响，若问题出在自己身上或是单位的问题，则向对方致以歉意；若问题出在来访者身上，则不能针锋相对、责骂或者侮辱对方，而要等对方冷静下来，再把事实说清楚。

（四）禁忌

企业接待人员一定要认真地听取来访者的倾诉，理解他们的诉求，尽最大努力帮助他们解决问题，耐心地排解他们心中的怨气，解除他们的思想包袱。切忌出现以下行为：

（1）看不起临时来访者，敷衍了事。

（2）缺乏耐心，草率从事。

（3）认为不是自己的客人就不用理睬或是态度淡漠。接待工作是企业员工共同的事情，因此，在接待客人时，要有主动协助的精神。

五、接待人员的业务知识和能力

（1）充分了解企业的发展历史。代表企业门面的接待人员不仅要熟悉自己的本职工作，而且必须全面了解本企业各方面的情况。

（2）全面把握本企业的产品特点、规格种类。

（3）熟知各部门设置及组织架构的情况，手边必须准备完备的资料，具体包括企业宣传手册、企业内部职工的电话号码、业务单位的电话号码等。

（4）当地酒店、名胜古迹的游览线路以及娱乐场所的名称、地点、联系方式。

（5）当地的政治、经济、文化等情况。

边学边练

6人一组，参考剧本“临时接待来访者对话”，进行角色扮演。将自己在本次活动中发现的问题和改进措施填入表格中，加以改进，直到完善。

[临时接待来访者对话]

唐力：先生，您好！有什么可以帮到您？

周安汇：你好，我是诗韵有限责任公司北京总公司办公室行政助理周安汇，请问业务部李玉良李经理在吗？我想和他对接一下相关业务。

唐力：请问您之前是否有预约？

周安汇：没有预约。这次拜访比较匆忙。

唐力：好的，请您稍等。这是来访登记册，请您填写。（待对方填写好之后）我这就联系一下。这是我们公司的一些宣传内容，请您先了解。

周安汇：谢谢。我看一下。

唐力：您好，李经理。您现在方便接电话吗？诗韵有限责任公司北京总公司办公室行政助理周安汇已到公司前台，有相关业务要和您当面沟通。嗯……嗯……好的，我这就和周先生说一下。

唐力：（转过来对周）周先生您好，不好意思让您久等了。李经理现在正在开会，下午还有个客户要拜访。他说让您先留个联系方式，之后他会再联系您。

周安汇：好的。那我就先不打扰了，谢谢您的接待，再见。

唐力：再见。欢迎您下次再来。

我的问题：

我的改进措施：

任务二

接待预约来访

接待预约来访是商务活动中经常性的一项工作。

一、商务接待的目的、适用范围、权责和原则

（一）目的

接待工作水平高低能够直接反映一个企业的整体形象，能够展示企业行政管理人员的素质和能力。对于推动企业与合作伙伴建立良好关系具有十分重要的作用。

（二）适用范围

商务接待规格标准适用于公司各种接待工作和相关部门。

（三）权责

（1）公司综合办公室为公司接待工作的归口管理部门，负责接待工作的组织和管理，拟订重要来宾的接待计划，协调相关部门落实接待任务，提供后勤保障。大型商务接待活动可由公司领导牵头成立临时工作组专项负责。

（2）公司各部门在接到重要来访预约后，可报综合办公室，并协助拟订接待

计划，需公司领导出面、办公室协调的重要接待，应提前 2 天告知综合办公室。

（3）未经批准，任何部门不得擅自安排商务接待活动。特殊情况下，可先行电话汇报，经批准后执行，并于 2 日后补齐手续。

（四）原则

公司为树立良好形象，扩大对外联系和交流，对于接待工作的基本要求是：热情礼貌、服务周到、厉行节约、对口接待、严格标准、统一管理。具体接待原则如下：

1. 对等接待、各负其责、相互配合

接待工作涉及面广，必须坚持重点、兼顾一般，按照对等接待、各负其责、相互配合的原则，上下一致，齐心协力，共同做好接待工作。

2. 规范高效、安全节俭、服务一流

接待工作应规范服务，提高办事效率、热情周到，视客情适度接待，提倡节俭，反对浪费，注重思路、情感、业务的交流，不推诿扯皮，不应付拖拉。

3. 统一标准、严格控制

按照公司商务接待标准，对各项商务接待费用实行严格控制。商务接待费用原则上不得超过限额。

二、商务接待标准

（一）一级接待标准

一级接待适用人员：高层级领导及其他公司特邀贵宾。

陪同人员：高层级领导及业务相关部门负责人，必要时预约董事长陪同。

（1）迎接：高层级领导及业务相关部门负责人根据情况在机场、高速路口、车站迎接，其他人员可在公司办公室迎接。在公司迎接时，要注意把握迎候时间，提前在迎接地点等候。

（2）参观：高层级领导及业务相关部门负责人陪同，由专业人员讲解公司基本情况，到达项目地后详细介绍相关信息。

（3）座谈：会务人员确保公司环境和室内卫生良好、洗手间干净整洁、室温适度、灯光合适，将公司简介或相关资料、纸笔、茶水杯、水果、香烟摆放于接待室。根据需要制作领导席签、横幅、欢迎牌、指示牌，调试好音响设备、投影设备、摄影摄像设备。

（4）用餐标准：办公室根据情况合理安排。

（5）住宿标准：四星级以上。

（6）用车标准：公司自有高级车辆或租用高级车辆。

（7）交通标准：按来宾要求订购，公司可承担相关费用。办公室可根据情况、来宾意愿和兴趣提前安排游览路线及娱乐项目，公司可承担相关费用。

（8）安保标准：按一级标准提前准备，布设形象岗、固定岗、巡视岗。其中门前巡视岗负责公司门口秩序、引导客人停车、为客人开关车门。场区巡视岗负责提前对参观路线进行巡视，及时开启客人参观经过的大门及保障参观路线的畅通。参观过程中由保安全程陪同。

（9）礼品：办公室根据情况购买礼节性礼品，费用在公司规定限额内。

（二）二级接待标准

二级接待适用人员：公司中层领导、合作单位主要领导、公司特邀人员。

陪同人员：高层主管领导、业务相关部门负责人，必要时预约最高层领导出席。

（1）迎接：由接待对口部门相关人员在约定地点迎接、引导来宾。

（2）参观：高层主管领导、业务相关部门经理陪同，由专业人员沿途介绍公司基本情况以及到达项目地后详细介绍相关信息。

（3）座谈：会务人员确保公司环境和室内卫生良好、洗手间干净整洁、室温适度、灯光合适，将公司简介或相关资料、纸笔、茶水杯、水果、香烟摆放于接待室。

（4）用餐标准：根据情况随机上报决定。

（5）住宿标准：三星级或准四星级酒店。

（6）用车标准：公司自有轿车或租用中档车辆。

（7）交通标准：按来宾要求订购，公司可承担相关费用。

（8）安保标准：根据情况布设形象岗、固定岗、巡视岗。其中门前巡视岗负责公司门口秩序及引导客人停车，场区巡视岗负责提前对参观线路进行巡视，及时开启客人参观经过的大门及保障参观路线的畅通。

（9）礼品：办公室根据情况购买礼节性礼品，费用在公司规定限额内。

（三）三级接待标准

三级接待适用人员：具体办事人员、普通商务考察人员、技术人员、合作单位管理人员。

陪同人员：相关对口的部门负责人，必要时预约公司主管领导出席。

（1）参观：相关对口的部门负责人及人员陪同，由相关人员沿途介绍公司基本情况以及到达项目地后详细介绍相关信息。

（2）座谈：会务人员确保办公楼环境及室内卫生、洗手间干净整洁，将公司简介或相关资料、纸笔、茶水杯摆放于接待室。

（3）用餐标准：根据情况汇报决定。

（4）住宿标准：可按来宾要求预订，公司一般不负担相关费用。

（5）用车标准：商务车或出租车。

（6）交通标准：按来宾要求订购，公司一般不承担相关费用。

（7）安保标准：根据情况布设固定岗、巡视岗。及时开启客人参观经过的大门及保障参观路线的畅通。

（8）礼品：按照标准规定购买。

三、接待准备

要做好接待工作，充分的准备是保证服务质量的前提。

（一）了解来访者意图

在接到通知后，企业行政管理人员应主动与来访者所在单位或来访者本人取得联系，了解清楚上级或合作伙伴单位来访的人数、职务、日程安排等；事先了解和掌握来访的主要目的、要求、活动的内容等，以便安排接送、陪同、会务等各项工作。

（二）制定接待工作计划和接待流程

凡是上级来企业检查工作或重要合作伙伴来访，都要制定详细的接待工作计划和接待流程，如图 7－1 所示。接待工作计划的主要内容包括：

（1）来访者的信息：单位、姓名、性别、民族、职务等。

（2）来访目的：检查工作、合作洽谈、参观访问等。

（3）来访时间：访问开始时间、结束时间，包括来访者到达时间和离开时间。

（4）来访活动内容：会议、洽谈、参观、学习和业余活动等内容。

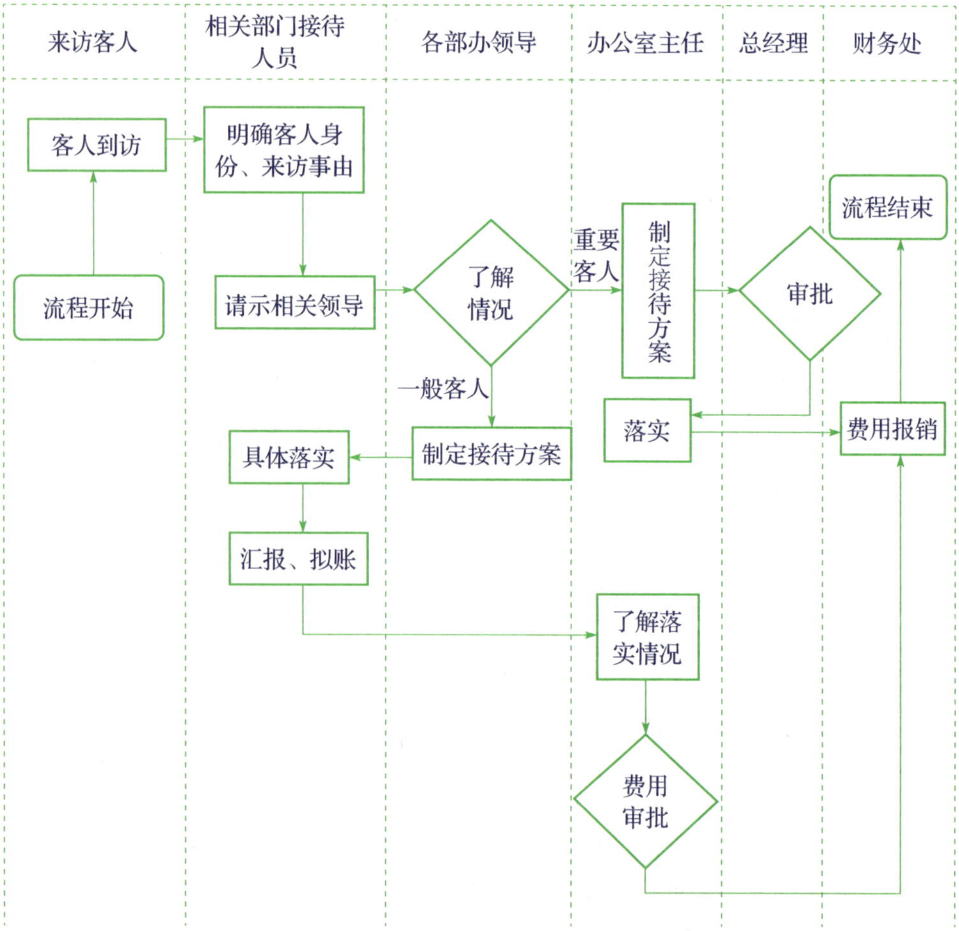

图 7－1 接待工作流程图

具体的接待流程包括：

1. 确定接待类型

接待分为贵宾接待、合作伙伴接待、业务接待和普通接待四种类型。通常而言，企业会将上级机关和外宾作为贵宾接待，将原材料供应商和产品代理商的主要领导作为合作伙伴接待，将合作企业的业务部门来访作为业务接待，将其他人员来访作为普通接待。

2. 明确接待人员及其责任

企业行政管理人员要确立参与接待各个环节的领导和具体负责人，涉及来回接送、资料准备人员、食宿安排、会场布置、录像照相、安全保卫和环境卫生等环节，并明确所有人员的责任和要求。

3. 安排接待工作日程

企业行政管理人员应准确标明每项活动的起始时间、每项活动的陪同人员和服务人员需要的时间，包括召开会议、参观访问、举行仪式、就餐和娱乐时间等。

4. 准备物资

企业行政管理人员应确定接待中所需的车辆、设备、用品，包括会议中的音响设备、会场摆放的鲜花，以及接待室使用的水果、饮品和糕点等。如果需要礼品，有可能需要专门进行加工和制作。

5. 编制预算

企业行政管理人员应确保每项活动的消耗和物资选购都在标准额度内，既可保证接待质量，又可控制开支，预防浪费。

6. 应急预案

在实际接待中，即使前期准备得很充分，也应当做好突发情况的应急预案，以防万一。

四、接待服务

企业行政管理人员报请领导批准接待计划之后，要做好接待服务。

（一）迎接

（1）迎接上级领导或合作单位领导，出发前应与对方领导随行人员保持联系，以便得知出发的准确时间。确定领导已出发时，应立即通知本企业负责接待的领导，以便让本企业领导做好接待准备。

（2）如果需要到机场、车站、码头迎接来访的领导，负责迎接人员应该做到提前 10 ～ 15 分钟到达出口等候。

（3）如果迎接人员与来访客人不认识，应制作一个迎宾牌举在头顶或胸前，让来访客人一眼就能认出。

（4）迎接人员在接到客人后，除了热情握手、表示欢迎来访外，要介绍自己的姓名和职务，说明自己是受企业领导的委派，代表企业领导来迎接客人的。

（5）迎接人员要为客人打开后座车门，请客人坐进后座，并用手护住车门上沿，防止车门撞到客人头部。开车前先向客人征求意见，问询客人是否可以开车，在客人同意后再指示驾驶员开车。

（6）在迎接客人前往宾馆或单位的途中，迎接人员应向客人介绍本企业的接待计划安排，特别要介绍下榻宾馆和就餐安排、工作日程和业余活动等具体情况，向客人征求意见。如客人有不同意见，要立即与有关方面进行沟通，适时地调整。

知识链接

来访人员接待管理制度

职场礼仪标准

第 1 章　总则

第 1 条　目的

为规范前台接待人员对来访人员的接待行为，提高接待效率，树立公司形象，特制定本制度。

第 2 条　适用范围

本制度适用于公司所有前台接待人员。

第 2 章　人员来访接待

第 3 条　接待预约来访人员时，接待人员应礼貌大方、热情周到。

第 4 条　客人到来后，接待人员要立即通知被访者；如需引导，则应使用正确的引导方法和引导姿势，具体如表 7－3 所示。

表 7－3　引导规范表

引导方法	详细说明
在走廊的引导方法	接待人员在客人两三步之前，配合步调，请客人走在内侧
在楼梯的引导方法	当引导客人上楼时，应该让客人走在前面，接待人员走在后面；若是下楼时，应由接待人员走在前面，客人走在后面。上下楼梯时，接待人员应该注意客人的安全
在电梯的引导方法	引导客人乘坐电梯时，接待人员应先进入电梯，等客人进入后关闭电梯门；到达时，由接待人员按电梯按钮，请客人先走出电梯
大厅里的引导方法	当客人走入大厅，接待人员应用手指示，请客人坐下；看到客人坐下后，接待人员才能行点头礼后离开。如客人误坐下座，接待人员应请客人改坐上座

第 5 条　安排接待地点时，接待人员主要遵循以下原则：

1. 对于普通来宾，一般安排在公司会议室内接待。
2. 对于贵宾，应由具体接待者安排接待地点。
3. 对于面试人员，如果会议室条件允许，应尽量安排在会议室接待。
4. 对于来公司学习培训的人员，由行政部协助相关部门安排接待。

第 6 条　预约人员到达后，若被访者由于种种原因不能马上接见，接待人员一定要说明理由与等待时间。若来访人员愿意等待，则应向其提供饮料和杂志，如有可能，还应该不时为来访人员更换饮料。

第 7 条　如果预约来访人员要找的负责人不在，接待人员要明确告知负责人的去向及回公司的时间，请来访人员留下电话、地址，并明确是来访人员再次来公司，还是本公司人员回访来访者单位。

第 8 条　如果来访人员未预约，接待人员应首先明确对方姓名，委婉询问对方来意，并初步判断能否让他与相关人员见面。

第 9 条　接待人员经过初步判断，如果不能直接回答，应使用“让我看看他是否在”等言辞，及时与相关人员沟通，最后决定是否安排接待。

第 3 章　附则

第 10 条　行政部对本制度拥有解释权。

（二）注意接待中的细节

1. 倒水要定点定时

服务人员倒水要定点定时，每隔 15 ～ 30 分钟倒水一次。接待期间如发现哪位来访者杯中水已喝完，要及时通知服务人员来倒水。接待人员要提前了解来访者中有无少数民族或其他饮食偏好等注意事项，在安排餐饮时，要根据来访者的饮食习惯进行妥善处置。

2. 初次见面的礼仪

接待人员引见介绍主宾时，应注意介绍时的先后次序：先介绍身份较低的一方，然后再介绍身份较高的一方。即先介绍主人，后介绍客人；先介绍职务低者，后介绍职务高者；先介绍男士，后介绍女士；先介绍晚辈，后介绍长辈；先介绍个人，后介绍集体。

在接待来访者时，若宾主双方皆不止一人，则为其双方进行介绍时，要先介绍主人一方，后介绍来宾一方。在介绍各方人士时，通常应当由尊而卑，按照其职务的高低依次进行。来访时主人先伸手表示欢迎。

告辞时，待客人先伸手后，主人再相握。握手的力度以不握疼对方的手为限度，初次见面时，时间一般控制在 3 秒内。

3. 握手礼节

（1）握手口诀：目视对方，面带微笑；大方伸手，虎口相对；力度七分，三秒结束。

（2）握手禁忌：忌用左手；忌单手插兜；忌戴手套、墨镜；忌三心二意；忌用脏手握手；忌交叉握手。

（三）注意送行时的礼节

来访活动、议程完成以后，接待人员应安排好送行，提前通知送行的司机到指定地点等候。来访人员上车前，本企业领导和负责接待的人员要与来访领导握手告别，来访领导上车后，本企业相关人员要挥手告别，祝来访者一路顺风。注意要目送来访者的车辆直到“消失在地平线”，看不见了，才能转身。

故　事

贴心的接待

贴心的接待

柳欣是某上市公司温州分公司的办公室主任。某审查小组要来公司检查业务，一路南下，温州是最后一站。趁审查小组还在杭州考察的时候，柳欣特派相关人员到杭州了解情况后得知，该审查小组为五女一男，对饮食要求不高，但要求住宿环境安静。

于是，柳欣为审查小组选定了位于闹市区的一家酒店，并预订了适合的房间。同时，安排相关人员准备了糖果、蛋糕和水果之类的零食。此外，调整了就餐时间，中餐安排工作餐，晚餐后，如果还要加班，就安排简餐。酒桌上不劝酒、不刻意安排晚上的娱乐项目，这样审查小组少了应酬，却多了很多休息时间，这让劳累了一天的他们感到十分贴心。柳欣还特意安排邻近购物区的就餐点，好让审查小组成员自由安排活动。对于最后一天的晚宴，柳欣想到审查小组成员多是北方人，可能会思念家乡菜，就用北方菜做招待。席间，审查小组对此次招待赞不绝口。

故事启示 在商务接待中，恰到好处地运用商务接待礼仪可以给来访者留下良好的印象，有助于商务交往的顺利进行。商务接待成功的秘诀在于细心，接待人员应照顾到每一个来访者的喜好，从而让来访者感受到企业的用心，有助于企业形象的塑造。

（四）接待评估和总结

在整个接待活动结束后，接待人员要对本次活动进行认真、全面的评价和总结，看看哪些方面是团队满意的，哪些方面还存在一些问题或不足。通过总结不断提高接待质量和效率，使今后的接待工作分工明确、层次清楚，既让客人满意，又能降低接待成本。

五、常用接待表格

在日常接待过程中，需要进行各类表格的填写，涉及行政、通信、车辆和招待等各类费用的申请和报销，以及参观申请、工作计划上报等。因此，如涉及经费，企业行政人员应当提前和财务报销的人员沟通，确认流程，填报表格，顺利完成各项保障方面的相关步骤。如果涉及其他工作内容和其他部门，企业行政人员需要提前做好咨询和沟通，以便接待工作更加高效、有序。表 7－4 至表 7－11 为常用的接待表格的示例。企业可根据自身实际设计流程和表格，以提升整体管理效率。

表 7－4 行政费用申请单

编号： 部门： 填写日期： 年 月 日 单位：元

费用类别	金额	用途说明	附件张数
合计		人民币（大写）	

报销人签字： 审核人签字： 主管领导签字：

表 7－5 通信费用报销单

编号： 填写日期： 年 月 日

部门		使用人	
通信工具类别	（ ）固定电话（ ）移动电话（ ）其他	号码	
费用（合计）		人民币（大写）	
审批意见 主管领导（签字） 审核（签字） 总经理（签字）			
费用明细			

表 7－6 外勤费用报销单

<table>
<tr><td>员工姓名</td><td></td><td colspan="2">所属部门</td><td></td><td colspan="2">报销时间</td><td></td><td colspan="2" rowspan="2">备注</td></tr>
<tr><td>序号</td><td>费用类别</td><td colspan="3">大写</td><td colspan="3">小写</td></tr>
<tr><td>0001</td><td>交通费</td><td colspan="3"></td><td colspan="3"></td><td colspan="2"></td></tr>
<tr><td>0002</td><td>资料费</td><td colspan="3"></td><td colspan="3"></td><td colspan="2"></td></tr>
<tr><td>0003</td><td>交际费</td><td colspan="3"></td><td colspan="3"></td><td colspan="2"></td></tr>
<tr><td>0004</td><td>补贴费</td><td colspan="3"></td><td colspan="3"></td><td colspan="2"></td></tr>
<tr><td>0005</td><td>其他费用</td><td colspan="3"></td><td colspan="3"></td><td colspan="2"></td></tr>
<tr><td colspan="2">合计</td><td colspan="3"></td><td colspan="3"></td><td colspan="2"></td></tr>
<tr><td>财务审批</td><td colspan="2">部门主管审批</td><td colspan="2">财务复核</td><td>部门经理审核</td><td colspan="2">经办人签名</td><td colspan="2">报销人签名</td></tr>
<tr><td></td><td colspan="2"></td><td colspan="2"></td><td></td><td colspan="2"></td><td colspan="2"></td></tr>
</table>

表 7－7 车辆费用报销单

编号： 填表日期： 年 月 日

<table>
<tr><td>驾驶员</td><td colspan="3"></td><td>部门</td><td></td><td>车号</td><td></td></tr>
<tr><td>预支期间</td><td colspan="5">年 月 日至 年 月 日</td><td>车型</td><td></td></tr>
<tr><td>项目</td><td>张数</td><td>金额</td><td colspan="5" rowspan="3">（单据粘贴处）</td></tr>
<tr><td></td><td></td><td></td></tr>
<tr><td></td><td></td><td></td></tr>
<tr><td>合计</td><td></td><td></td><td>金额（大写）</td><td colspan="4"></td></tr>
<tr><td>财务审批</td><td colspan="2">部门主管审批</td><td>财务复核</td><td>部门经理审核</td><td>经办人签名</td><td colspan="2">报销人签名</td></tr>
<tr><td></td><td colspan="2"></td><td></td><td></td><td></td><td colspan="2"></td></tr>
</table>

表 7－8 招待费用报销单

编号： 填表日期： 年 月 日

<table>
<tr><td>姓名</td><td colspan="2"></td><td>职务</td><td></td><td rowspan="2">招待事由</td><td colspan="8" rowspan="2"></td><td rowspan="10">附件

张</td></tr>
<tr><td>部门</td><td colspan="4"></td></tr>
<tr><td>招待对象</td><td></td><td colspan="2">招待人数</td><td colspan="2">客人 陪同人</td><td colspan="2">备注</td><td colspan="6"></td></tr>
<tr><td rowspan="2">日期</td><td rowspan="2">招待地点</td><td rowspan="2">餐饮费</td><td rowspan="2">住宿费</td><td rowspan="2">礼品礼金</td><td rowspan="2">其他费用</td><td colspan="8">金额合计</td></tr>
<tr><td>十</td><td>万</td><td>千</td><td>百</td><td>十</td><td>元</td><td>角</td><td>分</td></tr>
<tr><td></td><td></td><td></td><td></td><td></td><td></td><td></td><td></td><td></td><td></td><td></td><td></td><td></td><td></td></tr>
<tr><td></td><td></td><td></td><td></td><td></td><td></td><td></td><td></td><td></td><td></td><td></td><td></td><td></td><td></td></tr>
<tr><td></td><td></td><td></td><td></td><td></td><td></td><td></td><td></td><td></td><td></td><td></td><td></td><td></td><td></td></tr>
<tr><td>金额（大写）</td><td colspan="4"></td><td>合计</td><td></td><td></td><td></td><td></td><td></td><td></td><td></td><td></td></tr>
<tr><td>财务审批</td><td colspan="2">部门主管审批</td><td>财务复核</td><td>部门经理审核</td><td colspan="4">经办人签名</td><td colspan="5">报销人签名</td></tr>
<tr><td></td><td colspan="2"></td><td></td><td></td><td colspan="4"></td><td colspan="5"></td><td></td></tr>
</table>

表 7-9　接待用餐申请表

申请日期：　　　年　　月　　日

接待负责部门		接待负责人		负责人职务	
来宾负责人		工作单位		部门和职务	
接待总人数		用餐时间		陪同人数	
接待事由					
招待规格	（根据公司相关规定确定）				
受理日期				经办人	

审核意见	接待部门		行政部		主管副总	

表 7-10　公关工作计划表

公关工作主体		负责部门	
负责人员	公关专员□　公关主管□　行政部经理□　行政总监□		
配合人员			
计划情况			
工作目标			
工作进度			
进度目标			
工作成果			
工作预算		工作结算	

表 7-11　参观许可证

许可编号			发证日期		印章	
参观单位			参观日期			
参观者姓名		职务		单位		
参观区域			参观内容			
参观目的			参观线路			
相关部门签章						

主管副总	生产部	行政部	营销部	公关主管

边学边练

6人一组，参考故事“贴心的接待”、图7-1以及表7-4至表7-11示例，设计商务接待方案，计算所需费用，进行角色扮演。查找自己在接待工作中所表现的不足，写出整改方案。

接待工作中的不足	整改方案

任务三

商务接待工作禁忌

在商务接待中，每一位接待人员的形象都代表着公司的形象，因此，在各种场合的接待中，接待人员应当遵循一定的礼仪规范，展现良好的精神风貌和专业的敬业态度。然而，有时候的失败接待并不是有意为之的，而是由于不恰当的行为给人的误解，这些不恰当的行为称为接待中的禁忌，接待人员要避免出现这些行为。

一、忌临时爽约

与来访者一旦约定好时间后，无特殊情况，则不能爽约。如果已经和他人作出约定，但是因为种种原因将接待活动取消，这是让人非常反感的。换位思考一下，当甲满怀希望与乙约定了时间，并且将他手里的工作做了另行安排，只待和乙见面交流之际，乙一个电话就轻描淡写地取消了会面，甲会非常失望，他会觉得自己没有受到足够重视。更极端的情况是来访者已经在出发的路上，甚至已到达被拜访者单位，却被告知接待人员临时有事不能接待。除非有站得住脚的理由，否则这种伤害是难以弥补的。

补救措施：出于诚意或礼貌，爽约者应亲自去电致歉，给出有说服力的原因，并主动提议其他会面时间。

二、忌接待不对等

接待人员与来访者的身份相称是各种接待的基本原则，也是基本要求，实际接待中往往会有身份略低或略高一点的情况。如果公司总经理亲自上门来访，负责全程接待的却是一般职员，或者对方只是一个普通员工来访，这边是总经理全程接待，都显得不合时宜，是商务接待中要避免的。

一般而言，短时间内接待人员出面接待陪同，由相应级别或者对应身份的人员正式接待，这是正常的，不能说是非对等接待。接待过程中，正式接待人员中身份高者可以特意来寒暄或者出面宴请等，都会让来访者觉得受到礼遇。

三、忌多头接待

企业相关人员安排接待时，应固定一位或几位接待人员，而不应随便更换主要接待人员；否则会让对方不知道到底和谁谈，到底听谁的，谁来负责。同时，接待人数应适当。对方只有一位时，可安排一两位接待人员；对方有两位时，可安排两位或三位接待人员；对方有三位以上时，可安排三四位接待人员。如果对方人数众多，而出面接待的只有一位，就会不合时宜，不仅这位接待人员会非常辛苦，对方还会觉得己方受到了冷遇，不被重视。如果来访者只有一位，却有四五位人员陪同，这样的“招待”反而会让人感到拘谨。

四、忌行为举止不专业

接待人员应避免不专业的行为举止，如来访者姓氏、身份没提前查清；没把来访者的必要信息告知接待的同事或领导；带领来访者到目的地过程中，一路沉默；对于要见的是什么人、去什么地方，不告知来访者；他自己是谁，让来访者猜；不问来访者是谁，更不和来访者寒暄致意；中途来访者请教他去某处怎么走时，他站在原地指东指西，就是不亲自带来访者去；用上下打量的方式或用眼角余光看来访者；沟通时，来访者这边说话，他那边干其他事或者东张西望……这样的接待人员会给来访者留下负面印象，从而影响后续业务的开展。

五、忌坐冷板凳

有时候，一些来访者没有提前预约，或者虽然预约了，但要见的人此时刚好有别的事在忙时，来访者就很有可能需要等待。这个时候，如果没有人前来照应、没有人关注，那就会让来访者明显有一种不被重视、坐冷板凳的感觉。

如果接待人员确实临时有非常紧急的事，应该安排其他人员出面接待并先会谈，自己出面打个招呼、表示歉意。即使其他人员都抽不开身，也应该有前台人员或行政助理将来访者安排到一个相对舒适的环境中等待，并沏茶倒水和提供阅读材料等，以帮助来访者消磨等待的无聊时光。

当确实需要来访者等待很长时间时，如超过一个小时，就应该亲自向对方表示歉意，然后说明情况，征求来访者意见：“非常抱歉，您是继续等待，还是改天再会面？”

六、忌受到冷落

面对来访者，相关人员与其见面后就谈公事，谈完就走人，不问候、不寒暄、不关心；面对远道而来的来访者，不问候其下榻酒店的情况、饮食和交通情况等；不问候异地来的客人为这次来访待几天，不去酒店回访，没有宴请；对方熟悉的联系人不出面接待，也不露面……这些都会让来访者受到冷落，使来访者觉得受到怠慢、不被尊重。

另一种情况是同行的来访者中身份高者太受礼遇，与其他人反差过大。如出行、用餐等场合身份高者被照顾得无微不至，如众星捧月，而其随行人员却鲜有人搭理。这样的接待方式也应避免。

七、忌越级操作

接待人员不仅要严谨而负责，也要做到分工明确、职责清晰，不能为了合作或者证明友好，不管对方提什么要求统统都答应。同样，遇到了任务完成后就拒绝，也是不合时宜的。因此，在商务接待过程中，接待人员应清楚自己的岗位和权限，不能越级。

故 事

越俎代庖

李承民是诗韵有限责任公司的订购客户，上午如约到访，准备午餐后参观厂房。办公室主任费琳琳和订单部张经理负责接待工作，新进员工行政助理白小白的工作是留守办公室值班。

来访者李承民吃过午饭，办公室主任费琳琳让行政助理白小白给接待的司机王飞飞打电话，让他抓紧时间来接客人李承民去厂房参观。王飞飞说："刘经理让我送他的客户回家，我刚刚出发，这可怎么办？这样吧，你不是新买了车，你开车送客人，往返路费我给你报销。"白小白不假思索就想去开自己的车送李承民去厂房参观。费琳琳看到白小白拿车钥匙准备要走，严肃地说："刘经理越级指挥，但是小白你也越俎代庖了。"

白小白说："王飞飞让我开自己车送客人，往返路费他报销。"费琳琳说："在这个接待任务中，你的责任是什么？你擅自离开岗位，值班电话谁来接？"

白小白一拍脑袋，恍然大悟："对不起，主任，我错了。亏得主任及时纠正，不然我得引咎辞职了。"

第二天，白小白郑重其事地请费琳琳多说说有关"越级操作"的知识。费琳琳语重心长地说："我就给你说说我的经历吧，有利于你理解。咱们公司招待规定不同级别的人员有不同的接待标准，像你这样年轻的时候，我曾经为了迎合合作方，在几次宴请时越级操作，未经上报就擅自提高了接待标准。后来，我在报销时候被上司李总批评。李总说：'你没经我同意就随便提高接待标准，事后才汇报。虽然你的出发点是为了公司门面，但是那也属于越级。'"白小白连连点头说："谢谢费主任，我需要多多向您学习。"

故事启示 工作人员应在自身职权范围内妥善处理一切事宜。越级操作往往会违背企业规程，破坏组织氛围，影响上下级关系。

知识链接

越级操作

职权统一是企业管理的一大原则，而现实中越级现象却无时不在。越级通常分为两种：一是上司干涉了下属的职责范畴，不该管的事情却插手管理，大包大揽，事必躬亲。虽然向下越级的负面效应短期内未必能体现出来，但从长期来看，频繁地向下越级必然影响团队发展，降低效率。二是下属行使了上司的权力，不该决定的问题擅自决定；不该执行的任务越俎代庖。这种上司与下属之间角色错位的越级容易造成企业内部混乱，亟待治理。

边学边练

请分析下面案例失败的原因，给出建议。

林莉是一家文化设计公司的总经理。年初，公司与电视台签订了合同，承办了电视台某品牌栏目。为了办好这个栏目，公司引进了一位新的合伙人。新的合伙人非常有能力，但优点明显的人，其缺点往往也同样明显。

有一次，林莉没有和该合伙人提前沟通就修改了他的方案，该合伙人很生气，找到林莉理论。林莉不仅没有意识到问题，还随口说出："能改就改，不行就散伙吧。"合伙人听了后没有再说什么，但是，从那天起，两个人的矛盾逐渐加深，这个项目合作后来也失败了。

失败原因分析	整改建议

项目测验

一、单选题

1. 对于那些没有必要接待的客人，前台接待人员应（　　）。

A. 打电话给警察　　B. 客气地将其挡在门外

C. 领其到想去的地方　　D. 通知其他客人

2. 商务活动中已经预约会面，但是因为种种原因将接待活动取消称为（　　）。

A. 欺骗约会　　B. 临时爽约　　C. 误会　　D. 无事生非

二、多选题

1. 要做到友好接待，接待人员应（　　）。

A. 重视环境布置　　B. 尊重来访者

C. 使用亲切友好的语言　　D. 确保来访者在等待中感到舒适

E. 引导来访者到企业被允许访问之处

2. 接待人员要熟悉自己的本职工作，全面了解本单位的各方面情况，如（　　）。

A. 企业的发展历史　　B. 产品特点

C. 产品的规格种类　　D. 各部门设置及组织架构的情况

3. 来访时间包括（　　）。

A. 访问开始时间　　B. 结束时间

C. 来访者到达时间　　D. 离开时间

4. 接待活动结束后，接待人员对本次活动要进行认真、全面的评价和总结的目的是（　　）。

A. 肯定工作成果

B. 查找存在问题

C. 通过总结不断提高接待质量和效率

D. 提升今后的接待工作水平和降低接待成本

三、判断题

1. 突然来访的客人通常被称作临时到访客人。（　　）

2. 接到预约来访任务，了解对方来访意图后，需要制订接待工作计划和编写接待流程。（　　）

3. 为了合作或者证明友好，不管对方提什么要求，统统都答应。（　　）

08

项目八

处理信息

知识目标

了解信息沟通的方式，掌握保护企业信息安全的方法，了解企业信息归档的方法。

技能目标

能够开展有效的信息交流，能够确保信息保密和安全，能够管理和利用归档信息。

素质目标

培养沟通能力，塑造健全人格，遵守国家法律法规，自觉守护国家信息安全，严谨工作，精益化管理，遵守职业道德，严明保密纪律。

思维导图

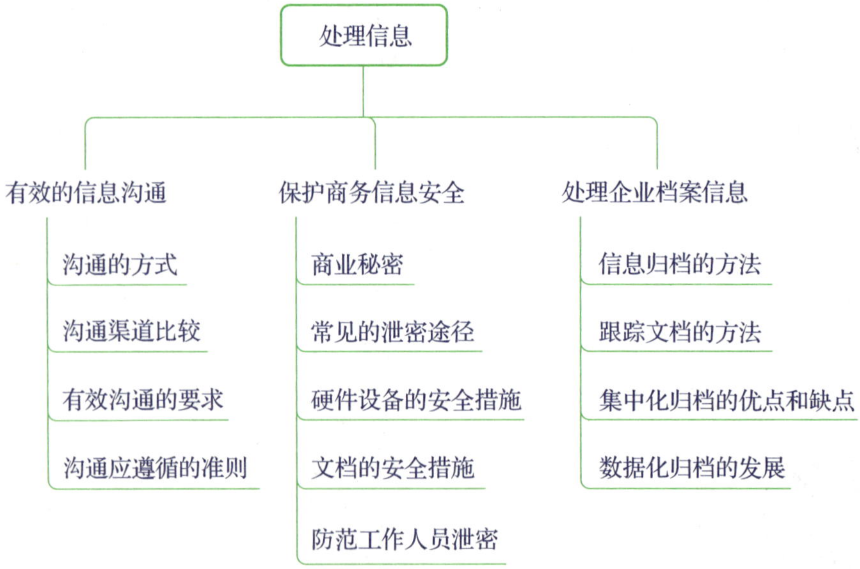

任务一

有效的信息沟通

一、沟通的方式

沟通是为了设定的目标，通过读、听、说、写的方式，将信息、思想和情感在个人或群体间传递，并且能够达成共同的认识，或者达成一个共同协议的过程。沟通无处不在，无时不有。有研究表明，职场人士用于沟通的时间占工作总时间的70%，企业70%的问题是沟通障碍引起的。因此，做好信息沟通，对于员工提高工作效率是非常有必要的。常见的沟通方式有以下几种：

（一）面对面沟通

面对面沟通包括拜访和接待来访者、谈判、会议等多种双方面对面沟通的形式。

（二）书面沟通

在现代企业中，书面沟通是最重要的信息沟通形式，如信件、备忘录、报告、传真、公告、计划、表报、简报等。

（三）电话沟通

电话在当今世界已经与人类的日常生活息息相关，不可分割。在商务活动中，电话更是业务拓展、信息沟通的重要助手。企业行政人员可利用微信、QQ等社交软件进行语音沟通。

（四）计算机电子信息沟通

通过网络的电子邮件系统，用户可以用非常低廉的价格、以非常快速的方式与世界上任何一个角落的网络用户联系，用户可发送文字、图像、声音等各种形式的电子邮件。同时，用户可以得到大量免费的新闻、专题邮件，并实现轻松的信息搜索。

二、沟通渠道比较

信息的发送渠道是由信息发送者选择、借由传递信息的媒介物。信息接收者对信息进行编译后，需要把预先组织好的信息传递出去。此时，信息传递者必须选择合适的传递时机和传递渠道进行信息传递，不同的信息内容要求使用不同的信息渠道传递。信息发送者在选择信息传递的渠道时要因地制宜，根据具体情况选择恰当的渠道。人们口头交流时使用口头语言表达，书面交流时使用书信等方式，有些时候还采用非语言方式，如通过肢体动作、面部表情等，以及传真、电子邮件等电子媒介沟通渠道，这些都能够实现信息发送者的目的。表8-1为常见的沟通渠道比较。

表 8－1　常见的沟通渠道比较

沟通渠道	举例	优点	缺点
口头沟通	交谈、讲座、电话	快速反馈、信息量大	信息失真、核实困难
书面沟通	报告、信件、文件	持久、有形、可核实	效率低、缺乏反馈
非语言沟通	语调、体态、光信号	内涵丰富、隐含灵活	只可意会，不能言传
电子媒介沟通	传真、电子邮件	传递快速、信息量大	单向传递、看不到表情

故　事

小丽的舞会

小丽的舞会

秘书小丽接到通知，周五晚上公司会举办舞会，小丽很想参加。按照公司的规定，周五可以不穿正装，但是身为秘书，小丽每天都要穿职业套装。可是舞会总不能穿正装参加吧？因此，周五小丽破例换上连衣裙，把自己打扮得漂漂亮亮的。下午，老板通知她：“三点钟有个紧急会议，你准备一下，负责会议记录。唉，你怎么穿成这个样子，赶快换掉。”小丽这才说：“公司晚上有舞会，何况今天是周五，公司规定……”老板火了：“到底是舞会重要还是工作重要？”小丽自认为没有违反公司的规定，但老板非常生气，他要求小丽换掉连衣裙，否则她就会被“炒鱿鱼”。结果小丽强忍泪水，赶快打车回家换衣服。

故事启示　如果小丽提前告知老板今天是周五（并且有舞会），可以穿便装，老板就会理解她，也就不会发火，而是平和地告知周五会有紧急会议，要求她迅速换装。沟通对组织、管理者而言都是不可缺少的。如果缺乏沟通，组织就无法运作，管理者也无法完成任务，领导能力当然就无法体现；相反，良好的沟通可以使双方减少误解，少走弯路，提高工作绩效。所以，组织和管理者都要充分认识沟通的重要性，努力促成内外部的有效沟通。

三、有效沟通的要求

企业行政人员若要达到高效、准确沟通的目标，就需要遵守一定的要求。

（一）信息必须准确无误

在沟通过程中，企业行政人员首先要使对方明白自己要表达的目的或者要求是什么。例如，某工厂有四个大门可以进出，某天行政部的同事通知开会，传达的指令是：今天中午 12 点全体在大门口集合。这样的信息传达显然是有问题的，让人模棱两可，易产生歧义：通知中的“大门”到底是哪个门？

（二）信息的传达要完整清晰，确保对方接收和理解

企业行政人员在了解需求的时候，要求问清楚对方的详细信息，如邮寄地址、

公司名称、联系方式、需要的产品种类及数量等。企业行政人员在向对方咨询意向产品信息时，也要做到尽量详细，如产品的长度、宽度、高度、材质等。例如，某企业的服务人员统一使用企业微信，并且服务人员有统一的个性签名、详细资料、网名等，这样做的目的就是传达统一的企业形象。

知识链接

报告、留言、微信和备忘录的书写规范

- **简明的语言**

言简意赅，即语言要简洁、明晰但意思完整。简洁，就是语言要尽可能少，提炼内容、推敲语句，不能重复累赘，不要说多余的话；明晰，就是意思要表达得清晰，使对方能够明白无误地理解，不会产生歧义，避免令人费解。

- **正确的文字**

文字要保证规范使用且没有错误，不能使用那些似是而非、生编乱造的语言。要特别小心同音异义的字。

- **准确的标点**

标点是辅助文字记录语言的符号，是书面语的有机组成部分，用来表示停顿、语气以及词语的性质和作用。可参照中华人民共和国国家标准《标点符号用法》（GB/T 15834—2011）。

- **正确的排列序号**

写作时，应具备判断优先次序的能力，使用适当的排列序号。例如，

一级标题：标题序号为“一、”，独占行，末尾不加标点符号。

二级标题：标题序号为“(一)”，独占行，末尾不加标点符号。

三级标题：标题序号为“1.”。

四级标题：标题序号为“(1)”。

五级标题：标题序号为“①”。

（三）确保信息的时效性

信息的时效性是指信息内容的有效期。按照内容有效期的长短，信息可分为瞬时信息、短时信息、长时信息。在确保信息准确的同时，一定要确认信息发送方和接收方在有效期内发送和接收信息。

（1）瞬时信息，是指在瞬间有效的信息。其保留时间很短，稍作拖延，信息内容的效用就会消失。如重大社会动态、突发性事件等信息。

（2）短时信息，是指在一段时期内有效的信息，如政策、法规、措施等，在一定的地区和时期内有约束力，但过了这段时期，效用就会消失。

（3）长时信息，是指那些基本上不受时间约束，能在很长的时间内保持其有用性的信息。这种信息一般是由很多信息综合概括成的知识，如哲学原理、化学公式、物理定律等。

边学边练

你收到下面的电子信件，请针对内容做出回应。

> 尊敬的负责人：
>
> 我今天上午在本地超市买了一包贵公司出品的面粉，打开包装袋后发现面粉已发霉。我把这一包面粉附上，上面有条形码以便调查。
>
> 我期望得到解释，这是怎么回事。
>
> 此致
>
> 望尽快答复！
>
> 顾客　王阳
>
> 2023 年 2 月 18 日

四、沟通应遵循的准则

（一）充分认识沟通的重要性，努力促成沟通

沟通对组织、管理者而言都是不可缺少的。如果缺乏沟通，组织就无法运作，管理者也就无法完成任务，领导能力当然就无法体现；相反，良好的沟通可以使减少误解，少走弯路，提高工作绩效。

（二）重视沟通的效果

在企业中沟通的目的是解决日常运作过程中的问题，没有达成目的的沟通是无效沟通，部分达成目的的沟通是低效沟通，无效沟通和低效沟通都是高成本、低收益的，与企业的目标背道而驰，所以沟通中我们应注重信息回馈，重视效果的达成。

（三）将彼此视为工作伙伴

沟通双方彼此视为工作伙伴，平等交谈，跨越阶层观念的阻隔，能够激发低阶层员工的沟通热情，有利于正确结论的形成。

（四）沟通中多从对方的立场思考

沟通是心与心交流的桥梁，是否能了解对方的立场，这是达成有效沟通的重要前提。

（五）沟通出现困难时，应首先自我检讨

并不是所有沟通都是一帆风顺的，若沟通陷入僵局，参与沟通者就会情绪烦躁，比较容易将原因归咎于对方，这样就会使矛盾激化，使沟通陷入僵局。所以当沟通出现困难时，提倡沟通各方多做自我检讨。善于自我批评是一项重要的素质。

（六）沟通的方式是多样的

“一张桌子、两张椅子，面对面的正襟危坐，这才是沟通”，这种认识是错误

的。沟通没有固定的模式，只要是适当的、有效的沟通，就是成功的沟通。沟通时，沟通双方应视具体的对象、时间、场合、环境、目的而灵活运用各种沟通方式。

（1）开会、座谈、谈心、谈判、电话交谈等口头沟通方式；

（2）书信、通知、合同等书面沟通方式；

（3）邮件、QQ、微信聊天等信息化交流方式。

此外，AA 制饭局、共同参与体育活动，甚至一次握手、一个眼神、一个微笑也是沟通。

（七）重视日常接触

作为管理者，应与部门下属保持日常接触，这是良好沟通的基础，以达到事半功倍的效果。如果双方平常见面时连头都不会点，招呼都不打，日后沟通时却显出万般热情，这会给人一种功利性太强的印象，容易引起对方的反感，最终影响沟通的结果。要想沟通好，日常接触不可少。

（八）沟通中切忌妄自尊大、盛气凌人

沟通的产生源于双方存在不一致的意见，沟通的过程就是听取对方的意见，不断调和，最终达成一致的过程。只有保持谦虚，善于听取对方的意见，才能沟通成功，获得对方的尊重。如果一个人一开始就用一种目空一切的语气说："我的意见是绝对正确的，你的意见肯定是错误的"，很难想象对方还能心平气和地与其沟通下去，这样双方就不会取得一致意见。

任务二 保护商务信息安全

一、商业秘密

商业秘密是指不为公众所知悉、能为权利人带来利益、具有实用性并经权利人采取保密措施的技术信息和经营信息。商业秘密的特征是非公开性、价值性和保密性。在实际工作中，商业秘密的范围很广，需要根据不同公司的实际情况确定不同的秘密程度。新产品的开发计划、测试报告、试验过程及有关数据、芯片、图纸、产品软硬件设计文件和技术文件是商业秘密；市场供销网、客户名单、销售合同、定价策略、人事档案、财务报表、融资及投资信息是商业秘密；生产计划、物料清单、供应商名单、生产流程、工艺设备、公司法律诉讼状等也属于商业机密。

二、常见的泄密途径

保密信息可能会通过计算机网络、文件管理不当、学术交流、客人参观、招聘信息、展览会等途径传播出去，所以企业行政人员一定要有高度的保密意识，防止信息泄露。

知识链接

安全保障相关规定

数字信息与国家安全紧密相关。党的二十大报告对强化网络、数据等安全保障体系建设作出重大决策部署。因此，筑牢数字安全屏障、保障国家数据安全是实现数字经济健康发展、建设网络强国和数字中国的题中应有之义，也是适应经济社会网络化、数字化、智能化发展趋势的必然要求，更是提升国家治理体系和治理能力现代化水平的重要内容。

在互联网时代，企业掌握大量数据信息，是数字经济发展的重要推动者和保障国家数据安全的重要主体。企业数据安全不仅关系到企业自身利益和核心竞争力，也关系到整体数字经济稳定运行乃至国家数据安全。

如果企业在数据保护和数据安全上出了问题，不仅会对自身信誉和长远发展产生不利影响，也会对整体经济运行带来隐患。因此，完善企业数据安全治理、保障企业数据安全是筑牢数字安全屏障的重要内容。

2020年9月15日，浙江省市场监管局组织召开《商业秘密保护管理和服务规范》省级地方标准发布会，该标准为全国首个商业秘密保护方面的省级地方标准。该标准有以下几个特点：第一是凡是涉及商业秘密的主体，都可以按照这个标准建立相应的管理制度，保护自己的商业秘密。第二是相关单位只要按照这个标准的要求建立相关的制度，就能够保护自己的商业秘密，及时维护自己的权利。第三是服务性，它在指导相关单位建立管理制度的同时也规定了园区、特色小镇、行业协会和第三方社会服务机构协同保护商业秘密的有关内容。

三、硬件设备的安全措施

（一）计算机安全

（1）有人索取信息时，在提交信息之前，应向上级核查情况。

（2）计算机显示器应放置在来访者或过路人看不到屏幕的地方。如果来访者走近时，或迅速滚动页面，或将亮度旋钮关小，或关闭显示器，或保存好工作成果并退出程序。绝对不要在计算机上安装不明来源的程序。计算机可以安装警报系统，警告可能出现的风险。每一个使用者应该有自己的ID识别码，以决定特定工作人员的访问级别。除了ID，计算机还应设置密码，并经常更换。

（3）存储文件的U盘：禁止任何U盘被携带出公司。运转磁盘前，必须进行病毒查杀。因此，工作时应定期备份相关文件。备份和原件应存储在指定地点，而不要随意放在桌子上。磁盘不能保存在过热和过冷的地方。

（4）防止计算机被远程控制，可在系统属性中禁用远程桌面连接。

谨防打印机泄密

（二）打印机安全

不要在打印机周围留下保密的打印材料，如遇到打印机故障，要先清除打印机已存储的文件后才能送修。

四、文档的安全措施

（1）员工应被告知，不能与其他工作人员、客户、用户、朋友或亲属讨论本单位的业务和保密文档内容。应陪同来访者到他们要见的工作人员处。

（2）信息、文件只能发放给被授权的工作人员，并要求签收。用邮件发送保密信息，无论是向外部还是内部，始终要用封口的信封，并标记“秘密”或“保密”。为了确保安全，一些非常保密的信息可以由工作人员亲自送交收件人。

（3）文档应保存在防火柜中。保密文档在办公室之间传递时，应始终放在文件夹中携带，以防纸页落下。资料应立即归档，文件柜应锁好，当工作人员离开办公室时，应锁上办公室的门和办公桌的抽屉。复印完成后，应从复印机的稿台玻璃上拿走原件。不再需要的保密文档应放入碎纸机中粉碎处理。

（4）接收和发送文件。收取电子邮件时应使用单独的密码。当传真保密信息的时候，应保证接收设备有保密功能；如果没有，在发传真之前打电话给收件人，使对方等候在传真机旁收取。

五、防范工作人员泄密

加载防止拷贝的软件并分割条块，稀释机密；绝密文件的使用需要有法人代表进行审批；制定内部流程制度、保密程序和竞业禁止。

竞业禁止是指根据法律规定或双方约定，在劳动关系存续期间或劳动关系结束后的一定时期内，限制并禁止员工在本单位任职期间同时兼职于业务竞争单位，限制并禁止员工在离职后从事与本单位竞争的业务，包括不得在生产同类产品或经营同类业务且有竞争关系或其他利害关系的其他业务单位任职，不得到生产同类产品或经营同类业务且具有竞争关系的其他用人单位兼职或任职，也不得自己生产与原单位有竞争关系的同类产品或经营同类业务。

故　事

竞业禁止

竞业禁止

乐乐室内装饰公司总经理栾大千的办公室中，李木子把设计方案递给总经理：“栾总，新产品设计方案设计好了，设计总监宋南贺已经看过，他表示认可。”

栾大千接过设计方案，高兴地说：“公司高层期待着这个新方案的出台，能够战胜竞争对手土米公司，这样我们就能取得新建北美风情超大社区的装修设计和施工委托书。”

距离招投标会还有10天，在新出版的《装饰新潮》杂志上，有人发现了与李木子相同的设计草图。

总经理栾大千在办公室雷霆震怒，面对宋南贺、李木子呵斥道：“你们知道吗？丧失北美风情的这单生意，公司只能倒闭！若获得这单生意，公司的经营就会蒸蒸日上。”

李木子也愤怒地表示：“目前全公司上下一片惊慌，大家在微信中不断发言，矛头指向我，怀疑我为钱而背信弃义，把创意卖给了竞争对手。”

宋南贺若有所思：“木子不要急，你还记得有谁可能接触过这份方案？”

李木子：“除了栾总，核心部分我只给您看过，已经向警方报案了。”

警察在调取监控录像后发现李木子离开办公室48个小时之后，一个身影在第三天的0点20分潜入设计室，用手机偷拍了设计图。

人力资源部艾嘉嘉对警察辨认说：“这是赫新昌。是两年前被我开除的一名设计师。真想不到他会来偷东西。”

犯罪嫌疑人赫新昌被带到警察办公室后交代说：“我遇到乐乐室内装饰公司的林可鹏，我俩是好朋友，一起吃饭时，他把钥匙放在桌子上，趁着他去洗手间，我就用肥皂压模，然后复制了钥匙，再潜入设计室偷拍了设计图，并高价卖给了土米公司。”

风波过后，酒店餐桌上，栾大千拿着北美风情的装修设计施工委托书，面对宋南贺、李木子说：“窃贼和竞争对手都受到了应有的惩罚，我们如愿以偿了。”三人举杯庆祝。

故事启示 信息系统建立得再好，如果核心机密被窃取了，无论是国家、企业还是个人的声誉、信誉，都会受到巨大的损害，之前的各种努力都会因为信息安全出现问题而付诸东流。每个人都要清楚企业信息的重要性，增强防患意识。

边学边练

参考故事“竞业禁止”，查找发现的问题，提出公司改进安全的措施，填入表格中。

“竞业禁止”的安全问题	建议的改进措施

任务三

处理企业档案信息

企业档案室是企业最大的信息存储库，保存着和企业有关的各个方面的档案资料，既包括纸质档案，也包括音像档案和电子档案。它的作用主要是历史佐证。做好档案管理是企业建设和业务工作拓展的基本依据，是企业可持续发展的基本保障。因此，企业必须制定管理标准，并且严格执行国家档案管理规定。

一、信息归档的方法

（一）手工归档

1. 手工归档的方法

（1）使用档案柜保存文档。传统的信息档案存储的方法是在纸上记录，然后由人工保存在办公室的档案柜中。所有文件信息都有纸面记录，需要排序和存储在档案管理系统中。这种方法仍是现代企业最常用的。

（2）使用文件夹储存文档。在具体储存文档时，文件夹是专门装整页文件用的，主要目的是更好地保存文件，使它整齐、规范。在手工归档系统中有许多不同的文件夹用来保持纸面整洁。使用哪种方法更适当，取决于纸的类型、文件夹大小和文件使用的频率。

（3）使用标记物实现分类储存。在实际进行区分时，可以通过标记不同的颜色、加标签以及采用不同的材料等方法来实现分类储存。

2. 手工归档的优点和缺点

手工归档的优点在于容易理解和使用，不需要特殊的知识；一旦找到，就能阅读；不需要昂贵的设备。手工归档的缺点在于档案夹占用许多空间；档案夹可能因火、潮湿和蛀虫损坏。

（二）电子归档

1. 电子归档的方法

以数据库、电子表格、文字处理或其他应用程序的形式记录的信息，能以适当的计算机存储形式保存。无论使用哪一种方法，都应该定期进行备份。这些备份应该存放在分开的地方。

2. 电子归档的优点和缺点

电子归档的优点在于存储空间大，信息可定期更新，可减少办公室中存储的纸面文档数量，保存在网络系统的信息能迅速地由不同办公室的人员找到以及可避免重复等。电子归档的缺点在于操作者需要一些计算机操作的知识、相关设备，信息可能会被病毒破坏或因计算机设备和系统升级而丢失信息。

故　事

谨防档案丢失

谨防档案丢失

在米尼建筑公司总经理吴大智办公室，办公室主任高克明说：“吴总，档案室一直缺人手，能不能派个人管理一下。”总经理吴大智点头表示同意，立即给人力资源部柳春升打电话：“老柳啊，咱们公司才成立，档案工作也不多，李阿四再有3年就退休了，还老请病假，也做不了别的工作，就派他管理公司的档案吧。”电话的另一端柳春升说：“好的。”高克明：“好的，这样也好。”

3年后，吴大智到档案室查找一份建筑施工材料，李阿四找了半天，一边咳嗽着一边指着手里的档案目录说：“吴总，您要的档案是4年前的，无档可查。我记得这份资料是我来档案室之前的，这里没有啊。就算有，您看看，这么多档案，我一个人，哪弄得过来啊，何况我这身体，每年都得去医院住个把月。”

吴大智看到堆积如山的档案，胡乱摆在地上，说：“难为你了，是我不好，没有重视档案工作。近年来，公司业务量大增，人力资源、勘察测绘和建筑施工等档案的基本信息资料也不断增加，可把你累坏了吧。”

李阿四：“谢谢吴总的关照，按理说我下个月就到退休年龄了。真的干不动了。说实话，我也努力工作，别看我病了，心还是惦记工作的，咱们公司档案管理与公司的发展极不协调。可得增加人手了。”

吴大智马上召集柳春升、高克明开会，研究公司档案室设置问题。第二天，公司人力资源部招聘专员在招聘网站发布招聘广告，主要信息为：米尼建筑公司招聘2名专业档案管理人员。负责公司档案资料的分类、整理、存档、借阅等工作。任职资格：大专以上学历，档案管理、行政管理等相关专业毕业，3年以上相关工作经验。

档案室设置了数据档案科、音像档案科、人事材料科和综合科四个科室，同时将四个科室的职责分清，不同的科室对应不同的材料归档。李阿四为新到的员工做了培训，把档案室钥匙交给档案室主任李坤。

一个月后，在公司会议室为李阿四举行的退休仪式上，高克明对吴大智说：“吴总，经过这一段的整顿，公司的档案管理有了起色，也大大提高了企业档案调取和整理的效率。”

故事启示　档案的特点是平时不起眼，也不引人注目。但是，一旦需要时，如果平时工作没做好，临渴掘井，就悔之晚矣。企业信息的归档原则亦是如此，平时就应当做好基础工作。

二、跟踪文档的方法

当文档从一个系统中取出时，相关人员应记录该文档的去向，使其他人员能迅速找到该文档。

（一）使用文档借出日志

如表 8－2 所示，当管理人员取走文档时，在日志上签名，当还回来时再签名记录还档归案。如果找不到一个文档，可以检查文档借出日志簿，查看文档是否被取走，如果是被取走状态，可查看谁在使用它。

表 8－2　文档借出日志

借出日期	文档名	借出人	所在部门	归还日期	借阅人签名

（二）使用文件跟踪卡

如表 8－3 所示，文件跟踪卡是一张卡片，记录了取走文件的人员详情，借出文件时放置在文档原来所在的归档位置上。任何其他想要这份文件的人一检查到文档存放的位置，就知道是谁在使用该文档。当文档归还时，填写好跟踪卡并返回到系统中以待重新使用。

表 8－3　文件跟踪卡

跟踪卡		标签			
借出日期	文件名	借出人	部门	归还日期	签名

三、集中化归档的优点和缺点

实际工作中，有的企业为了对档案进行更有效的管理，会将档案存储部门分为集中化归档和部门归档。归档系统位于企业档案室，由档案室集中管理各类档案，也就是将档案集中在企业档案室存储；部门归档就是在单个部门和办公室存储各类档案。

集中化归档的优点在于：可以使用更好的设备，更有效地使用空间，消除归档错误，实现迅速提取文档，能使用统一的标准化分类系统，能制定和实施标准化程序进行存储检索，实施标准的归档监督机制，可保留准确的跟踪记录，可减少各部门内的文件重复。

集中化归档的缺点在于：机密性难以保证，文档不像在自己办公室中一样使用方便，可能会因为文档提取或传递时间较长而引起工作延迟，标准化的分类系统可能满足不了不同部门的不同需要。

大多数企业都同时采用两种归档系统的组合。机密文档如人事文档在人事部门归档。日常文件或文档在部门内分类存放，年终或一项工作完结后转送到档案室存储。除上述内容外，档案目录、档案立卷也都有一定的规范方法，需要专业的人员认真研究和执行。

四、数据化归档的发展

近年来，随着信息技术在人们生产生活中的应用越来越广泛和深入，人们对数据信息价值的认识也越来越深刻，加上大数据技术自身的独特优势，进一步推动了大数据技术的应用。在知识经济时代，积极树立创新意识，充分运用大数据、云计算等新技术，不断创新档案管理工作，是时代发展的要求，更是社会发展的必然趋势。这就需要档案管理人员具有更高的素质和能力。

知识链接

国家档案局组织召开《企业档案管理规定》修订讨论会

《中华人民共和国档案法》于2020年6月20日经第十三届全国人大常委会第19次会议修订公布，于2021年1月1日起施行。

2021年6月2日，国家档案局在南京召开《企业档案管理规定》(以下简称《规定》)修订讨论会。国家档案局经科司、部分省级档案主管部门、企业档案部门、高校档案专家的代表近20人参加会议。会议听取了参会代表的意见和建议，讨论了《规定(修订稿初稿)》框架结构，明确了修订原则和方向。

一要与《中华人民共和国档案法》《中华人民共和国公司法》《中华人民共和国破产法》等有关法律法规相衔接。二要以问题为导向，考虑企业档案工作发展不平衡现状，对企业档案工作机构设置、人员配备、资金支持、档案信息化等问题，提出原则性要求。三要体现时代特点，把档案信息化作为一个重点，有关内容要有利于推进新时代企业档案工作信息化、现代化，实现企业档案工作数字化转型。四要吸收企业档案工作最新研究成果，创新发展企业档案管理理念。五要体现企业档案工作的中国特色。《规定》修订过程中要体现党对档案工作的领导，贯彻档案工作实行统一领导、分级管理的原则，明晰资产和产权变动企业的档案处置、企业档案分级分类管理等。

《规定》自2002年7月22日颁布实施以来，对规范企业档案工作发挥了重要的作用。随着我国经济发展不断加速，信息技术更加深入广泛的应用，企业档案管理重点从传统载体转向电子载体，管理手段和方法转向信息化，企业档案工作进入了信息化转型阶段。根据新修订的《中华人民共和国档案法》的配套制度建设要求，综合考虑解决企业档案工作中存在的一些突出问题，国家档案局启动了《规定》修订工作，拟在2021年底前形成征求意见稿向全国征求意见。

在档案数据规模不断扩大的今天，需要配套多样化的信息库，数字化是发展的必然方向。因此，档案管理人员一定要树立大数据思维，在传统信息归档的基础上，融入新的技术，更好地实现企业的档案管理。

边学边练

6人一组角色扮演，根据诗韵进出口有限公司行政部发出的“2024年国庆节放假的通知”文件内容（见图8-1），将该文件的内容登记到参考表格中。参考

表 8－4、8－5、8－6，与小组成员合作完成企业发文登记、收文登记、文件传阅工作。

诗韵进出口有限公司

行政部 [2024] 第 [07] 号

2024 年国庆节放假通知

根据国家相关部门关于 2024 年国庆节假期安排的通知，结合我公司工作实际情况，现将 2024 年国庆节放假的有关事项安排如下：

1. 2024 年 10 月 1 日（星期二）至 10 月 7 日（星期一）放假，共七天。
2. 9 月 28 日（星期六）为休息日。
3. 9 月 29 日（星期日）、9 月 30 日（星期一）为工作日。
4. 10 月 12 日（星期六）为工作日。
5. 10 月 13 日（星期日）为休息日。

请各部门提前安排好工作，关好自己的门、窗、电脑电源开关。

祝大家节日快乐！

诗韵进出口有限公司

2024 年 9 月 23 日

行政部

主题词：公司　放假　国庆　通知

行政部　2024 年 9 月 23 日印发

图 8－1　放假通知

表 8－4　发文登记簿

编号：

<table>
<tr><td colspan="2">所属公司</td><td colspan="3"></td><td colspan="2">表单名称</td><td colspan="2"></td><td colspan="2">表单编码</td><td colspan="2"></td></tr>
<tr><td colspan="2">表单用途</td><td colspan="3"></td><td colspan="2">应用部门</td><td colspan="6">办公室</td></tr>
<tr><td colspan="13">发文簿</td></tr>
<tr><td rowspan="2">发文日期</td><td rowspan="2">发文编号</td><td rowspan="2">发文单位</td><td rowspan="2">文别</td><td rowspan="2">字号</td><td rowspan="2">机密程度</td><td rowspan="2">事由</td><td rowspan="2">附件</td><td rowspan="2">办理情形</td><td rowspan="2">承办人</td><td colspan="2">归档</td><td rowspan="2">备注</td></tr>
<tr><td>日期</td><td>档号</td></tr>
<tr><td></td><td></td><td></td><td></td><td></td><td></td><td></td><td></td><td></td><td></td><td></td><td></td><td></td></tr>
<tr><td></td><td></td><td></td><td></td><td></td><td></td><td></td><td></td><td></td><td></td><td></td><td></td><td></td></tr>
<tr><td></td><td></td><td></td><td></td><td></td><td></td><td></td><td></td><td></td><td></td><td></td><td></td><td></td></tr>
<tr><td colspan="4">表单应用流程说明</td><td colspan="9"></td></tr>
</table>

表 8－5　收文登记簿

编号：

所属公司				表单名称			表单编码				
表单用途				应用部门							
收文簿											
顺序号	收文日期	来文机关	来文号	文件标题	份数	性质	机密程度	承办单位或个人	签收	编存	备注
表单应用流程说明											

表 8－6　文件传阅单

编号			收文日期		
来文单位		来文字号		密级 / 缓急	
来文标题					
附件					
拟办意见					
领导批示					
领导班子阅签					
办理结果					
办结归档					

项目测验

一、单选题

1. 企业档案室是企业最大的信息存储库，保存着和企业有关的各个方面的档案资料，既包括纸质档案，也包括（　　）。

A. 暂时不用的文件　　B. 音像档案和电子档案

C. 备品　　D. 办公用品

2. 有人索取信息时，在提交信息之前，应向（　　）核查情况。

A. 下级　　B. 上级　　C. 朋友　　D. 同学

二、多选题

1. 企业档案归档方法包括（　　）。

A. 手工归档　　B. 电子归档　　C. 相互交换　　D. 相互补充

2. 传统的信息档案存储的方法是在纸上记录，然后由人工保存在办公室的档案柜中。它的缺点在于（ ）。

A. 档案夹占用许多空间　　B. 档案夹因火损坏

C. 档案夹因潮湿损坏　　D. 档案夹因蛀虫损坏

3. 企业商业秘密是指（ ）并经权利人采取保密措施的技术信息和经营信息。

A. 公开的技术信息　　B. 不为公众所知悉

C. 能为权利人带来利益　　D. 具有实用性

4. 企业商业秘密有三个特征，分别是（ ）。

A. 非公开性　　B. 价值性　　C. 保密性　　D. 不能被破坏

5. 企业信息沟通是为了设定的目标通过（ ）的方式，将信息、思想和情感在（ ）传递，并且能够达成共同的认识或者达成一个共同协议的过程。

A. 公开的技术信息　　B. 读、听、说、写

C. 个人或群体间　　D. 具有实用性

三、判断题

1. 企业信息的归档储存是企业信息存储的最重要方式之一，它的作用主要是佐证历史。（ ）

2. 企业商业秘密泄密途径有：通过计算机网络、文件管理不当、学术交流、客人参观、招聘信息、展览会等途径传播出去。（ ）

3. 长期信息是指那些基本上不受时间约束，能在很长的时间内保持其有用性的信息。这种信息一般是由很多信息综合概括成的知识，如哲学原理、数学公式、物理定律等。（ ）

09

项目九

数智办公

知识目标

掌握企业 OA 办公系统管理的主要功能，了解 OA 办公系统的优势，掌握数字化办公的实现条件。

技能目标

能够管理 OA 办公系统；能够运用数字化办公系统提高工作效率。

素质目标

培养现代化、智能化管理的思维能力，增强与时俱进、积极学习的进步意识。

思维导图

- 数智办公
  - 协同办公系统
    - OA办公系统的主要功能
    - OA办公系统的优势
    - 办公室管理中OA办公系统的应用措施
    - 移动应用
  - 数字化办公
    - 数字化办公的定义和意义
    - 数字化办公的实践
    - 数字化办公存在的现实条件
  - 自动化办公系统实现的功能
    - 公文管理
    - 个人办公
    - 日常办公
    - 辅助办公
    - 公共信息
    - 业务辅助
    - 自动化的工作流

任务一 协同办公系统

OA是Office Automation的简写，意为办公自动化，OA办公系统又称协同办公系统。如图9-1所示，OA办公系统管理有助于提升办公室管理的质量和效率，进而提升企业的管理水平，促进企业的发展。例如，电子签名技术使工作人员的工作效率得到了极大的提高。工作人员不用再拿着各种文件、申请、单据在各部门跑来跑去，等候审批、签字、盖章，这些工作大都可以通过OA的方式在网上进行。

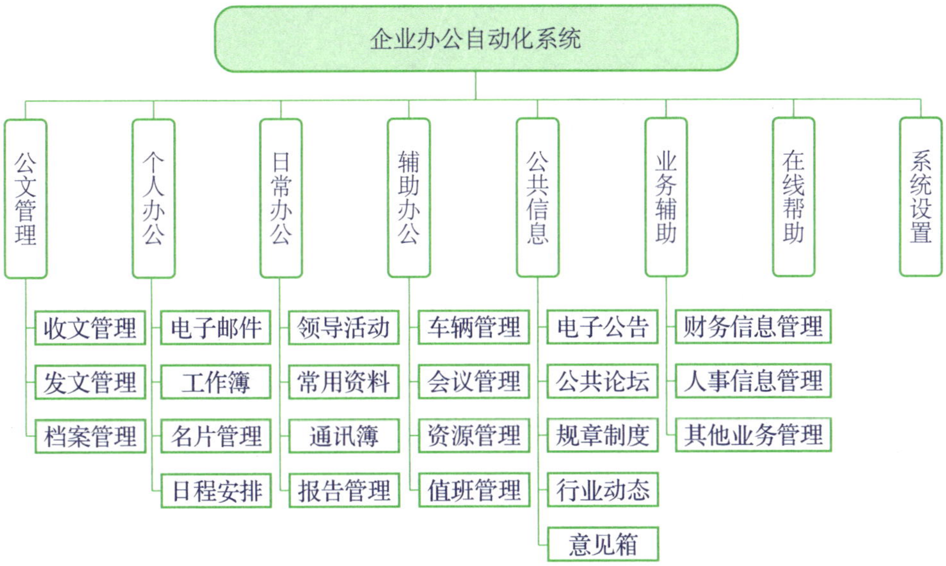

图9-1　企业办公自动化系统

故　事

办公室自动化、办公自动化与OA

办公室自动化

1975年美国首先提出办公自动化设想，1978年流行于日本等国。微型计算机的出现，促进了办公室自动化的发展。为提高管理人员工作效率，计算机技术被应用于办公室工作。

办公自动化（新型办公方式）

办公自动化是将现代化办公和计算机网络功能结合起来的一种新型的办公方

式。凡是采用各种新技术、新机器、新设备从事办公业务，都属于办公自动化的领域。在行政机关中将办公自动化称为电子政务，在企业中称为OA，即办公自动化。办公自动化可以优化现有的管理组织结构，调整管理体制，提高效率，增加协同办公能力，强化决策的一致性，实现提高决策效能。

OA

OA是将现代化办公和计算机网络功能结合起来的一种新型的办公方式，能够提高决策效能。

第1代OA：硬件配置阶段。

第2代OA：数据处理自动化阶段。

第3代OA：C/S架构下的工作流自动化阶段。

第4代OA：无障碍工作流自动化阶段。

第5代OA：协同型办公自动化（流程管理）。

第6代OA：智慧OA、移动OA、居家OA。

故事启示 协同办公系统可以有效提高企业工作效率。

一、OA办公系统的主要功能

（一）人事管理功能

（1）OA办公系统中的人力资源管理模块可实现人事档案管理以及工资统计，提高人事管理工作的效率。

（2）OA办公系统中的考勤管理模块可以在很大程度上降低工作人员的工作量，同时有助于提升考勤工作的规范性。

（3）OA办公系统可以直接对员工的出差以及请假情况等进行查询，进而实现考勤工作的数据化管理，提升考勤管理工作的质量和效率。

（4）OA办公系统可以为人事招聘工作提供建议，提升人事招聘工作的科学性。

（二）文档管理功能

OA办公系统中的文档管理模块能够实现办公室的收文、发文办理，同时可以实现在线文案审批以及线下发通知公告等。

（三）综合管理功能

OA办公系统的辅助管理模块可以实现办公室设备的保养维修、办公用品的领取以及会议室使用时间的查询等综合功能。

（四）现代化办公功能

OA办公系统借助信息技术，提升了办公室管理的现代化水平与自动化水平，促进了企业的发展。

（五）信息平台发布功能

企业的发展需要借助信息化技术，因此企业普遍建立了自己的微信公众号以及门户网站。应用OA办公系统，有助于实现对门户网站以及微信公众号的管理，同时也可以通过OA办公系统在第一时间发布企业的动态信息与企业的新闻信息等。除此之外，应用 OA 办公系统还可以实现对各种信息发布与审核的统一管理，如图 9－2 和图 9－3 所示。

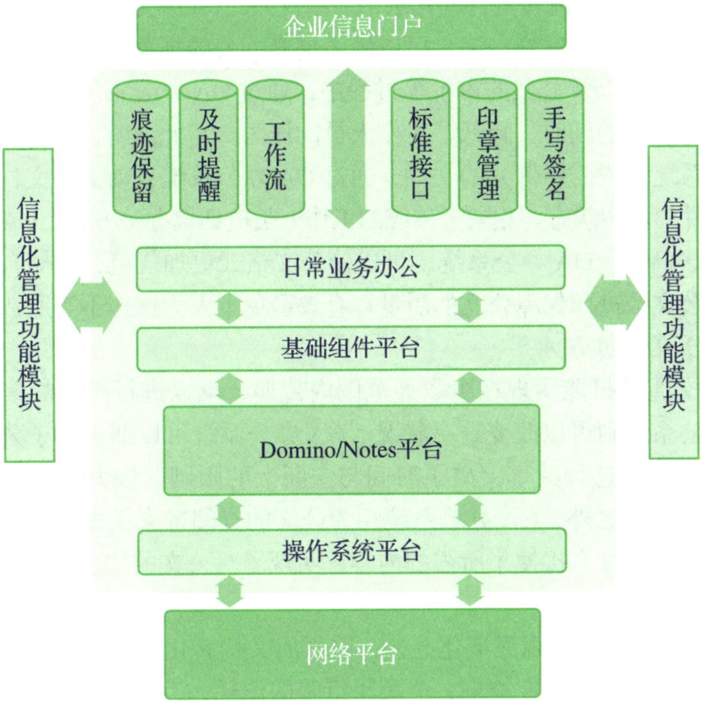

图 9－2　OA 系统体系结构

图 9－3　某公司 OA 办公系统界面

二、OA 办公系统的优势

相较于传统的办公室管理方式，应用 OA 办公系统具有多方面的优势。

（一）提升办公效率

传统办公方式以人工为主，如公文的签收、公文的传阅等，都需要工作人员将公文直接递交到相关人员手中。这种方式依靠人工操作，导致工作流程烦琐，并且受人为因素的影响较大。应用 OA 办公系统，可以实现文件在 OA 办公系统中的流转，极大提升了文件流转的自动化水平。不仅如此，OA 办公系统还可以对公文的流转进行自动化推进，这样一来，可以极大提升办公的规范性和时效性。在公文的编辑、公文的流转以及公文的审批等过程中，通过 OA 办公系统，实现了无纸化运作，提升工作效率的同时，降低了工作人员的压力。与此同时，工作人员还可以应用 OA 办公系统设置需要催办的文件，通过 OA 办公系统自动催办文件，并由系统自动跟踪文件的流转状态。相较于传统的工作人员电话催办等方式，OA 办公系统无疑更加便捷、高效。OA 办公系统还可以使公文格式更加规范，能够自动生成具有标准格式的公文，进而保障公文的质量，有效避免了人为操作不当所造成的失误。

（二）提升信息共享水平

纸质公文通常只能实现在少数人范围内传递，难以进行广泛的信息共享。而应用 OA 办公系统则可以改变这一状况。OA 办公系统可以通过电子公文的形式进行信息共享，并且这种共享突破了时间与空间上的限制，极大提升了信息共享的水平和范围。除此之外，OA 办公系统还为公文的查阅带来了极大的便利，员工可以通过输入检索条件直接搜集所需的内容，实现了对公文的快速定位。

（三）降低办公成本

OA 办公系统可以实现无纸化办公，将纸质文档转化为电子文档，这样不仅储存管理十分便捷，而且方便查询，避免了纸张的消耗，节省了人力、物力成本。

三、办公室管理中 OA 办公系统的应用措施

（一）OA 办公系统文件收发管理

在收文管理过程中应用 OA 办公系统，可以实现来文等级、分办、承办、传阅以及归档等方面的规范管理。同时在发文管理过程中，OA 办公系统也发挥了至关重要的作用。在发文管理中使用 OA 办公系统，可以实现发文拟稿、审核、会签、签发、分发以及归档等方面的有效管理。此外，应用 OA 办公系统，在很大程度上提升了文件办理以及文件流转的效率。以发文管理中的会签功能为例，文件发起人可以结合文件的内容来合理选择会签方式；针对印制环节，在印制过程中，OA 办公系统的文件自动套红功能，可以提前设置文件的格式，进而能够自动生成标准格式的公文，保障了公文的规范性，避免因人为操作而导致的公文格式错误。除此之外，OA 办公系统还可以在文件发送完成后，自动将文件转入档案管理系统进行储存。这样不仅保障了文件的安全性，而且降低了文件储存管理的工作量，有助于缓解工作人员的压力。

（二）OA 办公系统会议管理

OA 办公系统在会议管理中的应用，主要体现在能够实现登记、申请、审核与发布一体化管理。在会议管理过程中，管理人员可以将会议室的大小、会议室中应用的设备以及会议室使用的具体时间等录入 OA 办公系统之中，这样一来，企业所有人员都可以通过该系统来查询会议室的具体情况，有助于合理安排会议室的使用。与此同时，在 OA 办公系统中提出会议室的使用申请，并录入会议的时

间以及参会的人员信息，管理人员可以根据申请内容对会议室的使用进行统一管理和安排，确保会议室的使用效率。在制订完成会议室使用计划之后，可以将会议安排情况通过 OA 办公系统向企业工作人员进行发布，同时还可以通过颜色标注的形式帮助会议室使用人员更加清晰地区分会议室。通过这种方式，既能避免部门之间会议室使用矛盾，确保会议顺利进行，也能提升办公效率。

（三）OA 办公系统印章管理

传统的印章管理中，申请人员需要通过表格的形式来申请使用印章，同时还要通过审核等手续，工作程序比较烦琐，不仅耗时长，而且工作效率较低。除此之外，对申请单的保管比较烦琐，为印章使用情况查询工作带来了较大的难度。而在印章管理中应用 OA 办公系统，则可以有效解决以上问题。在用章申请过程中，申请人员可以直接将用章理由填写到 OA 办公系统中，然后通过线上的方式向审批人员提交申请，审批人员直接进行在线审核。这种便捷的方式，提升了印章管理的效率。与此同时，用章审批的过程也会自动保存到 OA 办公系统之中，便于后期的查阅，这在很大程度上提升了印章管理的严谨性与准确性。

（四）OA 办公系统办公用品管理

办公用品消耗量较大，管理不严格，很容易造成浪费。并且各部门在使用办公用品之前都需要申领，这导致办公用品管理更加复杂。同时，不同的部门所需的办公用品种类和数量也不相同，再加之办公用品比较零散，因此申请工作以及审批工作比较烦琐。而办公用品的管理中应用 OA 办公系统，可以自动对各项物品进行汇总，降低了办公用品管理工作的难度。工作人员可以直接将申领的物品录入 OA 办公系统之中，系统可以结合部门对办公用品需求进行自动汇总，同时清晰标注物品的数量以及规格等，管理人员结合系统显示的内容对办公用品进行发放，进而提升工作效率，同时还能节省大量的人力。除此之外，OA 办公系统还可以对办公用品的使用情况进行汇总，帮助管理人员掌握各部门对办公用品的使用情况，避免重复申请与多次申请，造成办公用品资源的浪费。

四、移动应用

工作人员可以通过智能手机、平板电脑实现随时随地的办公，通过移动应用实现对时间碎片的高效管理。图 9-4 为某公司手机 OA 办公系统应用界面。

图 9-4　某公司手机 OA 办公系统应用界面

知识链接

智慧政务办公平台

不同的OA系统能够满足不同维度的组织架构需求，以政务办公平台为例，一套智慧化、一体化的政务办公平台主要包含以下六方面功能（见图9-5）。

1. 支持身份识别管理：CA个人数字证书，人脸识别、指纹、原笔迹等生物特征识别技术，确保系统使用中的安全。

2. 支持三员分立：支持系统管理员、安全管理员和审计管理员的三员分立，细分系统管理特权，确保系统安全稳定。

3. 六维权限的授权机制：对用户的操作与访问进行细分授权，符合现有的工作模式，达到保密与安全要求。

4. 符合内外网部署规范：符合党政机构的政务内网与外网的部署要求，确保系统部署满足保密与安全需要。

5. 符合国家规范与安全标准：符合国家党政机关工作规范与标准、全国信息安全等级保护第三级系统安全标准建设要求。

6. CA身份认证确保系统安全：对系统数据库、表单、正文、文档资料等进行个人身份认证服务，全程加入水印技术，有效地防止文档的外泄等。

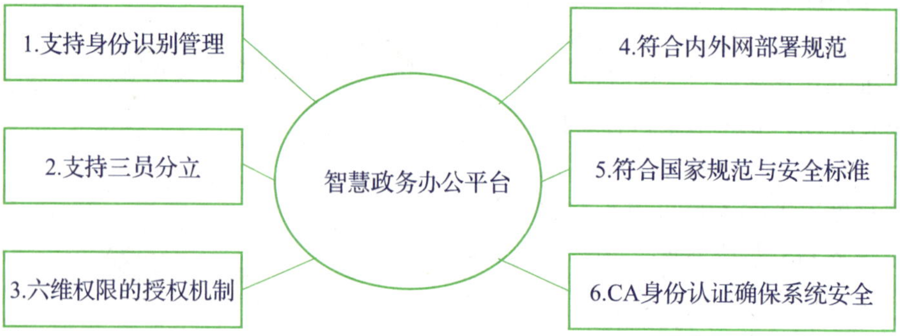

图9-5 智慧政务办公平台

边学边练

分别调研或者搜集3家企业的OA办公系统并填入表9-1，比较该系统的数字化办公特点（表中没有列出的，可以根据实际情况增减）。

表9-1 企业行政部数字化办公工作调研表

企业类型（大、中、小）	行政部职责	OA办公系统实现的功能	特点记录

发现的问题：

改进的建议：

任务二

数字化办公

随着移动互联网、云计算、大数据、人工智能等新技术快速向产业领域渗透，传统企业将面临全面的升级换代，诞生于工业革命的传统管理已经不能适应发展要求，需要对企业管理进行综合、系统的全面改造。面对蓬勃发展的数字经济，以新一代信息技术为代表的新一轮科技革命和产业变革，正在全方位改变经济形态和生产生活方式，倒逼企业管理再创新，推进企业数字化转型升级。

一、数字化办公的定义和意义

（一）数字化办公的定义

数字化办公是指将数字化技术、数字化思维与数字化管理工具引入企业的生产经营活动中，以求降低成本、提高效率、改善客户体验、提升产品与服务价值，进而建立起新的市场竞争优势，使企业谋求更好的生存与发展。

（二）数字化办公的意义

（1）数字化办公符合时代发展趋势。数字是人类最简洁明了、容易沟通理解的交流语言。数字化办公室顺应经济全球化、网络化、信息化的时代发展要求。

（2）数字化办公更加讲求精准、效率和效果。数字化办公产生的信息更加直观、精准，注重快速反应、执行效率和运作的效果。

（3）数字化办公注重分享、沟通和交流。

（4）数字化办公能够营造开放的系统，让信息分享交流更加快捷、更加便利。

（5）数字化办公能够提升服务水平。建立数字化服务标准和反馈系统，提高服务客户的时效和品质，利用网络化和数字化平台，可以整合公司各类资源，为客户提供更好的体验。

二、数字化办公的实践

（一）运营层面

1. 以固定资产管理为例

（1）原始的管理手段是手工记账式的，以纸质版资产档案进行管理。

（2）初级的数字管理方式是给资产编码，以表格方式录入电脑，进行初级的统计及分析。

（3）中级的管理方式是通过自建或购置的资产管理系统，每个资产贴有资产编码，通过扫描编码进行查询及盘点，系统会以半人工的方式形成各种报告，包括盘点报告。

（4）高级的数字运营管理方式是资产贴有无线应答电子标签，行政人员可以通过公司布设的电子地图随时了解这个资产在公司的位置，精确到厘米。在这种情况下，需要盘点时，只要在电脑甚至在手机上发出一条指令。资产管理系统将通过电子地图扫描全公司的资产分布情况，凡是与物联网连接的设备，设备会同时将自己的状态立即反馈到资产管理系统中，即时生成一份资产盘点报告的时间。

2. 以门禁为例

（1）原始的门禁是入口设置保安岗，保安负责检查进出人员的证件。

（2）初级的数字化门禁是密码门禁，员工掌握进出门的密码，按密码进出。

（3）中级的门禁是给进出人员一张门禁卡，通过刷卡进出。

（4）高级的门禁是通过刷脸进出，同样由于门禁与考勤、支付等系统的打通，员工在系统内给访客发出邀请，访客在自己的手机端进行人像识别，并提供车牌号和手机号或微信号。访客到达公司地库时，探头扫描车牌进行识别并放行，并显示一个车位号给访客，同时派发一条信息给邀请访客的员工。访客到达指定车位停好车，通过刷脸进入公司，系统派发一条内部地图到访客的手机上，访客根据地图的指引到达见面地点。面谈结束后，员工触发送客功能，访客通过地图指引到达自己的车位，驾车离开。访客系统自动存储访客的所有信息，访客门禁权限失效。

（二）管理层面

以人力资源管理领域为例。

（1）加强人力资源数据库的建立和数据治理。

（2）关注员工行为数据、过程数据的采集，通过数据库和大数据分析平台，让管理者可以从更高维度随时随地看到涵盖员工生命周期的即时数据，并着手研究自助商业智能、招聘、人才画像、智能推荐、高潜盘点等方面，实现真正的大数据分析。

故　事

数字化管理师靳鑫

数字化管理师靳鑫和团队为一家制造业企业提供服务。在前期调研中靳鑫团队发现，该企业的人员管理、工作协同、审批流程、生产管理等都存在一定的问题，于是靳鑫团队为其量身定制了数字化解决方案。企业数字化转型后，企业核算薪资场景提升了35%的工作效率；通过OA（办公自动化系统）审批的重新构建，审批效率提升了30%；通过OA、ERP（企业资源计划系统）等深度融合，实现了全量数据分析、全量采集、全链路协同，直接增效20%；通过车间小工单的使用，良品率直接提升了15%，产品交付效率提升了12%。

故事启示　数字化转型后，企业工作效率提升。

三、数字化办公存在的现实条件

（一）建立数字化人才队伍

数字化转型迫切需要企业重塑一支既懂数字技术与管理又熟悉具体业务的员工团队，很难一蹴而就，应从某个点出发，以点带面，持续累积。

（二）大量的资金投入

数字化转型要求企业改造现有的生产场地与办公场所，依据场景要求进行模型开发与应用，建设企业的数字化前台、中台与后台，以及建立私有云或使用外部的公有云，所有这些都需要企业持续投入大量的资金。

数字科技深刻地改变着世界。数字化办公运营将更好地促进企业的国际交流活动，提升国家的科技和经济竞争能力。

知识链接

数字化管理师

数字化管理师是使用数字化智能移动办公平台，进行企业或组织的人员架构搭建、运营流程维护、工作流协同、大数据决策分析、上下游在线化连接，实现企业经营管理在线化、数字化的人员。数字化管理师的主要工作任务是：

1. 制定数字化办公软件推进计划和实施方案，搭建企业及组织的人员架构，进行扁平、透明的可视化管理；
2. 进行数字化办公模块的搭建和运转流程的维护，实现高效、安全沟通；
3. 制定企业及组织工作流协同机制，进行知识经验的沉淀和共享；
4. 进行业务流程和业务行为的在线化，实现企业的大数据决策分析；
5. 打通企业和组织的上下游信息通道，实现组织在线、沟通在线、协同在线、业务在线，降低成本，提升生产和销售效率。

数字化管理师在企业内部扮演管理、沟通、协调的重要角色，在任务分配、绩效管理、团队协作以及组织内部沟通等方面都将发挥重要作用，帮助企业进行大数据决策分析、上下游在线化连接。

国家层面首次制定并发布数字化管理师职业技能标准

2022 年 9 月，数字化管理师作为数字职业，被正式纳入《中华人民共和国职业分类大典（2022 年版）》，首次增加“数字职业”标识，共标识数字职业 97 个。根据最新国标定义，数字化管理师，为使用数字化智能移动办公平台，进行企业或组织的人员架构搭建、运营流程维护、工作流协同、大数据决策分析、上下游在线化连接，实现企业经营管理在线化、数字化的人员。

这是自 2019 年被纳入新职业以来，国家层面首次制定并发布数字化管理师职业技能标准。最新发布的《数字化管理师国家职业技术技能标准（2021 年版）》显示，该标准为首次制定，在人社部、工信部等有关部门指导下，由钉钉（中国）信息技术有限公司具体组织实施。数据显示，我国数字化管理师从业人员在不到两年间已超过 200 万人。人社部 2019 年发布的《新职业——数字化管理师就业景气现状分析报告》显示，87％的数字化管理师薪资是当地平均工资的 1 至 3 倍。目前，人社部中国就业培训技术指导中心联合钉钉推出的新职业在线学习平台 3.0 版已上线，在钉钉搜索“新职业”即可进入数字化管理师课程在线学习。

边学边练

调研一家企业的数字化办公系统，说明该系统的数字化办公实现的程度并填入表 9－2 中（表中没有列出的，可以根据实际情况增减），对数字化办公实现的功能和发现的问题填入表中“改进的建议”栏。

表 9－2　企业行政部数字化办公工作调研表

行政部部门职责	数字化办公实现的功能	问题记录	改进的建议
公文管理			
资产管理			
会议管理			
车辆管理			
客户接待			
礼品管理			
名片申请			
证照管理			

任务三

自动化办公系统实现的功能

一、公文管理

（一）公文管理的应用

1. 收文管理

收文管理主要对本单位以外往来公文进行登记和处理，包括对文件的权限设置。在登记收文过程中提供了多种方式（磁盘调入、标准版电子公文调入、扫描和直接输入等），并将登记后的收文送领导批示或阅读（批示的流程可自定义），处理结束后将文件进行归档存储。管理人员可以对收文处理全过程进行监督、催办、重定位，也可以随时打印文件流程跟踪表及其所有领导的批示意见。智慧收文管理办公平台如图 9－6 所示。

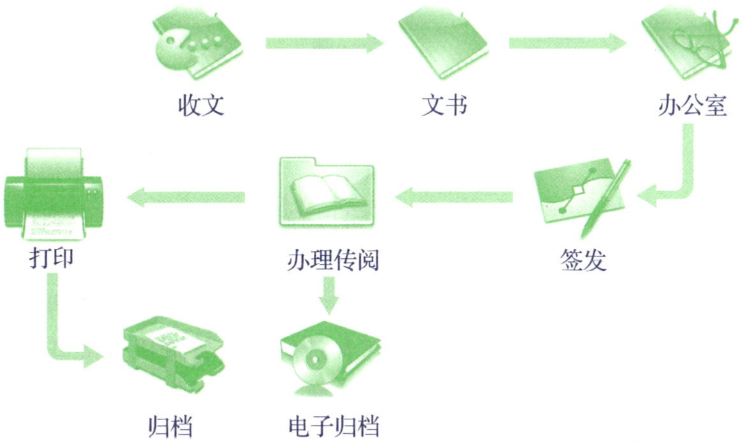

图 9－6 智慧收文管理办公平台

2. 发文管理

发文管理主要处理来文转发和内部制发的公文。在发文管理中进行拟稿工作，提交后，此文件将根据所选的发文流程进行流转，流程结束后可以直接进入登记和归档处理。流程结束后，也可以返回到呈送人，呈送人再将文件给核签人员进行处理。在整个过程中，管理人员可以随时查看、打印流程跟踪表。智慧发文管理办公平台如图 9－7 所示。

3. 档案管理

对本部门或其他部门发送的文件进行接收，也可以独立归档，将文件进行组卷、移卷、移出等工作。对于形成的文件档案可以进行封卷、拆卷。对封卷的案卷或未封卷的案卷可以借阅管理，对已封卷的案卷还可以著录标引，提供方便的档案目录和档案内容检索查询及借阅管理功能。对归档的科目可以进行增、删、改等维护工作。

（二）公文管理的特点

（1）支持顺序流转、条件流转、并发流转，通过这几种流程的组合使工作人员可以方便地定制符合各种要求的流程。

（2）支持群组、角色及岗位，在人员变更后无须修改流程，系统会自动更新人员。

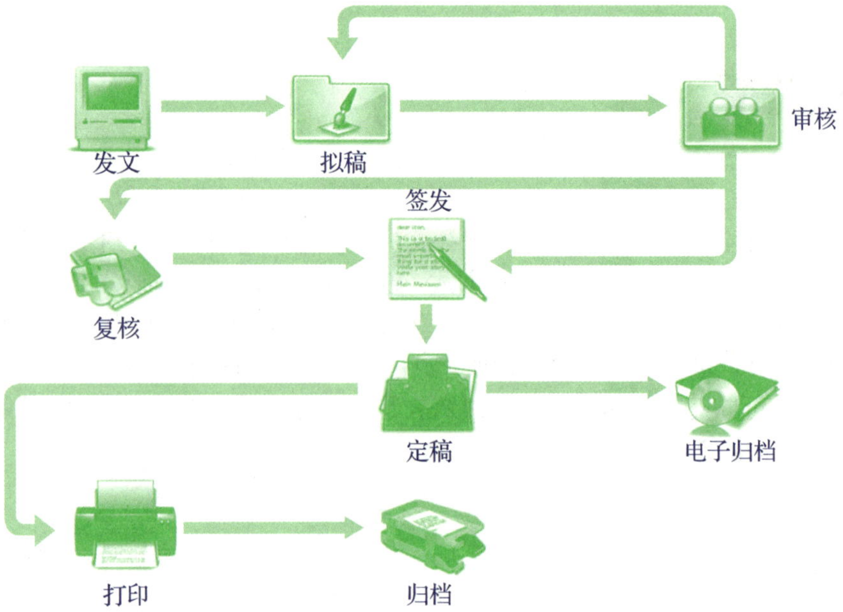

图 9－7　智慧发文管理办公平台

（3）支持主送和抄送，并做到发文人可以确切知道收件人已收到该文件。

（4）提供加密机制，防止文件被篡改。严格安全机制使办理人的文件绝对保密。

（5）支持邮件办公，办理人可以选择通过邮件的方式进行公文办理。

（6）公文归档提供公文自动归档的工作流和档案管理机密接口，使文件在流转结束后能按定义的规则和流程自动归档，如有必要，也可手动归档；文件归档管理要实现各种文件的分类、归档、存储、编辑、查询、检索、打印、销毁，相应文件的查询和打印只有具有相应权限的人员才可执行。支持回退、挂起、恢复、重启动、催办等功能。

（7）在文件下发过程中能实现文件分发，并可以实现电子印章和手写签名的功能，保证公文的审批过程安全可靠。

（8）文件查询。支持多种方式的检索，可对文档进行条件检索（单条件及复合条件）和模糊检索，用户可自定义检索条件进行检索，检索结果可进行再检索，检索条件和检索结果可保存起来，以备再次检索时使用。

（9）公文办理过程中保留了 Microsoft Office 的 Word 及 Excel 等功能。

（10）支持向导界面定义，可以自定义收、发文的流程。流程可以保存、修改，同时各种工作任务可以分清重要等级和紧急等级，以方便工作人员分轻重缓急处理。

知识链接

系统故障处理过程

系统故障一般按照先发生先处理的顺序进行处理，但比较严重的问题须优先处理。问题严重的等级由问题对最终用户系统运行的影响决定。

1. 一级（紧急的）：系统无法运行，须立即解决。

2. 二级（严重的）：系统的关键功能无法运行，须立即解决。

3. 三级（限制性的）：系统的某些功能无法运行，使客户的功能受到限制和削弱，须尽快加以解决。

4. 四级（轻微的）：系统的某些页面出现轻微的故障，但是功能基本正常，用户的操作并没有受到影响，应及时进行解决。

当系统出现问题时，用户首先对相关信息进行记录，然后通过电话、传真或电子邮件通知服务商的热线电话支持服务人员。他们在通过电话、传真或电子邮件帮助解决问题的同时，将通知相关部门和技术人员做好后续的准备工作。一旦上述方法解决不了问题，系统将按照预定的程序进入故障确认、故障定位、故障排除步骤。

二、个人办公

（一）电子邮件

在局域网或广域网中发送、接收电子邮件（可加载附件），可以加密、签名，起到在公司内部和外部的沟通协调的作用。

（二）工作簿

工作簿包括工作日志、工作计划、工作总结。工作日志是针对自己的工作，每天记录工作的内容、所花费的时间以及在工作过程中遇到的问题、解决问题的思路和方法。工作日志可设置提醒。工作总结能够提交审批和批复。企业行政人员可阶段性地编写工作总结（分部门、分类把以往的工作总结合并为新的工作总结）。

（三）名片管理

名片管理模块可记录个人和单位的详细通讯录信息和大概情况，分为共享（所有人员都可以查看）和私有（只有录入人才能查看）方式，提供多种查询方式。

（四）日程安排

日程安排模块可以用来组织个人的时间，保存一张任务、会议的安排表，并创建下列信息与其他邮件用户共享：日程安排项目——使用“日程安排项目”表单进行个人约会和人员的会议安排。

三、日常办公

（一）领导活动

领导活动模块是对领导活动进行记录，方便有权限人员查阅，通过它可以及时了解领导动向，安排工作。

（二）常用资料

常用资料模块主要实现对内部各部门资料的公开，方便公司内各部门的查阅，包括技术资料或其他各种资料。提供全文检索与综合查询，资料信息实现按大类、小类、子类分层次方式的存储，以提高查询速度。人员的查阅权限、资料信息的管理由管理员来进行维护。

（三）通讯簿

对企业的内部电话、公共电话（包括报警电话、急救电话等）、各部门电话等进行记录，并做出备注和简要的说明，起到单位电话簿的功能。

（四）报告管理

报告管理模块为用户提供全面的个人报告界面，以及报告拟稿→审核→归档功能，并且提供跟踪功能（查看报告当前位置以及是否被查阅或审批）以及催办功能。

四、辅助办公

（一）车辆管理

车辆管理模块为企业用车管理提供方便、直观的操作，包括申请用车、车辆调度、车辆使用和维护的情况登记等相关功能。

（二）会议管理

工作人员通过会议管理模块完成完整的会议流程，包括会议通知、会议安排、会议室分配和网络会议（可以根据需要做成网络视频会议）。可通过该模块实现会议计划、现有会议室管理、会议室调度、会议记录、会议日程查询等功能。

（三）资源管理

资源管理模块完成对公司资源的统一管理。包括：

（1）办公用品管理。对办公用品采购、入库、发放、报废情况登记，管理者赋予权限等。

（2）报纸杂志管理。对报纸杂志的订阅、借、存、储情况等进行记录和管理。

（3）办公设备维护。对办公设备和工具的采购、使用、维护保养进行管理。

（四）值班管理

值班管理模块实现对公司员工的值班情况的管理。值班管理包括值班表、在办信息和值班归档。

边学边练

办公自动化系统中远程办公的核心是什么？远程办公与现场办公最大的区别是什么？它是否改变了工作的核心内容和本质内容？

五、公共信息

（一）电子公告

电子公告模块是企业内部发布公告信息、决定、通知等的平台。工作人员可以在电子公告中发布重要的通知，也可以通过邮件发送至相关人员，可以对浏览公告的人员进行权限设置。

（二）公共论坛

公共论坛模块是提供交流的场所，工作人员可以真实的姓名或者昵称进入论坛。在公共论坛中，可设置不同的讨论区，如可根据部门设置讨论区，或根据论题设置专题讨论区，这样可以增加论坛的交流方式，并且有明确的分类。

（三）规章制度

规章制度模块主要是分类存储单位的各项规章制度，便于工作人员对于企业规章节制度的查询和阅读。工作人员也可以进行相应的权限设置。

（四）行业动态

行业动态模块是行业发展动态的信息发布平台，主要发布有关本行业的发展动态、新闻、报告等，这样便于企业内部的人员共同学习。

（五）意见箱

意见箱主要为企业内部的员工提供一个信息反馈的平台，可以下情上传、上情下达，相关人员及时地回复员工的问题和提问。该模块便于积累员工提出的各种建议和意见，有利于企业的发展和管理制度的改善。

六、业务辅助

针对不同企业的不同特点开展业务方面的辅助功能模块主要包括固定模块和企业可自行添加的功能模块。具体如下：

（一）财务信息管理

财务信息管理模块主要是对财务部门上报的信息进行分类存储、添加、上报。

（1）财务软件所形成的报表及相关业务数据，在与办公系统不连接的情况下，可以将报表及文档，以信息流转的方式进行网络传输，并且对于安全性有严密的保障。

（2）采用权限限制，保证数据安全保密。

（3）对现有财务软件进行无缝连接、平滑切换。

（二）人事信息管理

人事信息管理模块主要用于对企业内部基本人事信息的管理，包括组织机构、人事档案、考勤制度、人员培训、聘用管理、统计报表六个部分。

1. 组织机构

该部分囊括企业的组织机构的基本情况，包括下属部门、各部门职能以及各个部门的基本情况、人员分布情况、岗位情况等。

2. 人事档案

该部分囊括全体成员的基本信息，包括人员的编号、职位、录用的时间、调动、离职等情况，允许添加，提供多种查询。

3. 考勤制度

该部分囊括员工上班、下班情况管理，迟到、早退情况的日 / 月统计，包括事假、病假的记录等。

4. 人员培训

该部分囊括对人员培训情况的记录，包括参加培训的时间、推荐的原因、培训的内容、培训成绩的记录等。

5. 聘用管理

该部分囊括对目前集团内部缺少人才类型的记录、对招聘流程的规定、招聘时花费的统计和每次招聘结果的详细记录。

6. 统计报表

统计报表主要是对以上的信息进行相应的整理和统计，能够将统计的结果形成相关的文档或报表，并且进行分类显示，改变以往的查询方式，简单快捷。

（三）其他业务管理

对于各个企业的各自特征，企业可以提供与现有办公自动化系统的接口，同时，也可以根据具体要求，增加符合企业自身特点的业务辅助管理模块。

故 事

多人协作编辑

WPS 提供在线协作功能，支持多人同时编辑文件。

白小白需要与同事们一起核对“2 月份工作计划表”，在 WPS 打开该文档，右上角点击“分享”按钮，用链接形式分享给对方（见图 9－8）。

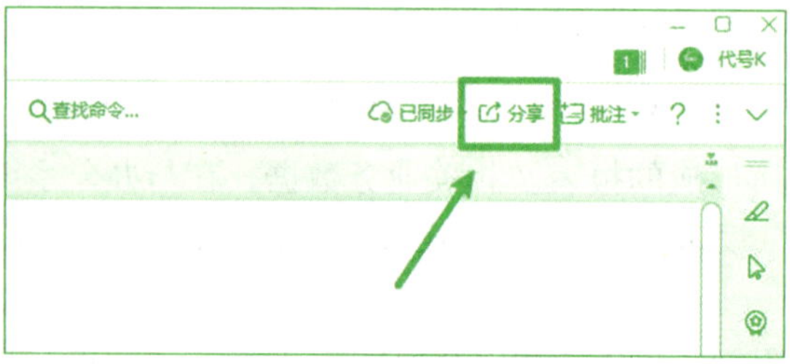

图 9－8 右上角点击“分享”按钮实现多人协作编辑

同事打开后，便会自动进入文档在线协作模式，与白小白一起协同编辑，内容实时保存，数据永不丢失，大大提升了沟通效率。针对个别有异议的内容，可直接进行评论，留下自己的看法（手机支持语音评论）；此外，也能在界面右上角看到协作对方的头像，点击头像则可定位其编辑的位置。

故事启示 协同撰写，内容实时保存，数据永不丢失，节省了时间，大大提升了沟通效率。

七、自动化的工作流

（一）自由的公文流转平台

1. 流程的自定义

用户可根据内部办公的流程不同而设置符合内部公文流转的流程。

2. 流程的可变

公文在制定好的流程下流转时，相关人员对此流程的流转过程可以修改，公文在修改后的流程下流转，并且修改后的流程与原流程同时保留，可供用户查看。

3. 流程的可逆

如图 9－9 所示，公文在制定好的流程下流转时，可以通过退回功能把公文退回到任意审批过的节点中，并且可以填写退回原因。

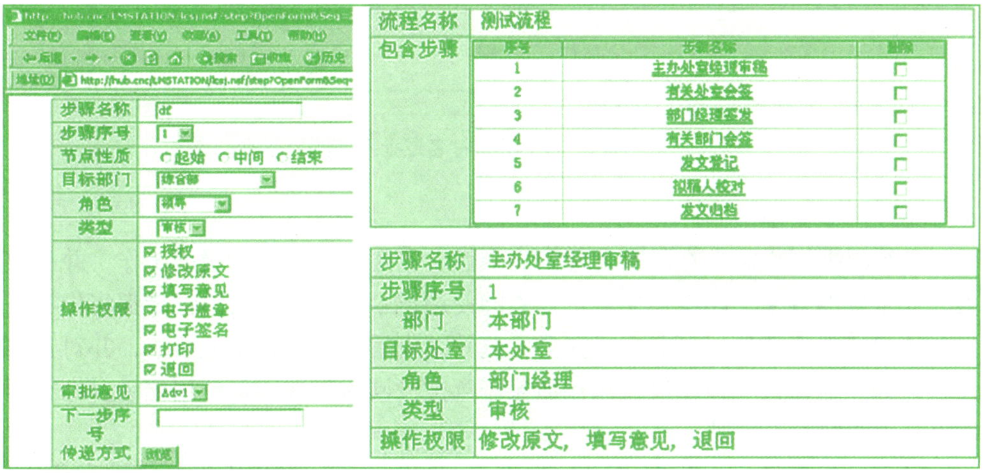

图 9－9　流程的可逆

4. 流程的查看

如图 9－10 所示，公文在制定好的流程下流转时，相关人员可以查看流程的步骤与进度，可以看到公文正在哪个节点中，以及节点的人员审批状态。

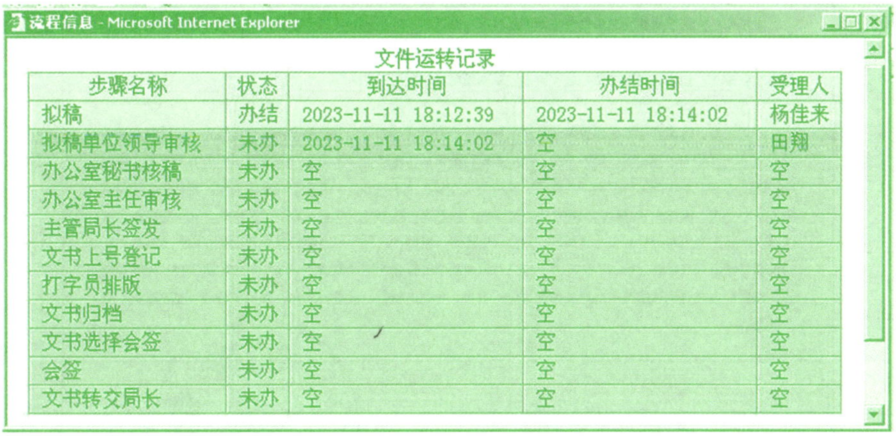
流程信息 - Microsoft Internet Explorer

文件运转记录

步骤名称	状态	到达时间	办结时间	受理人
拟稿	办结	2023-11-11 18:12:39	2023-11-11 18:14:02	杨佳来
拟稿单位领导审核	未办	2023-11-11 18:14:02	空	田翔
办公室秘书核稿	未办	空	空	空
办公室主任审核	未办	空	空	空
主管局长签发	未办	空	空	空
文书上号登记	未办	空	空	空
打字员排版	未办	空	空	空
文书归档	未办	空	空	空
文书选择会签	未办	空	空	空
会签	未办	空	空	空
文书转交局长	未办	空	空	空

图 9－10　流程查看

（二）手写签名及批示

如图 9－11 所示，系统可以提供手写设备的接口，可以在文件中用手笔写批示或签名，保证了文件的真实性。

文头纸类别：（填写：党组发文、局发文）　文件类别：（填写：正式文、函文）

签发：党组发文

会签：办公室会签

主送：（必填）局领导

抄送：各处处长

拟稿人：（必填）闫博　拟稿单位领导审核：通过

局办公室秘书核稿：已阅　局办公室领导审核：已阅

印刷：张蕾　校对：张鑫　份数：6

附件：具体内容见正文

图 9－11　手写签名及批示

（三）印章管理

系统根据用户需求在印章管理的安全性、实用性上做了大量的工作，并且取得了非常好的效果。印章在使用过程中的使用记录、使用人员的记录都将作为文件的历史资料完整地保存起来。在公文流转结束后自动加盖企业印章，并对文档作只读处理确保其不被修改，保存加盖印章文件同时生成印章使用记录。电子印章可采用两种方式实现：

（1）以扫描形式形成电子印章图片（见图 9－12），按权限进行管理和调用，方便在各地办公；

（2）与第三方电子印章系统结合，采用硬件形式，保证相关印章只能在个人手中使用。

规政府办公自动化建设步伐。

近年来，我区政府系统政务信息化网络建设和应用工作取得了一定成绩，自治区政府办公厅和一部分地区、部门都建立了局域网，也有了一些办公业务方面的应用。但我区与全国先进水平差距很大。为了跟上全国政府信息化的步伐，自治区政府办公厅就有关事项发出通知。

通知指出，内蒙古自治区政务信息化网络系统是全国政府系统办公自动化网络的组成部分，是覆盖全区各级行政机关封闭的、独立的广域网系统。网络系统的建设目标是进一步加强全区各级政府办公自动化建设和应用，提高办事效率和信息资源共享的水平，实现网上办公和无纸化办公。这个系统将以自治区政府办公厅局域网为中心节点，利用先进成熟的网络技术互连而成。根据国务院办公厅的统一规划，我区政务信息化网络将以"三网一库"为基本结构建立。"三网"为办公业务网（简称"内网"）、办公业务资源网（简称"专网"）、政府公共资源网（简称"外网"）。"一库"为政府信息资源数据库（简称"一库"）。通过三网一库间的配合、衔接，合理解决政府系统信息资源的采集、备份、传输、加密、共享等问题，为最终建成"电子政府"奠定基础。

图 9－12　电子印章

（四）痕迹保留

文稿的审批在流转过程中的核稿和复核时实现，可以保留修改痕迹。如图 9－13 所示，能够在文件上记录什么人、什么时间、做了什么工作，在原文件上作出修改。工作人员可对流程进行记录、跟踪，形成的流程记录不可更改。

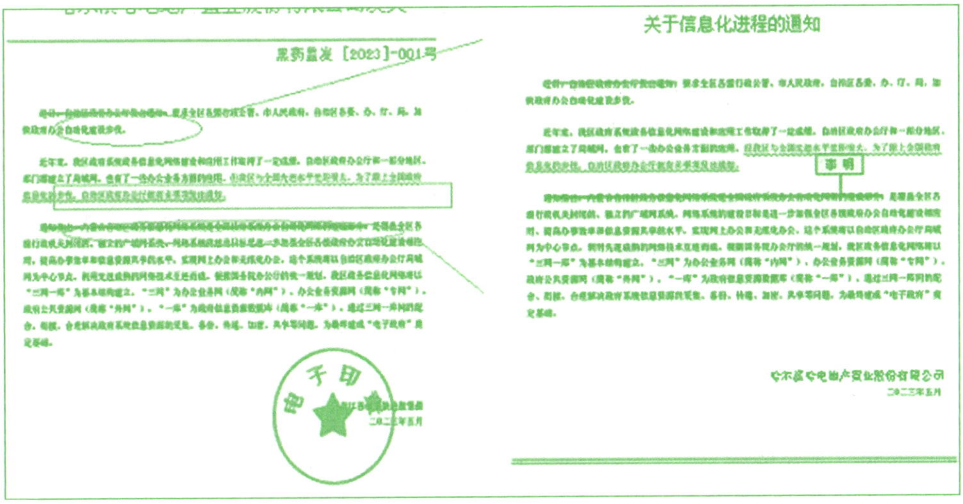

图 9－13　痕迹保留

（五）即时提醒

OA 办公系统可以设置即时提醒功能。如图 9－14 所示，提醒条目可以包括任意信息，使用者在收到公文、通知、待办工作等时，系统会自动弹出对话框进行提示。系统还可以通过表单、页面以及手机短信的提示，对用户进行提醒和催办，防止用户错过或忘记重要的事项，提高了内部办公的效率。

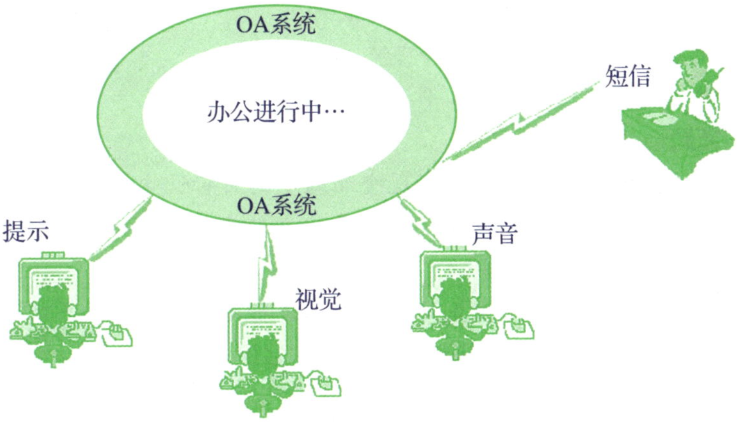

图 9－14　即时提醒

（六）支持协同工作和移动办公

工作人员出差或出国时可登录 OA 办公系统进行正常的审批办公，可直接登录 OA 办公系统进行报告传输等工作。在新型的远程 / 移动用户办公模式下，远程工作站为工作流中的远程 / 移动用户提供办公捷径，提高办公效率，节省远程花费。工作人员可在任意地点登录互联网后，按个人的信息登录到 OA 办公系统，根据个人的权限进行在线办公，体现协同工作的优势。

项目测验

一、单选题

1. OA 是 Office Automation 的简称，OA 办公系统又称（　　）。OA 办公系统管理有助于提升办公室管理的质量和效率，进而提升企业的管理水平，促进企业的发展。

A. 办公室　　B. 协同办公系统　　C. 电子市场　　D. 私人办公室

2. 数字化办公运营将更好地促进企业的国际交流活动，提升国家的（　　）。

A. 办公室竞争能力　　B. 科技和经济竞争能力

C. 电子市场竞争能力　　D. 数字化能力

二、多选题

1. 相较于传统的办公室管理方式，应用 OA 办公系统能够（　　）。

A. 提升办公效率　　B. 造成办公用品资源的浪费

C. 提升信息共享水平　　D. 降低办公成本

2. 数字化办公将数字化技术、数字化思维与数字化管理工具引入企业的生产经营活动中，以求（　　）。

A. 降低成本　　B. 提高效率

C. 改善客户体验　　D. 提升产品与服务价值

3. 数字化办公的意义有（　　）。

A. 数字是人类最简洁明了、容易沟通理解的语言

B. 数字化办公更加讲求精准、效率和效果

C. 数字化办公注重分享、沟通和交流

D. 数字化办公能够提升服务水平

三、判断题

1. 企业全面部署数字化转型，实现全面转型的目标，主要是由如下两个方面的现实条件所决定的。其一，数字化转型要建立数字化人才队伍；其二，大量的资金投入有助于企业数字化转型。（　　）

2. 系统故障一般按照先发生先处理的顺序进行处理，但比较严重的问题须优先处理。问题严重的等级取决于问题对最终用户系统运行的影响。（　　）

10

项目十

召开会议

知识目标

掌握召开会议的流程；掌握会议主持中的控制方法、掌握会议记录写作方法和会后整理会议纪要的方法。

技能目标

能够主持会议，能够书写会议记录和会议纪要，能够有效运用多种方法完成会议信息的整理和归档。

素质目标

培养提质增效、有效沟通、高效管理、控制成本的素质。

思维导图

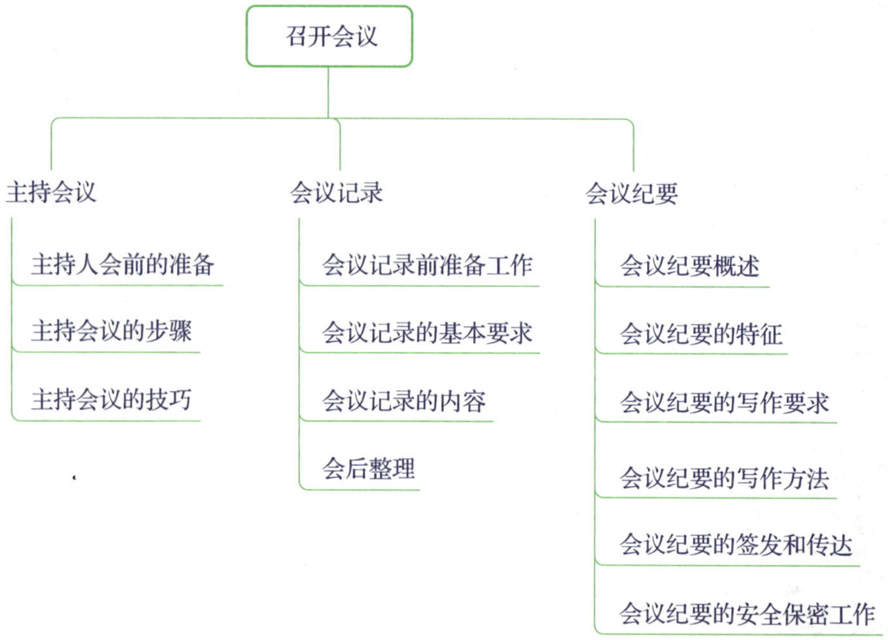

任务一

主持会议

公司成员聚在一起开会的主要目的是收集信息、讨论问题并对如何解决或处理问题作出决定。企业可依据会议的类型和规模选择会议方式。例如，年度股东大会通常在大会议室举行，参加人数较多，讨论重点是企业前一年的业绩。董事会会议、干部会议或者委员会会议的参加人数相对较少，与会人员围坐在会议桌旁主要讨论政策和经营问题。在一场会议中，会议主持人是一个不可或缺的角色，他不仅要把控整场会议的节奏，而且要引导每一个参与者的发言。一般情况下，会议主持人由领导担任。会议主持人的即兴发言水平，往往决定着一场会议的召开是否成功。但是，关于会议上如何发言，并没有标准的格式可以套用。这就对会议主持人的个人素质、沟通表达和掌控能力提出了一定的要求。

一、主持人会前的准备

（一）清楚会议的目的和任务

会议召开之前，作为主持人必须首先了解会议主题，并明确每个参与者的任务和角色。

（二）了解听众

主持会议之前，主持人应明白听众的群体组成。这样就能根据不同情况认真准备主持所需的演说材料，以便于听众能够接受主持人在会议上的演讲。主持人只有了解了听众，才能知道让他们真正感兴趣的问题是什么，做到有的放矢。主持人对观众参加会议的目的越了解，主持的会议就会越有效、越成功。

（三）起草发言大纲

当一个主持人尝试用新的、富有创意的方法来进行会议主持时一定要慎重考虑所要说的内容。这时主持人要做的是事先准备好演讲内容的提纲，确定内容及时间。这样，主持人就会对自己的发言做到心中有数。发言大纲的关键是要求简洁，主持人应提前写好关键词，以提醒自己把握将要讨论的话题。

（四）事先考虑将会遇到的难题以及难题的对策

在会议开始之前，主持人要尽可能预料到会上可能出现的难题，并找出每一个难题的对策。会前若不能很好地判断自己将要遇到的困难，主持人应向同事或上级请教。只有事先准备充分，才能避免陷入尴尬境地。

故 事

失败的会议

失败的会议

新任销售部经理赵刚到任，决定马上召集所有的部门员工开会。通知任务交给了助理小王。小王大声对办公室的人说：“赵经理说，明天下午开会，大家务必参加。”

第二天下午一上班，赵刚让小王安排五分钟后开会。小王立即通知开会，有人说：“手头还有紧急的工作没完成呢！”还有人说：“我约见的客人马上就要到了。”抱怨声此起彼伏，有一位员工根本就不知道开会的事情，原来昨天小王通知的时候，他出去拜访客户，不在办公室。员工们来到会议室门口，才发现会议室有其他部门正在开会。小王只得折回经理室，向赵刚汇报。赵刚想了想，说：“那就等一会儿吧。”20 多分钟后，会议室空置出来，赵刚宣布会议开始。他说：“召集大家来开会，主要想讨论以下几个问题：一是本部门的月度目标；二是各位对我今后工作的想法和要求；三是产品销售方式的完善。”员工们听到议题后，面面相觑，不知道从何处开始讨论。赵刚也不知所措地望着大家，不知道如何将会议进展下去。沉默了很久，大家才你一言我一语地开始说话。可是，说话的内容却漫无目的、随意扩展。说着说着就说到了公司的薪酬体系上，大家各持看法，抱怨声一片。这时，赵刚开始说话了，他详尽地阐述自己今后的工作计划，一个人足足讲了半小时还不停歇。只是他的计划与大家的实际工作并没有太大关系，大家听着听着就不耐烦了。有人开始发短信、小声交谈、无所事事地用笔在纸上乱画，更有甚者假装接听电话，离开了会议室。

故事启示 高效率的会议是在绝大多数与会者感到满意的情况下，以最短的时间实现会议目标。成功会议的三个关键要素是：实现目标、节约时间、与会者满意。

二、主持会议的步骤

（一）导入议题

主持人应以亲切的交谈使与会者身心放松，明确地说明开会的目的与重要性，引用个人的经验和个案阐明议题，提供与意见相关的背景资料，表现出对与会者的信赖，说明对与会者的期待。

（二）引出意见

主持人应提供与议题有关的咨询，主导参会者的思考方向；以明确的发问引出与会者的相关意见；观察全体参会者的反应动向，再根据反应情况提出问题；串联大家对议题发表的意见，引导不发言人员提出意见。

（三）导出结论

主持人应记录与议题核心相关的意见，分析、比较各个意见的要点，引导与会者评估彼此的意见和观点，站在客观立场提炼各意见的重点，指出与会议目的相符的观点和意见。

（四）归纳结论

主持人应归纳、澄清各意见的要点，宣读结论、寻求共性认知，重申结论要点，唤起参会人员的意愿并分配工作与任务。

知识链接

会议主持公式举例[①]

如图 10－1 所示，会议开场的五字公式为“开＋重＋人＋议＋请”，其中最关键的是“重”，要想把会议主持好，将大家的参与积极性调动起来，必须把这个重要意义讲好，讲到位。

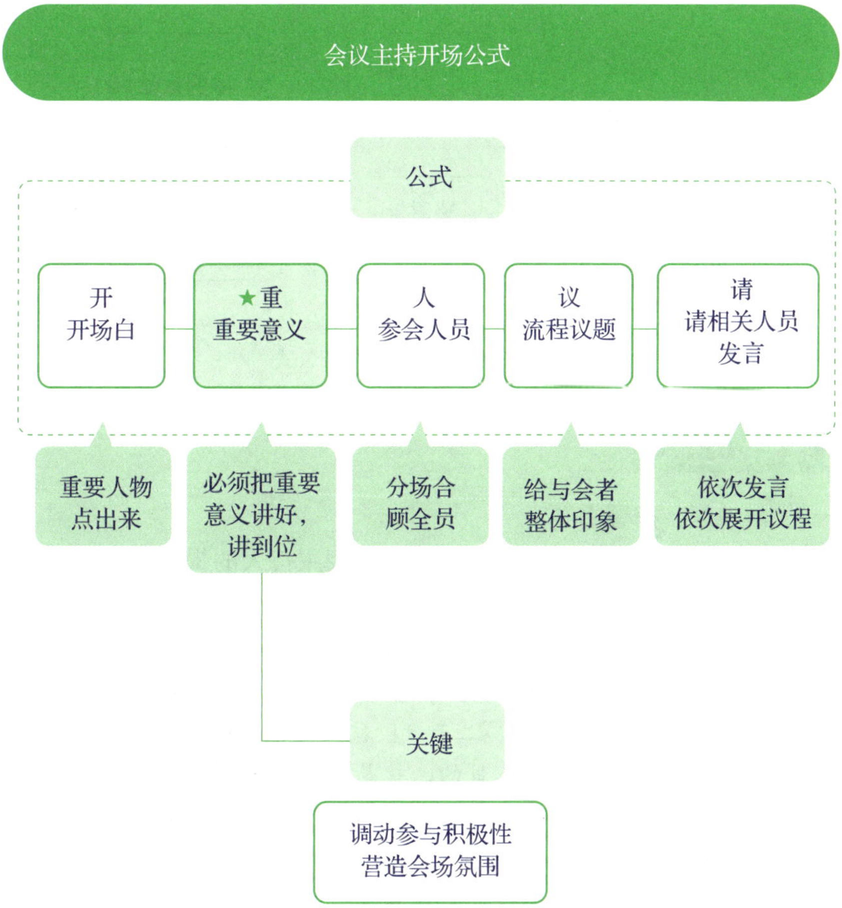

图 10－1　会议主持开场公式

主持人在会议结束时，可以遵循“总、启、望、结”四字公式，把握关键内容，实现主持目的，具体内容可参考图 10－2。

① 资料来源：七种常见工作场景的说话之道（2022-08-16）[2023-01-20]. 知乎专栏.

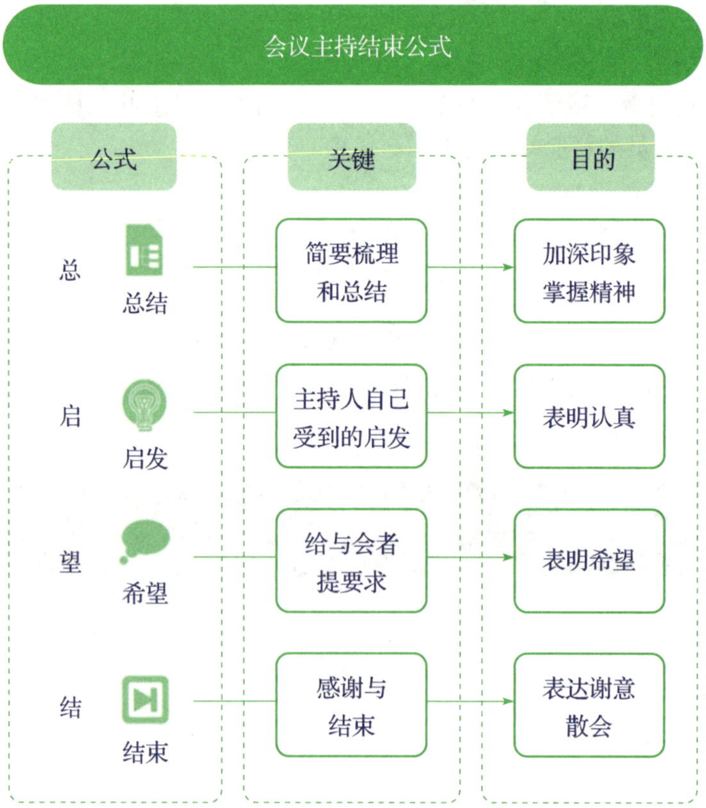

图 10－2　会议主持结束公式

三、主持会议的技巧

（一）了解议题，把握中心

主持人是会议的灵魂，所有的发言都将围绕主持人的提议来展开。所以，为了避免“跑题”，主持人可讲明：这个会议有哪些议题？今天的会议要怎么开？大会的要求是什么？怎样进行议程？与会者要做些什么？不能做些什么？哪部分是需要大家一起互动的？哪部分需要完善和进一步补充？哪部分只是做下简单介绍，在会上并不深入讨论。例如：“大家上午好！我们这次会议的主题是如何奖励今年的销售冠军团队。这次会议的具体目的，就是要探讨出来奖励销售冠军团队的具体措施。下面我给大家介绍一下本次会议的具体议程。第一个议程是我们先来提方案，关于奖励销售冠军团队的方案。第二个议题是方案确定之后，开始为这个方案讨论操作细节。关于这次会议的具体角色，我是这场会议的主持人，张兰兰是这场会议的记录员，李曼是这场会议的计时员。”

（二）掌控主题，引导总结

1. 引导总结的方法

引导总结方法一：重复一位与会者有利于引导主题的话，然后让其他人表态，这样就会统一与会者的意见，及时总结，进入下一个议题。

引导总结方法二：引导与会者评论对方的意见和观点，这样就可以顺水推舟进行总结。

引导总结方法三：站在第三方立场上，分析各方意见的重点，最后进行总结。

在引用与会者话语的时候，可以巧妙使用连接句，例如，“让我们试试这个方向”“这个思路不错，大家继续下去”。这样的即兴发言，既能加快议程，还能激发与会者的热情。

2. 保持中立，协调发言

一个好的主持人首先要做到公平、中立。即使与会者有不同的职衔，但也要尽量让每个人都有展现的空间。同时，对于与会者发表的意见，也要保持中立，避免带着主观情绪评价和分析。在协调发言上，可以让与会者按顺序发言，这样就能避免不公。如果时间有限，主持人可以点名发言。如果与会者比较积极，可以倡导自由发言。

（三）掌握发问技巧

（1）对全体与会者的发问方式，如：“大家认为在这两种情况下，我们应当采取什么样的对策？”

（2）对个体的发问方式，如：“赵经理，对于诗韵有限责任公司的方案，您有什么意见？”

（3）接力式的发问方式，如：“王科长，为什么我们要先采用这样临时性的方法，而不去一次性地将它完成呢？”

（4）反问式的发问方式，如：“王经理，如果红旗公司拒绝我们的条件，你觉得应该如何应对？”

（四）营造气氛，调动情绪

不管是什么类型的主持，主持人都需要积极调动自己的情绪来感染与会者，营造良好的氛围。

（五）声音要响亮有力，语调富于变化

主持人的嗓音要足够响亮，保证声音能够让每个与会者清晰地听到。这是对主持人即兴发言的最基本要求。声音不好是会议主持的禁忌。尖锐的高音会破坏主持人的形象。从医学角度讲，音频超过一定程度就会让听到的人产生不安的情绪，严重的时候还会让人变得焦躁。低沉的声音可以给人一种沉稳的感觉，让人觉得可靠可信。但音量过低，又会给人一种底气不足、自卑怯懦的感觉。

（六）结束语要言简意赅，避免啰嗦

会议结束前10分钟，主持人可以这样说：“各位，这个会议准备结束了，现在我们来总结一下主要内容……”

言简意赅、条理清晰，快速归纳本次会议重点，会让参与者记忆更加深刻。

综上，会议主持人的把控能力对于开好行政会议来说非常关键。那么，如何提升主持人的素质和影响力呢？无论主持何种级别的会议，会议主持人都需要提升自身专业能力，提升个人影响力，成为更优秀的人。

边学边练

如何对待会议中的意外情况

如何对待会议中的意外情况

请分别写出以下三种场景常见的会议主持开场语和结束语：

- 公司年底述职大会

____

____

- 人事部门新培训项目启动会

____

____

- 营销部门的问题总结会

____

____

任务二 会议记录

会议记录是最原始的档案资料，是编制会议纪要的重要依据，有些会议记录是企业的最高机密文件，所以企业员工应对会议记录给予高度的重视。在开会过程中，由记录人员把会议的组织情况和具体内容记录下来，就形成了会议记录。“记”有详记与略记之别。略记是记会议大要、会议上的重要或主要言论。详记则要求记录的项目必须完备，记录的言论必须详细完整。

一、会议记录前准备工作

（一）人员准备

记录人员在开会前要提前到达会场，落实记录席位时要注意尽可能靠近主持人、发言人或扩音设备，以便于准确、清晰地倾听他们的讲话内容。记录人员需要具备以下素质：反应快，写字快，知识面广（能清楚专业术语），记忆力强，组织、倾听、总结能力强。

（二）其他准备

会议开始前，记录人员应做好相关用品、设备、文件的准备工作。具体包括：

1. 准备会议记录所需用品和必要设备

会议记录的用品包括笔、本、纸张等。会议记录设备即录音机、电视机、速录机及相应的辅助设备等。

2. 了解会议细节

会议细节包括会议目的、会议类别、参加人、会议的地点和位置，以及会议的议程和会议组织者对会议记录的具体要求。

3. 了解会议术语

会议术语是指会议记录人员必须在会议开始之前了解会议的主要内容涉及的相关术语。

4. 阅读会议议程和相关文件

会议议程一般都会载明所要讨论事项的列表。会议的相关文件即会议指定文件及与会议内容有关的参阅文件。

故 事

会议记录证据

会议记录证据

张某、王某、李某是M股份有限公司董事会董事。2021年，张某、王某、李某以M股份有限公司董事会的名义发出2021年第一次临时股东大会会议通知，并分别向其他公司董事会董事和监事会监事的电子邮箱发送了该通知，主要内容包括会议时间、地点、议程等，这次大会通过了三份关乎公司股份利益重大事宜的协议。然而，协议内容涉及了相关人员徐某南的利益。徐某南向法院提出诉讼请求，要求撤销张某等人以董事会名义召集主持的所谓M股份有限公司2021年第一次临时股东大会的决议，认为此次临时股东大会为非法召开。

法院最后的审判结果是：“无证据证实会议系经董事会决议召开；故应认定会议的召集、召开程序违背公司法及公司章程的上述规定，且该程序瑕疵能够对决议产生实质影响。故其决议被撤销。”而这里的证据就是会议记录，在双方提交证据中，张某等人没有提交重要的证据——会议记录，因此，徐某南胜诉。

故事启示 企业行政人员一定要高度重视会议记录。会议记录是内部组织协作的重要依据，用以支撑企业组织有效协同，推进工作。会议记录是重要的留存资料，也是很多企业内部组织工作的重要指标文件，还是确认企业业务进展的重要支撑文件。

二、会议记录的基本要求

会议记录的基本要求是：规范、全面、整洁和及时备份。

（一）规范

规范主要包含两方面的内容：一是会议记录要符合格式要求，二是记录的文本布局要规范。

（二）全面

全面是指会议记录要完整无缺。一是会议记录的组成部分不能缺少，会议名称、基本信息、发言记录、签名都必须记录在案；二是对每个人的发言要基本做到有言必录、力求完整。

（三）整洁

整洁是指会议记录的文面整洁、字迹工整、段落清晰、布局合理，便于查看，有利于建档立卷。

（四）及时备份

及时备份是指电子版会议记录要注意随打随保存，及时备份，避免文本丢失。

知识链接

《中华人民共和国公司法》第一百零七条规定，股东大会应当对所议事项的决定作成会议记录，主持人、出席会议的董事应当在会议记录上签名。会议记录应当与出席股东的签名册及代理出席的委托书一并保存。

三、会议记录的内容

（一）真实记录会议所执行的各项议程和内容

会议记录要求忠于事实、有言必录。不能夹杂记录人员的任何个人情感，不允许有意增删。一般来说，会议会按照事先议程进行，但是根据实际情况进行调整，也是常有的事。会议记录要真实记录议程的变化。有些大型会议的发言事先写好了发言稿。会议记录人员应尽量拿到发言稿，记录过程中，对照发言稿进行补充和完善。由于科学技术的进步，一般大型的会议均采用声像记录的方式。声像记录具有形象、真实、全面记录会议议程的优点，但也存在不足，应采用笔记补充记录的方式以保证记录的完整性。近年来，计算机速录技术也被应用到会议记录中。使用计算机速录技术所做的会议记录，应该进行校对后打印出来，按要求经由相关人员签字后一并存档。

（二）准确、清楚、完整地记录会议结论、决定、决议及其他重要问题

在实施记录的过程中要做到详略得当、取舍合理。一般情况下，应按以下原则处理：结论性发言要详记，过程性发言可略记；重要事项要详记，一般事项可略记；争议性发言要详记，非争议性发言可略记；主管议题的领导和核心领导的发言要详记，其他参会人员的发言可略记。详记和略记的原则不是绝对的，记录人员应根据会议的实际情况准确处理会议记录的详略关系。

四、会后整理

会后整理是对会议记录和会议文件的整理。会议记录人员应按照会议的要求和规范的会议记录格式，及时整理出会议记录和会议文件。

会议文件是指会议前、会议中和会议后形成的所有具备存档价值的文件。

（1）会议准备阶段形成的文件，包括会议策划方案、会议筹备工作计划、会

议场所选择方案、会场布置方案、会议接待方案、会议预算等。

（2）会议举行过程中形成的文件，包括会议通知、邀请函、会议议程（会序）、会议拟讨论通过的议程草案、主持词、发言稿等。

（3）会后形成的文件，包括会议评价材料、会议工作总结等。

会议记录人员应该确认会议下发文件哪些属于收回文件，哪些属于不收回文件。对应收回的文件要编号下发，会后按号收回。此外，会议记录人员还要确认哪些是应归档文件，哪些是不归档文件。

（一）注意时间要求

会议记录人员应根据会议领导的要求、会议的具体实际情况、企业的规章制度以及档案管理的规定及时整理各项会议文件，应该在会议结束后一周内完成。

（二）注意会议记录的格式

会议记录的格式，包括会议名称、会议基本信息、会议发言和签名，这些要素要齐全、准确。缺项的要补齐，错误的要改正过来（模板见表 10－1）。会议记录人员的记录字迹不可能都清晰、规范，有时一些常用词语或许在现场记录时简化了，这就需要通过会后对记录的整理，补充原记录的不足，改正原记录的错误。会议记录的内容，特别是决策性会议的内容，还须经过发言人和主持人、上级的确认。在会议记录整理过程中，须经过相关人员的审查、核准，很多时候要请他们在会议记录的相应位置签字，确保记录合法性。

表 10－1　会议记录模板

会议主题	部门周例会	会议日期	2023 年 1 月 6 日
会议地点	公司办公楼 3011 室	记录人	张三
参加人员	刘一、陈二、张三、李四、王五、赵六、孙七、周八、吴九、郑十		
到会情况	应到 10 人，实到 9 人，其中郑十因事无法出席		
会议议题	2023 年下半年度部门设置及管理思路		
会议内容	一、由刘一总经理宣读“关于公司部门管理及部门职责划分的通知” （一）部门划分变更 1. 总裁办更名为文宣部，连同法务部、企划部纳入行政部作为二级部门； 2. 新设招商部，纳入服务部作为二级部门。 （二）各部门职责划分 1. 公司总经理刘一，负责企业全面管理工作； 2. 公司副总经理陈二，负责企业内部管理所有工作； 3. 行政部除了原有的行政办公事务，新增原总裁办、法务部及企划部的工作。 此文件为草拟版，具体内容待讨论修正后，于企业公告中发布，请各位留意。 二、由陈二副总经理详细说明 2023 年项目管理思路 （一）部门划分由 13 大部门调整为 6 大部门 （二）部门工作重点 1. 服务部：服务商管理、内部讲师管理、空中课堂、开业流程、统一店面样板、统一管理模式、统一思路。 2. 市场部：县级服务商推广团队长管理、商推认证与管理、示范商家、渠道建设、样板街、示范商家。		

续表

会议内容	3. 电商部：厂家入驻、产品入驻、商城、广告投放、VR 设计、网红直播、规范服务。 4. 技术部：平台对接、线上签约、线上商推认证支付通道、App 应用市场、管理工具 App 化。 5. 行政部：人事管理、行政办公、企业文化建设、车辆管理、管理工具简化版输出。 6. 财务部：财务制度、绩效考核、费用管控、绩效考核工具。 （三）2023 年下半年战略目标 1. 用户数达到 1 亿人； 2. 日交易笔数达到 1 000 万笔； 3. 商家数达到 10 万户； 4. 服务商数达到 1 000 个； 5. 日交易额达到 1 亿元。 （四）决策机制 股东会决策内容，创始人具有一票否决权： 1. 公司商业模式重大调整；重大技术升级；公司上市计划；公司解散等。 2. 总经理与副总经理联合决策事项包括：重大人事任命（副部长及以上）、管理模式调整、重大投资计划、战略合作、新股东进入、老股东退出、制度文件出台、新部门设置、分支机构设置、战略规划等。 3. 除以上事项，凡是涉及内部管理的，原则上由副总经理决策。 （五）管理主旨：“统一、规范、应用、推广” 1. 统一：统一思想、统一目标、统一思路、统一行动。 2. 规范：规范制度、规范流程、规范管理。 3. 应用：技术应用于市场推广。 4. 推广：完善推广理念，搭建推广队伍、提炼优秀案例应用于市场推广。 “统一”“规范”“应用”最终目的为服务于“推广”。 三、会议总结 1. 2023 年下半年重点是规范流程，发布规范性通知文件，流程确认后统一由行政部形成审批链； 2. 出台各方面制度，严格执行； 3. 公司管理群设置。 2023 年年底公司内部人员做到“统一思想、统一目标、统一思路、统一行动”。
备注	

边学边练

6 人一组，召开模拟档案管理研讨会议，进行会议记录（见表 10－2）。

表 10－2　会议记录

会议主题		会议日期	
会议地点		记录人	
参加人员			

到会情况	
会议议题	
会议内容	
备注	

任务三

会议纪要

在企业各级会议结束后，会议记录人员有三项工作，分别是整理会议记录、撰写会议纪要和整理会议文件。其中撰写会议纪要是一项重要工作。

故　事

细心的记录人

M 公司的创办人 F 曾提到，在公司做会议纪要对他的快速成长帮助很大。当年，F 在另一家公司工作，第一次跟着董事长 Z 开会，就被安排去做会议纪要。那天，这位董事长讲了两个多小时。

Z 是一个思维非常跳跃的人，开会时，他的话题经常跳来跳去，F 的会议纪要做得很辛苦，当天为了整理会议纪要忙到了凌晨。

之所以花了这么长时间，不仅是因为会议内容分散，更是因为 F 没有像别人一样简单地罗列主管们开会时讲的内容，而是对看似很散的会议记录进行了深入思考：

董事长为什么要说这句话？

他为什么从这个话题跳转到新话题？

这背后的逻辑是什么？

他真正想表达的是什么？

与此同时，为了方便大家阅读，F 又把会议记录内容的要点提纲挈领地整理为会议纪要，在关键地方标示，在要点底下又列出次级要点，一目了然。

Z 看到 F 做的会议纪要后，十分赞赏，之后所有重要会议都安排 F 来记录，这也为日后 F 自己创办公司打下了坚实的业务基础。

故事启示　F 的经历说明会议纪要并不是单纯的复制开会流程和讲话，而是需要提炼、总结、整理和加工会议记录，是写作者思维能力和文字能力的一种体现。优秀的会议纪要能够展现出写作者扎实的写作功底，可以帮助写作者接触到更多信息，有利于其职场发展。

一、会议纪要概述

（一）会议纪要的含义

会议纪要是用于记载、传达会议情况和议定事项的公文。对于企业行政管理人员来说，这是一种常见的公文文种。

（二）会议纪要与会议记录的区别

1. 发布形式区别

会议记录仅作为内部资料保存，绝不公开发布。会议纪要按照公文程序发布，但没有主送和抄送机关。

2. 性质区别

会议记录是会议情况的记录，只是原始材料。会议纪要则是正式的公文文种，通常要在一定范围内传达或传阅，要求贯彻执行。

3. 对象区别

会议记录一般是有会必录，凡属正式会议都要进行记录，作为内部资料，用于存档备查以及进一步研究问题和检查总结工作的依据。会议纪要主要记述重要会议情况，只有当需要向上级汇报或向下级传达会议精神时，才有必要将会议记录整理成会议纪要。

4. 写法区别

会议记录作为客观纪实材料，无选择性、提要性，要求原原本本地记录原文原意，且必须随着会议进程进行，越详细越好。会议纪要则有选择性、提要性，不一定要包容会议的所有内容，而且必须在会议结束后，在会议记录的基础上加工整理而成，它集中反映了会议的精神实质，具有高度的概括性和鲜明的政策性。

二、会议纪要的特征

（一）纪实性

会议纪要必须是会议宗旨、基本精神和所议定事项的概要纪实，不能随意增减和更改内容，任何不真实的材料都不得写进会议纪要。

（二）概括性

会议纪要必须精其髓、概其要，以极为简洁、精练的文字高度概括会议的内容和结论，既要反映与会者的一致意见，又要兼顾他人有价值的看法，甚至有的会议纪要还要有一定的分析和说理。

（三）条理性

会议纪要要对会议精神和议定事项分类别、分层次予以归纳和概括，让人读起来层次清晰、条理清楚。

三、会议纪要的写作要求

会议纪要是一种正式的公文文种，在撰写会议纪要时，要注意遵循相应的格式要求和规范体例。会议纪要主要由标题、开头、正文和结尾四部分构成。

（一）标题

会议名称加“纪要”二字，也就是在“纪要”二字前写上会议名称，如“公司规范劳务用工、项目管理研讨会会议纪要”。会议名称可以写简称，也可以用开会地点作为会议名称，如“郑州会议纪要”等。可以把会议的主要内容在标题里表示出来，类似文件标题式，如“诗韵能源公司安全办公会会议纪要”“诗韵水电开发有限公司安全生产周例会会议纪要”。

（二）开头

会议纪要的开头包括会议召开的形势和背景，会议的指导思想和目的要求，会议的名称、时间、地点、参会人员、主持人，会议的主要议题，对会议的评价等。

（三）正文

正文是会议纪要的主体部分，是对会议的主要内容、主要精神、主要原则以及基本结论和今后任务等进行具体的综合和阐述，其写作要求如下：

（1）从会议的客观实际出发，从会议的具体内容出发，抓中心、抓要点。抓中心就是抓住会议中心思想；抓要点就是抓住会议主要内容并对之进行条理化。

（2）会议纪要是以整个会议的名义表述的，必须概括会议的共同决定，反映会议的全貌。凡没有形成一致意见的问题，都需要分别论述并写明分歧之所在。

（3）为了叙述方便，眉目清楚，常用“会议认为”“会议指出”“会议强调”“与会人员一致表示”等词语作为段落的开头语。也有用在段中的，仍起强调的作用。

（4）小型会议侧重于综合会议发言和讨论情况，并要列出决议的事项。而大型会议内容较多，正文可以分为几部分来写。

（四）结尾

会议纪要的结尾多为提出号召和希望。根据会议的内容和纪要的要求，有的是以会议名义向本地区或本系统发出号召，要求认真贯彻执行会议精神；有的是突出强调贯彻落实会议精神的关键问题；有的是对会议做出简要评价，提出希望和要求。

四、会议纪要的写作方法

（一）集中概述法

集中概述法多用于小型会议，而且讨论的问题相对单一、意见比较统一、篇幅较为短小，主要将会议的基本情况、研究的主要问题、议定的重点事项用概述方法进行整体阐述和说明。

（二）分项叙述法

分项叙述法是最常见的写法，特点是井然有序，便于理解和记忆；分条分项写出会议讨论的问题和决定的事项。

（三）发言提要法

小型会议、专业性会议或座谈会的纪要会采用发言提要法，按发言顺序或内容性质，归类摘要记录发言内容，注意不是全文原话全录，而是要摘其要点。

此外，在书写会议纪要时，也必须注意：引用性的文字必须要忠实于发言原意，不能篡改。要确保会议纪要的使用者能够正确理解会议的宗旨和意图，正确地执行会议的结论、决定、决议，以推动会议要求事项的顺利进行。

知识链接

会议纪要模板

诗韵有限责任公司　　　　　　　　　　　　　2022 年 12 月 12 日

会议时间：2022 年 12 月 12 日　16:00—17:30

会议地点：公司总经理办公室

会议议题：讨论如何完善公司管理

参会人员：总经理、副总经理及各部门负责人

记 录 人：费琳琳

2022 年 12 月 12 日，刘博总经理组织公司员工在总经理办公室召开会议，讨论公司的过去和各项工作如何完善，会议形成如下意见：

一、关于公司过去发展的情况和人员工作情况

1. 公司在每个员工的共同努力下在不断发展。

2. 公司员工的态度都是积极向上的，老员工对新员工的照顾，以及相互之间的学习、尊重，为工作创造了良好的氛围。

二、公司明年待完善的地方

1. 技术部开展对车间人员的培训，挑选技能熟练的员工进行调试培训，解决外出调试人员技术缺乏的问题。

2. 要求出差调试人员记录每次外出调试出现的技术问题，调试结束后及时向领导及技术人员汇报，在以后的培训中将重点说明问题，减少类似问题的出现，使产品能够精益求精，这样可以减少出差人员的次数，降低成本。

3. 车间必须建立制度。规范领料、作业等流程，减少非生产消耗。

4. 开源节流。公司员工应注重每一个细节，从源头降低成本。

5. 各部门的协调。部门负责人应加强沟通，衔接好生产过程中部门接触环节，理解团队合作的精神，使工作效率更高。

6. 工作态度。公司员工应端正工作态度，勇于承担责任，在新的一年中积极工作，树立良好、积极向上的形象。

7. 要存在危机感。公司的发展是大家共同努力的结果，但不能骄傲、停滞不前。公司员工必须有危机感，并转换成提高自己的动力，将产品做得更好。

主题词：会议纪要

抄 报：董事会领导、公司领导

诗韵有限责任公司人力资源中心　　　　2022 年 12 月 15 日印发

（一类文件，共印 5 份）

五、会议纪要的签发和传达

（一）会议纪要以领导签发为生效标识

一般而言，会议纪要不加盖公章。会议纪要不是以加盖公章来表明公文生效的形式，而是以领导签发为生效标识。这也就表明，会议纪要必须经过领导的签字批准才有效，才能够印发到相关的单位和个人。

（二）会议纪要的印发范围是由企业领导确定的

一般情况下，在企业领导审查批准会议纪要的同时，就会确定印发的范围和印发的时间限制。如果企业领导没有明确指示会议纪要的印发范围和印发时间，

有关人员应向领导请示，直到获得明确指示。

（三）会议纪要可以多向行文

会议纪要具有上报、下达以及与同级和不相隶属机关、单位进行交流的功能。向上级机关呈报会议纪要，可用来汇报会议情况，以便得到上级机关对工作的指导；向同级和不相隶属机关、单位发送会议纪要，以便得到支持和配合；向下级机关发送会议纪要，可用来传达会议精神和议定事项，以便下级机关贯彻执行。

六、会议纪要的安全保密工作

在会议纪要的流转过程中，还应当做好相应的保密工作。

（一）保密范围

认真识别会议纪要涉密事项的保密范围，向主管领导请示和商定涉密事项在纪要中是否披露和披露深度，正确把握会议纪要写作的保密尺度。

（二）保密纪律

对参与印发和使用会议纪要的人员进行保密教育，宣布保密纪律，明确提出防泄密的要求。

（三）严格控制

严格控制发放范围和履行领取文件的手续，如果发生会议纪要丢失、被盗或泄密事件，应立即报告领导，设法补救。

边学边练

根据表 10－2 会议记录撰写一份会议纪要（见表 10－3）。

表 10－3　会议纪要

公司　　　　　　　　　　年　月　日 会议时间： 会议地点： 会议议题： 参会人员：   主题词：
抄　报：
年　月　日印发
（　类文件，共印　份）

项目测验

一、单选题

1. 周密的会前准备和细致周到的会前、会中与会后服务等，都是（ ）。

A. 保障会议执行的关键　　B. 没什么用处

C. 不必要的浪费　　D. 形式主义

2. 主持会议的四个主要步骤是：（1）导出结论；（2）引出意见；（3）导入议题；（4）归纳结论。正确的顺序是（ ）。

A.（3）（2）（1）（4）　　B.（1）（2）（4）（3）

C.（3）（2）（4）（1）　　D.（4）（1）（3）（2）

3. 股东大会应当对所议事项的决定作成（ ），主持人、出席会议的董事应当在上面签名。

A. 会议记录　　B. 会议本

C. 谈话说明　　D. 会议册

4. 会议纪要是（ ）的公文。

A. 会议记录

B. 记录重要事项

C. 用于记载、传达会议情况和议定事项

D. 信函

二、多选题

1. 为了避免“跑题”，会议主持人可讲明的问题有（ ）。

A. 这个会议有哪些议题　　B. 今天的会议要怎么开

C. 大会的要求是什么　　D. 不要再吵了，看看我这里

2. 会议主持人要（ ）。

A. 保持中立　　B. 支持可能对的一方

C. 协调发言　　D. 总是坚持自己的主张

3. 一名会议记录人员需要具有以下哪些素质？（ ）

A. 反应快，写字快　　B. 知识面广（能清楚专业术语）

C. 记忆力强　　D. 能把自己主张写进会议记录

E. 组织、倾听、总结能力强

4. 以下哪些会议记录的要素要齐全、准确，缺项的要补齐，错误的要改正过来？（ ）

A. 会议名称　　B. 会议基本信息

C. 会议发言　　D. 签名

5. 会议纪要的特征有（ ）。

A. 概括性　　B. 纪实性

C. 条理性　　D. 有个人主张

6. 常见的会议纪要的写作方法有（　　）。

A. 集中概述法　　B. 会议基本信息法

C. 分项叙述法　　D. 发言提要法

三、判断题

1. 主持人引导总结方法之一：重复一位与会者有利于引导主题的话，然后让其他人表态，这样就会统一与会者的意见，及时总结，进入下一个议题。（　　）

2. 会议记录是原始的档案资料，是编制会议纪要的重要依据。（　　）

3. 会议纪要按照公文程序发，但没有主送和抄送机关。（　　）

参考文献

［1］马蔚然．企业行政管理［M］．4版．大连：大连理工大学出版社，2022.

［2］程云，刘好慧．通用管理教程［M］．北京：中国建材工业出版社，2017.

［3］潘建林．团队建设与管理实务［M］．3版．北京：机械工业出版社，2021.

［4］王亚盛，张传勇，于春晓．职业教育新型活页式、工作手册式、融媒体教材系统设计与开发指南［M］．北京：化学工业出版社，2021.

［5］蔡跃．职业教育新型活页式教材开发指导手册［M］．上海：华东师范大学出版社，2020.

［6］焦名海．秘书理论与实务［M］．大连：大连理工大学出版社，2019.

［7］杨珩，尹彬．职场礼仪与沟通［M］．北京：机械工业出版社，2022.

［8］金常德．办公室事务［M］．5版．大连：大连理工大学出版社，2019.

［9］文瑛．协同管理与OA应用［M］．北京：人民邮电出版社，2021.

［10］孙宗虎．通用管理流程设计与工作标准［M］．2版．北京：人民邮电出版社，2012.

［11］马蔚然．高职课程思政元素在教学中的挖掘与应用——以“企业行政管理”课程为例．辽宁高职学报，2022（12）.

［12］马蔚然．怎样提高企业办公设备管理效率［J］．商情，2013（46）：312-333.

［13］马蔚然．企业行政管理职业化的路径分析［J］．企业改革与管理，2015（3）.

［14］马蔚然．如何建立、维护和改善办公环境［J］．商，2013（8）.

［15］马蔚然．论企业行政管理职业化［J］．企业导报，2012（17）.

［16］马蔚然．建立机关办公工作程序的规范性研究［J］．辽宁经济管理干部学院·辽宁经济职业技术学院学报，2012（1）.

［17］马蔚然．人才供求不平衡与建立权威HR数据库档案［J］．辽宁经济管理干部学院·辽宁经济职业技术学院学报，2011（3）.

［18］马蔚然．白领工作中的无效时间与赏识激励［J］．理论界，2010（6）.

［19］马蔚然．借鉴NVQ经验改进管理类实践教学模式的设想［J］．辽宁经济管理干部学院·辽宁经济职业技术学院学报，2010（2）.

［20］赵志强．会议管理实务［M］．北京：中国人民大学出版社，2011.

［21］刘治宏，张德华，董国胜．企业现场管理实务［M］．北京：中国人民大学出版社，2022.

［22］弗雷德里克·泰勒．科学管理原理［M］．马风才，译．北京：机械工业出版社，2013.

［23］金正昆．现代商务礼仪［M］．2版．北京：中国人民大学出版社，2014.

［24］王玉苓．商务礼仪［M］．2版．北京：人民邮电出版社，2018.

辽宁省精品在线课程配套使用教材

新编21世纪高等职业教育精品教材 ● 工商管理类

+ BUSINESS ADMINISTRATION

企业行政管理实务

活页实训手册

主　编 ● 马蔚然　顾　然

副主编 ● 程　云　刘好慧　赵婧婉

中国人民大学出版社

· 北京 ·

填写须知

1. 要求在班级学习小组的基础上，组成模拟团队，按各模块确定的所属项目岗位任务工单，扮演企业行政管理人员，并不断转换角色，演绎企业行政管理的工作过程。

2. 诗韵有限责任公司是你所在的模拟公司。当你作为团队的领导人时，其他同学都是你的下级、同事，有时也可是你的上级或外单位相关人员。当别人为团队领导人时，你则是下属、同事、上级或相关人员。

3. 你在工作中的所有表现，都得被团队成员和教师作为你是否具备职业能力的评价条件，同时你也承担正确评价别人的义务。

4. 填写实训成果时应使用黑色碳素笔。字迹要工整、表意要清晰、页面要整洁。重点要填写该项工作实训成果所发生的时间、地点、内容、人物、缘由及完成过程等。

5. 项目团队（学习小组）和教师认真审查学生的实训成果是否达到能力要求，根据实践表现公正公平地做出评价。

6. 项目团队领导人（学习小组组长）归纳团队成员的讨论意见，填写在“实训评价”栏内。

7. 教师认真审查学生在实训中的表现做出公正的评价，并将评价结果填入“实训评价”栏内。

8. 项目团队评价和教师评价，最后结论应明确评价档次：优秀、良好、及格。计算考核成绩时，优秀计 100 分，良好计 80 分，及格计 60 分。计入学科总成绩时，乘以 40% 进行折算。

9. 凡是初次考评未达标者，都必须重做。重做仍未达标，继续重做，直至达标为止。凡是重做项目，无论达到什么档次，都按及格计。

10. 教师、项目团队、学生三方意见一致，应分别作确认签字。

11. 学生应按考核评价表要求提供实训成果，填写任务工单。

目录

CONTENTS

01

项目一

制订和执行工作计划

- 任务一　改进时间管理　提升工作效率
- 任务二　编制工作计划的要素
- 任务三　起草和修改工作计划
- 任务四　执行工作计划

任务一

改进时间管理　提升工作效率

<table>
<tr><th colspan="6">任务工单 1　时间都去哪儿了</th></tr>
<tr><td>所属项目</td><td>项目一
制订和执行工作计划</td><td>所属任务</td><td colspan="3">任务一
改进时间管理　提升工作效率</td></tr>
<tr><td rowspan="2">实训目的</td><td>任务目标</td><td>技能要点</td><td colspan="3">素质要点</td></tr>
<tr><td>查找时间管理中的问题，改进时间安排</td><td>能够查找时间管理方面存在的问题</td><td colspan="3">养成持之以恒、低成本高效率工作的习惯，培养敬业爱岗的精神</td></tr>
<tr><td>实训背景材料及要求</td><td colspan="5">你是诗韵有限责任公司行政部的副主任。某日，分公司张总和行政部李主任外出考察，出行前将公司行政事务交给你负责。上午，你刚到办公室，就发生了以下几件事情：1. 总部办公室主任电话通知，两小时后总部行政部的王主任来分公司检查行政工作开展情况，并看望客户。2. 你部门一名员工被车撞伤，伤势较重、情况危急，需送医院救治。3. 有员工来报告，分公司新装修办公室发现裂缝，开始渗漏，可能导致之前装修工作都白做。4. 有客户投诉，电视台记者要求电话采访你部门主任。要求：按照事务的轻重缓急进行处理。</td></tr>
<tr><td>实训成果</td><td colspan="5"></td></tr>
<tr><td rowspan="6">实训评价</td><td>职业能力要求</td><td>权重（%）</td><td>小组打分</td><td>教师打分</td><td>合计</td></tr>
<tr><td>能够查找时间管理方面存在的问题</td><td>25</td><td></td><td></td><td></td></tr>
<tr><td>能够总结他人的有益做法加以应用</td><td>25</td><td></td><td></td><td></td></tr>
<tr><td>能够提出改进措施</td><td>25</td><td></td><td></td><td></td></tr>
<tr><td>能够持续完善</td><td>25</td><td></td><td></td><td></td></tr>
<tr><td>成绩加总</td><td>100</td><td></td><td></td><td></td></tr>
<tr><td>有益的经验和做法</td><td colspan="5"></td></tr>
<tr><td>个人总结和反思</td><td colspan="5"></td></tr>
</table>

任务二

编制工作计划的要素

<table>
<tr><th colspan="6">任务工单 2　编写安全培训工作计划的要素</th></tr>
<tr><td>所属项目</td><td colspan="2">项目一
制订和执行工作计划</td><td>所属任务</td><td colspan="2">任务二
编制工作计划的要素</td></tr>
<tr><td rowspan="2">实训目的</td><td>任务目标</td><td colspan="2">技能要点</td><td colspan="2">素质要点</td></tr>
<tr><td>明确编制工作计划的要素</td><td colspan="2">确立工作内容、明确工作方法、实施工作分工、安排工作进度、规划预算费用、选择计划的排序方法</td><td colspan="2">培养制订计划的逻辑思维，养成未雨绸缪的习惯</td></tr>
<tr><td>实训背景材料及要求</td><td colspan="5">制订计划：公司开展对 30 名员工的消防应急培训，时限为 5 天。</td></tr>
<tr><td>实训成果</td><td colspan="5"></td></tr>
<tr><td rowspan="6">实训评价</td><td>职业能力要求</td><td>权重（%）</td><td>小组打分</td><td>教师打分</td><td>合计</td></tr>
<tr><td>标准、内容、资源、完成日期</td><td>25</td><td></td><td></td><td></td></tr>
<tr><td>优化组合资源（人、财、物）</td><td>25</td><td></td><td></td><td></td></tr>
<tr><td>制定奖惩办法</td><td>25</td><td></td><td></td><td></td></tr>
<tr><td>制订计划的逻辑思维</td><td>25</td><td></td><td></td><td></td></tr>
<tr><td>成绩加总</td><td>100</td><td></td><td></td><td></td></tr>
<tr><td>有益的经验和做法</td><td colspan="5"></td></tr>
<tr><td>个人总结和反思</td><td colspan="5"></td></tr>
</table>

任务三

起草和修改工作计划

<table>
<tr><th colspan="6">任务工单 3　工作计划征求意见的要点</th></tr>
<tr><td>所属项目</td><td colspan="2">项目一
制订和执行工作计划</td><td colspan="2">所属任务</td><td>任务三
起草和修改工作计划</td></tr>
<tr><td rowspan="2">实训目的</td><td colspan="2">任务目标</td><td colspan="2">技能要点</td><td>素质要点</td></tr>
<tr><td colspan="2">征求工作计划的修改意见，形成定稿</td><td colspan="2">确保工作计划和实施过程符合企业的政策、规章、程序及本人的权限</td><td>培养遵守规定、实事求是、精益求精的品质</td></tr>
<tr><td>实训背景材料及要求</td><td colspan="5">4～6 人一组，按照初稿完成后应该开展的工作进行修改和定稿“灭火器使用方法的培训工作计划”。</td></tr>
<tr><td>实训成果</td><td colspan="5">初稿完成后应该开展的工作列表参考：
<table>
<tr><th>序号</th><th>应开展工作</th><th>具体内容</th></tr>
<tr><td>1</td><td>征求意见的人数</td><td>至少 3 人以上</td></tr>
<tr><td>2</td><td>征求意见的对象</td><td>上级、交办人、团队内部同事、团队外部同事、外单位人员</td></tr>
<tr><td>3</td><td>征求意见的形式</td><td>采用面谈、信件、电子邮件、微信、电话等形式</td></tr>
</table></td></tr>
<tr><td rowspan="6">实训评价</td><td>职业能力要求</td><td>权重（%）</td><td>小组打分</td><td>教师打分</td><td>合计</td></tr>
<tr><td>查找工作方法和要求的错误</td><td>25</td><td></td><td></td><td></td></tr>
<tr><td>查找工作内容的错误</td><td>25</td><td></td><td></td><td></td></tr>
<tr><td>查找时间安排中的错误</td><td>25</td><td></td><td></td><td></td></tr>
<tr><td>查找标点符号的错误</td><td>25</td><td></td><td></td><td></td></tr>
<tr><td>成绩加总</td><td>100</td><td></td><td></td><td></td></tr>
<tr><td>有益的经验和做法</td><td colspan="5"></td></tr>
<tr><td>个人总结和反思</td><td colspan="5"></td></tr>
</table>

任务四

执行工作计划

任务工单4 工作计划的执行力									
所属项目	项目一 制订和执行工作计划					所属任务	任务四 执行工作计划		
实训目的	任务目标			技能要点			素质要点		
	检验工作计划的执行力、控制力			明确执行计划中的责任、执行工作计划的流程，及时总结、分析和评价			培养自觉性，能够学会总结和反省、具备坚持不懈的信心和控制计划走向的意识		
实训背景材料及要求	1. 选择一本20～30万字的书。2. 举行仪式，持书向全班同学宣告。3. 在表格中写上计划读完的日期。4. 每天记录计划执行的内容。5. 出现偏差时候要进行调整。6. 小组成员互相监督和检查。								
实训成果	书名：								
	日期	字数	读书内容	日期	字数	读书内容	日期	字数	读书内容
	仪式								
	总结								
实训评价	职业能力要求			权重（%）		小组打分		教师打分	合计
	明确执行计划中的责任和流程			25					
	及时总结、分析和评价			25					
	自觉执行计划			25					
	加强控制力			25					
	成绩加总			100					
有益的经验和做法									
个人总结和反思									

02

项目二

维护工作环境

- 任务一　布局办公室
- 任务二　保障健康和安全的办公环境
- 任务三　处理紧急情况
- 任务四　办公室6S管理

任务一

布局办公室

<table>
<tr><th colspan="6">任务工单 5　有利于办公的服务设计</th></tr>
<tr><td>所属项目</td><td colspan="2">项目二
维护工作环境</td><td>所属任务</td><td colspan="2">任务一
布局办公室</td></tr>
<tr><td rowspan="2">实训目的</td><td>任务目标</td><td colspan="2">技能要点</td><td colspan="2">素质要点</td></tr>
<tr><td>科学合理布局办公室，提高办公效率</td><td colspan="2">共享设备有利于办公的服务设计，使用便利；行走最短的距离。公共设备随时可用，减少办公调试周期</td><td colspan="2">养成多快好省的思维，为他人着想的道德品质</td></tr>
<tr><td>实训背景材料及要求</td><td colspan="5">调研现代办公室的情况，在表格中填入办公空间或设备名称，以及该设备或者办公空间有利于办公的服务设计。</td></tr>
<tr><td rowspan="8">实训成果</td><td colspan="2"></td><td colspan="3"></td></tr>
<tr><td colspan="2"></td><td colspan="3"></td></tr>
<tr><td colspan="2"></td><td colspan="3"></td></tr>
<tr><td colspan="2"></td><td colspan="3"></td></tr>
<tr><td colspan="2"></td><td colspan="3"></td></tr>
<tr><td colspan="2"></td><td colspan="3"></td></tr>
<tr><td colspan="2"></td><td colspan="3"></td></tr>
<tr><td colspan="2"></td><td colspan="3"></td></tr>
<tr><td rowspan="6">实训评价</td><td>职业能力要求</td><td>权重（%）</td><td>小组打分</td><td>教师打分</td><td>合计</td></tr>
<tr><td>节约空间资源、提升利用效果</td><td>25</td><td></td><td></td><td></td></tr>
<tr><td>节约时间资源、最快达成目标</td><td>25</td><td></td><td></td><td></td></tr>
<tr><td>节约人力、物力</td><td>25</td><td></td><td></td><td></td></tr>
<tr><td>多快好省的思维，为他人着想的道德品质</td><td>25</td><td></td><td></td><td></td></tr>
<tr><td>成绩加总</td><td>100</td><td></td><td></td><td></td></tr>
<tr><td>有益的经验和做法</td><td colspan="5"></td></tr>
<tr><td>个人总结和反思</td><td colspan="5"></td></tr>
</table>

任务二

保障健康和安全的办公环境

任务工单 6 安全工作日报表

所属项目	项目二 维护工作环境	所属任务	任务二 保障健康和安全的办公环境

实训目的	任务目标	技能要点	素质要点
	识别工作现场的安全隐患，保障健康和安全的办公环境	识别工作现场的安全隐患，在职权范围内纠正、处置隐患因素，能够设计和填写事故报告表，将危害及时、准确地向上级报告	保持严谨的态度，培养良好的保密习惯，树立安全大局观和防范风险、危机意识

实训背景材料及要求	小组合作，扮演总经理、部门经理、科长、组长，检查故事“谨防失窃”办公环境中的安全防范措施，记录在安全工作日报表，填写安全整改通知书。

实训成果

表 1 安全工作日报表

填写日期： 年 月 日

意外事故				
工作场所	**姓名**	**内容**	**原因**	**损失**

部门经理： 科长：

表 2 安全整改通知书

部门： 填写日期： 年 月 日 安字第 号

不安全地点	不合规则处或不安全情形说明	建议改善事项	改善期限
审核 总经理	部门经理	科长	组长

实训评价	职业能力要求	权重（%）	小组打分	教师打分	合计
	发现问题	25			
	创新的方法	25			
	有效的工作措施	25			
	严谨的态度、防范风险和危机意识	25			
	成绩加总	100			

有益的经验和做法	
个人总结和反思	

任务三

处理紧急情况

任务工单 7　紧急情况处理					
所属项目	项目二 维护工作环境		所属任务	任务三 处理紧急情况	
实训目的	任务目标	技能要点		素质要点	
	紧急情况能够立即采取措施	在出现紧急情况时，在自己的职权范围内根据单位程序及时、冷静和有效地采取处理措施		培养集体主义、大公无私、先人后己的奉献精神	
实训背景材料及要求	由教师发给演习方案参考，小组合作，扮演保洁员、119 接线员、领导、综合部（应急办公室）主任、演练指挥部副总指挥、总指挥、消防队官兵、灭火组长、疏散组长，演习过程并进行紧急救灾处理。将存在的问题和下一步的工作填写到实训成果。				
实训成果					
实训评价	职业能力要求	权重（%）	小组打分	教师打分	合计
	紧急情况下的应急方法	25			
	创新的方法	25			
	有效的工作措施	25			
	严谨的态度	25			
	成绩加总	100			
有益的经验和做法					
个人总结和反思					

任务四

办公室 6S 管理

<table>
<tr><th colspan="6">任务工单 8　整理整顿清扫清洁素养安全</th></tr>
<tr><td>所属项目</td><td colspan="2">项目二
维护工作环境</td><td>所属任务</td><td colspan="2">任务四
办公室 6S 管理</td></tr>
<tr><td rowspan="2">实训目的</td><td>任务目标</td><td colspan="2">技能要点</td><td colspan="2">素质要点</td></tr>
<tr><td>能够进行持之以恒的整理整顿清扫清洁素养安全</td><td colspan="2">管理督促各种办公设备的使用，使之符合使用程序和安全操作规范</td><td colspan="2">养成持之以恒的素养品质，培养科学观、质量观、安全观</td></tr>
<tr><td>实训背景材料及要求</td><td colspan="5">本实训贯穿整个课程，对照 6S 标准开展教室、实训室或者教师办公室的清洁和整理。</td></tr>
<tr><td>实训成果</td><td colspan="5"></td></tr>
<tr><td rowspan="6">实训评价</td><td>职业能力要求</td><td>权重（%）</td><td>小组打分</td><td>教师打分</td><td>合计</td></tr>
<tr><td>整理整顿持之以恒</td><td>25</td><td></td><td></td><td></td></tr>
<tr><td>清扫清洁持之以恒</td><td>25</td><td></td><td></td><td></td></tr>
<tr><td>安全持之以恒</td><td>25</td><td></td><td></td><td></td></tr>
<tr><td>持之以恒的素养</td><td>25</td><td></td><td></td><td></td></tr>
<tr><td>成绩加总</td><td>100</td><td></td><td></td><td></td></tr>
<tr><td>有益的经验和做法</td><td colspan="5"></td></tr>
<tr><td>个人总结和反思</td><td colspan="5"></td></tr>
</table>

03

项目三

建设制度

任务一

建立工作程序

<table>
<tr><th colspan="6">任务工单9 设计销售员招聘工作程序（流程）</th></tr>
<tr><td>所属项目</td><td colspan="2">项目三
建设制度</td><td>所属任务</td><td colspan="2">任务一
建立工作程序</td></tr>
<tr><td rowspan="2">实训目的</td><td>任务目标</td><td colspan="2">技能要点</td><td colspan="2">素质要点</td></tr>
<tr><td>设计工作程序</td><td colspan="2">将充分协商后的工作程序整理定稿，并做出实施计划</td><td colspan="2">树立遵章守纪的思维，遵循程序的科学观</td></tr>
<tr><td>实训背景材料及要求</td><td colspan="5">诗韵有限责任公司拟面向社会招聘销售人员若干名，从管理规范化需要出发，按照规范要求，设计销售员招聘工作程序（流程）。</td></tr>
<tr><td>实训成果</td><td colspan="5"></td></tr>
<tr><td rowspan="6">实训评价</td><td>职业能力要求</td><td>权重（%）</td><td>小组打分</td><td>教师打分</td><td>合计</td></tr>
<tr><td>充分协商后的工作程序</td><td>25</td><td></td><td></td><td></td></tr>
<tr><td>编制整理定稿后的工作程序</td><td>25</td><td></td><td></td><td></td></tr>
<tr><td>做出实施计划</td><td>25</td><td></td><td></td><td></td></tr>
<tr><td>遵章守纪的思维，遵循程序的科学观</td><td>25</td><td></td><td></td><td></td></tr>
<tr><td>成绩加总</td><td>100</td><td></td><td></td><td></td></tr>
<tr><td>有益的经验和做法</td><td colspan="5"></td></tr>
<tr><td>个人总结和反思</td><td colspan="5"></td></tr>
</table>

任务二

确定工作的质量标准

<table>
<tr><th colspan="7">任务工单 10　设计客户服务控制工作质量的标准</th></tr>
<tr><td>所属项目</td><td colspan="2">项目三
建设制度</td><td>所属任务</td><td colspan="3">任务二
确定工作的质量标准</td></tr>
<tr><td rowspan="2">实训目的</td><td>任务目标</td><td colspan="2">技能要点</td><td colspan="3">素质要点</td></tr>
<tr><td>设计控制工作质量的标准</td><td colspan="2">能够设计控制工作质量的标准，并加以执行</td><td colspan="3">树立为他人着想的服务理念</td></tr>
<tr><td>实训背景材料及要求</td><td colspan="6">设计诗韵有限责任公司客户服务记录表；制定各部门处理和控制工作质量的职责标准。</td></tr>
<tr><td>实训成果</td><td colspan="6"></td></tr>
<tr><td rowspan="6">实训评价</td><td>职业能力要求</td><td>权重（%）</td><td colspan="2">小组打分</td><td>教师打分</td><td>合计</td></tr>
<tr><td>设计控制工作质量的标准</td><td>25</td><td colspan="2"></td><td></td><td></td></tr>
<tr><td>制定各部门处理和控制工作质量的职责</td><td>25</td><td colspan="2"></td><td></td><td></td></tr>
<tr><td>分清各部门实施责任</td><td>25</td><td colspan="2"></td><td></td><td></td></tr>
<tr><td>树立为他人着想的服务理念</td><td>25</td><td colspan="2"></td><td></td><td></td></tr>
<tr><td>成绩加总</td><td>100</td><td colspan="2"></td><td></td><td></td></tr>
<tr><td>有益的经验和做法</td><td colspan="6"></td></tr>
<tr><td>个人总结和反思</td><td colspan="6"></td></tr>
</table>

任务三

建设基础制度

<table>
<tr><th colspan="6">任务工单 11　设计公司内部推荐奖励制度</th></tr>
<tr><td>所属项目</td><td colspan="2">项目三
建设制度</td><td>所属任务</td><td colspan="2">任务三
建设基础制度</td></tr>
<tr><td rowspan="2">实训目的</td><td>任务目标</td><td colspan="2">技能要点</td><td colspan="2">素质要点</td></tr>
<tr><td>建设基础制度</td><td colspan="2">确保提出的工作程序及其辅助要求满足单位需要并与相关的政策、法规协调一致。与相关人员讨论实施计划并修改执行</td><td colspan="2">培养纪律严明的理念</td></tr>
<tr><td>实训背景材料及要求</td><td colspan="5">设计诗韵有限责任公司内部推荐奖励制度。小组合作扮演，相关人员充分讨论，并做好讨论记录。</td></tr>
<tr><td>实训成果</td><td colspan="5"></td></tr>
<tr><td rowspan="6">实训评价</td><td>职业能力要求</td><td>权重（%）</td><td>小组打分</td><td>教师打分</td><td>合计</td></tr>
<tr><td>确保提出的制度与相关的政策、法规协调一致</td><td>25</td><td></td><td></td><td></td></tr>
<tr><td>与相关人员讨论实施计划</td><td>25</td><td></td><td></td><td></td></tr>
<tr><td>与相关人员修改执行</td><td>25</td><td></td><td></td><td></td></tr>
<tr><td>纪律严明的理念</td><td>25</td><td></td><td></td><td></td></tr>
<tr><td>成绩加总</td><td>100</td><td></td><td></td><td></td></tr>
<tr><td>有益的经验和做法</td><td colspan="5"></td></tr>
<tr><td>个人总结和反思</td><td colspan="5"></td></tr>
</table>

04

项目四

人员管理

- 任务一 员工绩效
- 任务二 安排常规工作和考勤
- 任务三 实现工作目标
- 任务四 改进工作

任务一

员工绩效

任务工单 12 员工绩效					
所属项目	项目四 人员管理		所属任务	任务一 员工绩效	
实训目的	任务目标	技能要点		素质要点	
	管理绩效	能够进行个人绩效管理，采用最能有效运用时间的工作方法，完成自己的工作		培养敢于创新的工作意识	
实训背景材料及要求	6 人一组，分别扮演诗韵有限责任公司的办公室员工及其同事 3 人以上、办公室主任 1 人，与三名同事形成一份与上级的绩效工作商谈记录。				
实训成果					
实训评价	职业能力要求	权重（%）	小组打分	教师打分	合计
	能够进行个人绩效管理	25			
	能够采用最能有效运用时间的工作方法	25			
	能够完成自己的工作	25			
	敢于创新的工作意识	25			
	成绩加总	100			
有益的经验和做法					
个人总结和反思					

任务二

安排常规工作和考勤

<table>
<tr><th colspan="6">任务工单 13　设计企业工作日志表</th></tr>
<tr><td>所属项目</td><td colspan="2">项目四
人员管理</td><td>所属任务</td><td colspan="2">任务二
安排常规工作和考勤</td></tr>
<tr><td rowspan="2">实训目的</td><td>任务目标</td><td colspan="2">技能要点</td><td colspan="2">素质要点</td></tr>
<tr><td>设计企业工作日志表</td><td colspan="2">能够设计企业工作日志表</td><td colspan="2">培养良好的工作作风，养成及时记录的习惯</td></tr>
<tr><td>实训背景材料及要求</td><td colspan="5">诗韵有限责任公司总经理将在公司推行工作日志项目，请你为该公司员工设计两种不同类型的工作日志表。</td></tr>
<tr><td>实训成果</td><td colspan="5"></td></tr>
<tr><td rowspan="6">实训评价</td><td>职业能力要求</td><td>权重（%）</td><td>小组打分</td><td>教师打分</td><td>合计</td></tr>
<tr><td>能够设计企业工作日志表</td><td>25</td><td></td><td></td><td></td></tr>
<tr><td>充分考虑实施工作日志表的因素</td><td>25</td><td></td><td></td><td></td></tr>
<tr><td>能够根据要求收集准确的信息</td><td>25</td><td></td><td></td><td></td></tr>
<tr><td>良好的工作作风</td><td>25</td><td></td><td></td><td></td></tr>
<tr><td>成绩加总</td><td>100</td><td></td><td></td><td></td></tr>
<tr><td>有益的经验和做法</td><td colspan="5"></td></tr>
<tr><td>个人总结和反思</td><td colspan="5"></td></tr>
</table>

任务三

实现工作目标

<table>
<tr><th colspan="6">任务工单 14 工作目标缺乏时效性的对策</th></tr>
<tr><td>所属项目</td><td colspan="2">项目四
人员管理</td><td>所属任务</td><td colspan="2">任务三
实现工作目标</td></tr>
<tr><td rowspan="2">实训目的</td><td>任务目标</td><td colspan="2">技能要点</td><td colspan="2">素质要点</td></tr>
<tr><td>工作目标缺乏时效性的对策</td><td colspan="2">能够确定控制工作目标的最后期限；工作目标不能按时完成时能够追究原因，能够针对问题提出有效的解决对策</td><td colspan="2">养成认真负责、一丝不苟的工作态度</td></tr>
<tr><td>实训背景材料及要求</td><td colspan="5">诗韵有限责任公司工作人员实施评估时，发现有些员工总是因为拖延工期无法按期完成指标任务。请你提出工作目标缺乏时效性的问题，以及处理这些问题的对策。</td></tr>
<tr><td>实训成果</td><td colspan="5"></td></tr>
<tr><td rowspan="6">实训评价</td><td>职业能力要求</td><td>权重（%）</td><td>小组打分</td><td>教师打分</td><td>合计</td></tr>
<tr><td>能够确定控制工作目标的最后期限</td><td>25</td><td></td><td></td><td></td></tr>
<tr><td>工作目标不能按时完成时能够追究原因</td><td>25</td><td></td><td></td><td></td></tr>
<tr><td>能够针对问题提出有效的解决对策</td><td>25</td><td></td><td></td><td></td></tr>
<tr><td>认真负责、一丝不苟的工作态度</td><td>25</td><td></td><td></td><td></td></tr>
<tr><td>成绩加总</td><td>100</td><td></td><td></td><td></td></tr>
<tr><td>有益的经验和做法</td><td colspan="5"></td></tr>
<tr><td>个人总结和反思</td><td colspan="5"></td></tr>
</table>

任务四

改进工作

<table>
<tr><th colspan="6">任务工单 15　改进工作的步骤</th></tr>
<tr><td>所属项目</td><td colspan="2">项目四
人员管理</td><td>所属任务</td><td colspan="2">任务四
改进工作</td></tr>
<tr><td rowspan="2">实训目的</td><td>任务目标</td><td colspan="2">技能要点</td><td colspan="2">素质要点</td></tr>
<tr><td>改进工作的步骤</td><td colspan="2">能够确立改进目标；能够积极参加培训；能够评价和检查改进情况</td><td colspan="2">培养问题意识和创新意识</td></tr>
<tr><td>实训背景材料及要求</td><td colspan="5">杨思进是上个月进入诗韵有限责任公司办公室的新员工，办公室主任费琳琳说，杨思进 WPS 操作需要你的指导，请你提出能够帮助杨思进提升 WPS 技能操作的思路和方法。</td></tr>
<tr><td>实训成果</td><td colspan="5"></td></tr>
<tr><td rowspan="6">实训评价</td><td>职业能力要求</td><td>权重（%）</td><td>小组打分</td><td>教师打分</td><td>合计</td></tr>
<tr><td>能够确立改进目标</td><td>25</td><td></td><td></td><td></td></tr>
<tr><td>能够积极参加培训</td><td>25</td><td></td><td></td><td></td></tr>
<tr><td>能够评价和检查改进情况</td><td>25</td><td></td><td></td><td></td></tr>
<tr><td>常思己过，持续不懈的努力的精神</td><td>25</td><td></td><td></td><td></td></tr>
<tr><td>成绩加总</td><td>100</td><td></td><td></td><td></td></tr>
<tr><td>有益的经验和做法</td><td colspan="5"></td></tr>
<tr><td>个人总结和反思</td><td colspan="5"></td></tr>
</table>

05

项目五

发展和维护团队效率

- 任务一　凝聚团队精神
- 任务二　开展团队合作
- 任务三　提升团队绩效

任务一

凝聚团队精神

任务工单 16　凝聚团队精神			
所属项目	项目五 发展和维护团队效率	所属任务	任务一 凝聚团队精神

实训目的	任务目标	技能要点	素质要点
实训目的	凝聚团队精神	能够在团队中尽最大努力与同事发展融洽的工作关系，能够尽快将重要信息传达给同事，能履行自己对同事许下的诺言	培养团队精神，培养良好的合作意识

实训背景材料及要求	齐眉棍游戏操作流程： 1. 准备一根较长的塑料棍，一般采取 PPC 的塑料管。 2. 让小组成员站成相对的两列，小组成员全部将双手水平伸出食指，统一到胸口的高度。 3. 将齐眉棍放在每个人的食指上，必须保证每个人食指都接触到齐眉棍，并且手都在齐眉棍的下面。 4. 要求小组成员将齐眉棍保持水平，小组的任务是：在保证每个人的手都在齐眉棍下面的情况下，将齐眉棍完全水平地往下移动。一旦有人的手离开齐眉棍或齐眉棍没有水平往下移动，任务就算失败。 5. 全体人员必须全部参加，扮演培训师的师生要严格监督，同时引导大家在活动过程中思考和调整方法。 提示：游戏开始前，全队可以先内部沟通，统一指令、任命队长等。游戏完成后，所有参与者讨论：齐眉棍游戏给我们的启发是什么？
实训成果	

实训评价	职业能力要求	权重（%）	小组打分	教师打分	合计
	能够在团队中尽最大努力与同事发展融洽的工作关系	25			
	能够协助同事做好工作	25			
	能履行自己对同事许下的诺言	25			
	团队精神、合作意识	25			
	成绩加总	100			

有益的经验和做法	
个人总结和反思	

任务二

开展团队合作

<table>
<tr><th colspan="7">任务工单 17　团队合作</th></tr>
<tr><td>所属项目</td><td colspan="2">项目五
发展和维护团队效率</td><td colspan="2">所属任务</td><td colspan="2">任务二
开展团队合作</td></tr>
<tr><td rowspan="2">实训目的</td><td>任务目标</td><td colspan="3">技能要点</td><td colspan="2">素质要点</td></tr>
<tr><td>团队合作</td><td colspan="3">能够判断和识别与同事的工作关系是否出现了问题和分歧，能够注意遵守原则，从大局出发积极主动解决问题，能够在矛盾超出自己解决能力范围时及时汇报，寻求帮助</td><td colspan="2">培养集体荣誉感、责任担当精神和大局意识</td></tr>
<tr><td>实训背景材料及要求</td><td colspan="6">第一步：实训前准备。要求学生提前阅读团队凝聚力的相关文献，了解本次实训的理论知识。
第二步：以 6 ～ 8 人为一个小组，按照要求开展“方寸之间”团队游戏。
1. 以小组为单位参加比赛。
2. 所有小组成员要将自己的脚放置在一张铺开的报纸范围内，且需维持 10 秒，若脚踩到报纸范围外的地面或者维持时间低于 10 秒，则游戏失败。
3. 如果通过第一轮，则要将报纸对折，然后采用同样的方法进行第二轮，如果通过第二轮，则要将报纸再次对折。以此方法一直将游戏进行到小组成员无法全部站在报纸上为止。
第三步：小组讨论成功或失败的原因。
第四步：小组派代表发言，分享游戏体验。
第五步：总结，提出团队凝聚力的重要性，进一步巩固理论知识点。</td></tr>
<tr><td>实训成果</td><td colspan="6"></td></tr>
<tr><td rowspan="6">实训评价</td><td colspan="2">职业能力要求</td><td>权重（%）</td><td>小组打分</td><td>教师打分</td><td>合计</td></tr>
<tr><td colspan="2">能够判断和识别与同事的工作关系是否出现了问题和分歧</td><td>25</td><td></td><td></td><td></td></tr>
<tr><td colspan="2">能够注意遵守原则，从大局出发积极主动解决问题</td><td>25</td><td></td><td></td><td></td></tr>
<tr><td colspan="2">能够在矛盾超出自己解决能力范围时及时汇报，寻求帮助</td><td>25</td><td></td><td></td><td></td></tr>
<tr><td colspan="2">集体荣誉感、责任担当精神和大局意识</td><td>25</td><td></td><td></td><td></td></tr>
<tr><td colspan="2">成绩加总</td><td>100</td><td></td><td></td><td></td></tr>
<tr><td>有益的经验和做法</td><td colspan="6"></td></tr>
<tr><td>个人总结和反思</td><td colspan="6"></td></tr>
</table>

任务三

提升团队绩效

<table>
<tr><th colspan="7">任务工单 18　团队管理</th></tr>
<tr><td colspan="2">所属项目</td><td>项目五
发展和维护团队效率</td><td>所属任务</td><td colspan="3">任务三
提升团队绩效</td></tr>
<tr><td rowspan="2">实训目的</td><td>任务目标</td><td colspan="2">技能要点</td><td colspan="3">素质要点</td></tr>
<tr><td>团队管理</td><td colspan="2">能够与团队内外相关人员发展融洽的工作关系，能够与相关人员协作执行并完成团队工作，能够维护团队声誉，向团队成员提供具体帮助和支持，与相关人员进行交流，反馈正反方面信息</td><td colspan="3">树立大局意识，培养协作精神</td></tr>
<tr><td>实训背景材料及要求</td><td colspan="6">第一步：团队游戏（同心协力）
1. 将全班同学分成人数相等的两个小组。
2. 每组先派出两名同学，背靠背坐在地上，两人双臂相互交叉，合力使双方一同站起。
3. 以此类推，每组每次增加 1 人，如果尝试失败需再来一次，直到成功才可再加 1 人。
4. 教师根据两个小组谁先完成所有成员一同站起来判定胜负。
备注：教师可以根据学生的表现选择难度更大的挑战项目，即全班同学作为一个小组，所有同学都背靠背坐在地上，相邻两人手臂相互交叉，合力使全班同学一同站起。
第二步：学生填写实训成果。[在“(　)”内打√]
第三步：小组讨论，并推荐一名代表发言。
第四步：结合游戏以及学生发言，阐述团队精神的重要性及其构成，巩固所学理论知识。</td></tr>
<tr><td rowspan="4">实训成果</td><td colspan="3">你所在的小组是赢了还是输了（　）赢了（　）输了</td><td colspan="3">你在游戏中充当什么角色？
（　）组织者（　）参与者
（　）工作人员（　）其他</td></tr>
<tr><td colspan="3">你所在的小组为什么赢（输）了？</td><td colspan="3"></td></tr>
<tr><td colspan="3">你觉得你所在小组的团队精神如何？体现在哪些方面？</td><td colspan="3"></td></tr>
<tr><td colspan="3">参与这个团队游戏对你有何团队建设方面的启示？</td><td colspan="3"></td></tr>
<tr><td rowspan="6">实训评价</td><td colspan="2">职业能力要求</td><td>权重（%）</td><td>小组打分</td><td>教师打分</td><td>合计</td></tr>
<tr><td colspan="2">能够与团队内外相关人员发展融洽的工作关系</td><td>25</td><td></td><td></td><td></td></tr>
<tr><td colspan="2">能够与相关人员协作执行并完成团队工作</td><td>25</td><td></td><td></td><td></td></tr>
<tr><td colspan="2">能够维护团队声誉，向团队成员提供具体帮助和支持，与相关人员进行交流，反馈正反方面信息</td><td>25</td><td></td><td></td><td></td></tr>
<tr><td colspan="2">能够树立大局意识和协作精神</td><td>25</td><td></td><td></td><td></td></tr>
<tr><td colspan="2">成绩加总</td><td>100</td><td></td><td></td><td></td></tr>
<tr><td colspan="2">有益的经验和做法</td><td colspan="5"></td></tr>
<tr><td colspan="2">个人总结和反思</td><td colspan="5"></td></tr>
</table>

06

项目六

职场礼仪

任务一

职场电话礼仪

<table>
<tr><th colspan="6">任务工单 19 职场电话礼仪</th></tr>
<tr><td>所属项目</td><td colspan="2">项目六
职场礼仪</td><td colspan="2">所属任务</td><td>任务一
职场电话礼仪</td></tr>
<tr><td rowspan="2">实训目的</td><td>任务目标</td><td colspan="3">技能要点</td><td>素质要点</td></tr>
<tr><td>职场电话礼仪</td><td colspan="3">一手拿话筒，一手执笔做记录，注意声音和表情，尊重对方，道谢</td><td>培养良好的个人修养，培养爱岗敬业的主人翁意识</td></tr>
<tr><td>实训背景材料及要求</td><td colspan="5">角色扮演：每 2 人一组，参考“电话礼仪示范”剧本，进行角色扮演。将本次活动中出现的问题和改进建议写在表格中。
剧本：电话礼仪示范
小林、小夏两人都需要准备纸笔、铃声响两下后接起。
小夏：喂，您好，这里是诗韵集团的秘书办公室，我是秘书小夏，请问您有什么事？
小林：您好，我是天宇集团的秘书小林，请问高明浩总经理在吗？
小夏：请您稍等一下，我过去看看。（起身去找人，之后返回）不好意思，高总他不在，请问您有什么事需要我代为转告的吗？
小林：好的。那麻烦您转告高总，关于诗韵集团和天宇集团的长期合作方案，已经发到他的邮箱，需要高总回复。
小夏：（记录）好的。关于诗韵集团和天宇集团的长期合作方案，已经发到他的邮箱，需要高总尽快回复，是吗？
小林：对。没错。
小夏：好的。高总回来后，我会立即转告他的。
小林：好的，那麻烦您了。谢谢。
小夏：不用客气。
小林：再见。
小夏：再见。（待小林挂断电话后再挂断）</td></tr>
<tr><td>实训成果</td><td colspan="5"></td></tr>
<tr><td rowspan="6">实训评价</td><td colspan="2">职业能力要求</td><td>权重（%）</td><td>小组打分</td><td>教师打分 | 合计</td></tr>
<tr><td colspan="2">能够一手拿话筒，一手执笔做记录</td><td>25</td><td></td><td></td></tr>
<tr><td colspan="2">能够注意声音和表情</td><td>25</td><td></td><td></td></tr>
<tr><td colspan="2">能够尊重对方</td><td>25</td><td></td><td></td></tr>
<tr><td colspan="2">良好的个人素养</td><td>25</td><td></td><td></td></tr>
<tr><td colspan="2">成绩加总</td><td>100</td><td></td><td></td></tr>
<tr><td>有益的经验和做法</td><td colspan="5"></td></tr>
<tr><td>个人总结和反思</td><td colspan="5"></td></tr>
</table>

任务二

职场服饰礼仪

<table>
<tr><th colspan="5">任务工单 20　搭配职场服饰</th></tr>
<tr><td colspan="2">所属项目</td><td>项目六
职场礼仪</td><td>所属任务</td><td>任务二
职场服饰礼仪</td></tr>
<tr><td rowspan="2">实训目的</td><td>任务目标</td><td colspan="2">技能要点</td><td>素质要点</td></tr>
<tr><td>搭配职场服饰</td><td colspan="2">能够整体搭配服饰，做到整洁健康、颜色搭配适合职场、佩戴饰品恰到好处</td><td>培养以礼待人的素养</td></tr>
<tr><td>实训背景材料及要求</td><td colspan="4">诗韵股份有限公司发布了招聘启事，你投递了简历，接到通知，周一上午 8:00 到公司面试。面试要求：职业装。请为自己的面试装扮起来。如图所示，拍照片，6 人一组，评价指出队友的不足之处，加以改进，直到完美后，贴图到实训成果。
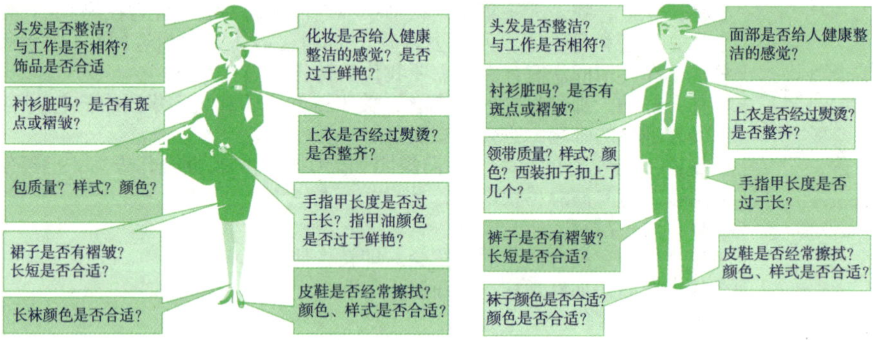
</td></tr>
<tr><td>实训成果</td><td colspan="4"></td></tr>
</table>

续表

任务工单 20　搭配职场服饰					
实训评价	职业能力要求	权重（%）	小组打分	教师打分	合计
	能够整体搭配服饰	25			
	能够做到整洁健康、颜色搭配适合职场	25			
	能够做到佩戴饰品恰到好处	25			
	能够注重礼仪、尊重他人	25			
	成绩加总	100			
有益的经验和做法					
个人总结和反思					

任务三

职场宴会礼仪

<table>
<tr><th colspan="6">任务工单 21　职场宴会礼仪</th></tr>
<tr><td>所属项目</td><td colspan="2">项目六
职场礼仪</td><td>所属任务</td><td colspan="2">任务三
职场宴会礼仪</td></tr>
<tr><td rowspan="2">实训目的</td><td>任务目标</td><td colspan="3">技能要点</td><td>素质要点</td></tr>
<tr><td>宴会之前的准备</td><td colspan="3">能够在宴请前做好准备，能够到宴相互问候、点餐、正确入座、正确使用餐具，能够在离席敬送对方</td><td>培养知礼守礼用礼的素养</td></tr>
<tr><td>实训背景材料及要求</td><td colspan="5">诗韵有限责任公司与德佳股份有限公司就新合约进行谈判，谈判结束后，诗韵有限责任公司总经理在西餐厅宴请德佳股份有限公司谈判代表一行四人，诗韵有限责任公司副总经理、销售部经理及秘书林米书作陪。
1. 实训内容：将西餐宴请从摆台、入座、点餐、就餐、离席整个过程及餐具的使用情况演示出来，以文字形式进行设计。
2. 要求：查询和阅读西餐礼仪资料，准备好桌椅及餐具。6 ～ 8 人一组，进行角色扮演。模拟结束后小组互评。</td></tr>
<tr><td>实训成果</td><td colspan="5"></td></tr>
<tr><td rowspan="6">实训评价</td><td>职业能力要求</td><td>权重（%）</td><td>小组打分</td><td>教师打分</td><td>合计</td></tr>
<tr><td>能够在邀请者宴请之前做好准备</td><td>25</td><td></td><td></td><td></td></tr>
<tr><td>能够到宴相互问候，正确点餐、入座和使用餐具</td><td>25</td><td></td><td></td><td></td></tr>
<tr><td>能够在离席时敬送对方</td><td>25</td><td></td><td></td><td></td></tr>
<tr><td>知礼守礼用礼</td><td>25</td><td></td><td></td><td></td></tr>
<tr><td>成绩加总</td><td>100</td><td></td><td></td><td></td></tr>
<tr><td>有益的经验和做法</td><td colspan="5"></td></tr>
<tr><td>个人总结和反思</td><td colspan="5"></td></tr>
</table>

07

项目七

接待来访

任务一 接待临时到访

<table>
<tr><th colspan="6">任务工单 22　接待临时到访</th></tr>
<tr><td>所属项目</td><td colspan="2">项目七
接待来访</td><td>所属任务</td><td colspan="2">任务一
接待临时到访</td></tr>
<tr><td rowspan="2">实训目的</td><td>任务目标</td><td>技能要点</td><td colspan="3">素质要点</td></tr>
<tr><td>接待临时到访</td><td>能够遵照来访标准接待来访者；能够持续改善，提高接待服务的质量水平；能够制作来访人员登记表</td><td colspan="3">培养遵守职场礼仪标准和团结合作的工作理念</td></tr>
<tr><td>实训背景材料及要求</td><td colspan="5">6人一组。结合主教材对应任务“边学边练”内容，分别扮演德佳股份有限公司前台接待员唐力、诗韵有限责任公司北京总公司办公室行政助理周安汇、业务部李玉良，制作来访人员登记表并做好来访记录，互换角色演练并填写活动内容。</td></tr>
<tr><td>实训成果</td><td colspan="5"></td></tr>
<tr><td rowspan="6">实训评价</td><td colspan="2">职业能力要求</td><td>权重（%）</td><td>小组打分</td><td>教师打分</td><td>合计</td></tr>
<tr><td colspan="2">能够遵照来访标准接待来访者</td><td>25</td><td></td><td></td><td></td></tr>
<tr><td colspan="2">能够持续改善，提高接待服务的质量水平</td><td>25</td><td></td><td></td><td></td></tr>
<tr><td colspan="2">能够制作来访人员登记表</td><td>25</td><td></td><td></td><td></td></tr>
<tr><td colspan="2">遵守标准，遵章守礼，合作团结</td><td>25</td><td></td><td></td><td></td></tr>
<tr><td colspan="2">成绩加总</td><td>100</td><td></td><td></td><td></td></tr>
<tr><td>有益的经验和做法</td><td colspan="6"></td></tr>
<tr><td>个人总结和反思</td><td colspan="6"></td></tr>
</table>

任务二

接待预约来访

<table>
<tr><th colspan="6">任务工单 23　接待初次见面来访者</th></tr>
<tr><td>所属项目</td><td colspan="2">项目七
接待来访</td><td>所属任务</td><td colspan="2">任务二
接待预约来访</td></tr>
<tr><td rowspan="2">实训目的</td><td>任务目标</td><td colspan="2">技能要点</td><td colspan="2">素质要点</td></tr>
<tr><td>接待初次见面来访者</td><td colspan="2">能够遵守介绍时的先后次序；能够执行握手礼仪；能够注意送行时的礼节</td><td colspan="2">培养知礼守礼，礼让为先，维护集体形象的思想</td></tr>
<tr><td>实训背景材料及要求</td><td colspan="5">诗韵有限责任公司办公室行政助理周安汇打电话说，要到德佳股份有限公司拜访总经理郎德明。他们是初次见面。面谈后到大门口送行。6 人一组，进行角色扮演。来访者诗韵有限责任公司北京总公司总经理朱斌（男）、行政助理周安汇（女），接待人员德佳股份有限公司总经理郎婷婷（女）、业务部主管李玉良（男）、办公室主任杨德明（男）、服务人员杨斯玉（女）。要求接待人员引见介绍主宾时，遵守介绍时的先后次序；注意送行时的礼节。</td></tr>
<tr><td>实训成果</td><td colspan="5"></td></tr>
<tr><td rowspan="6">实训评价</td><td>职业能力要求</td><td>权重（%）</td><td>小组打分</td><td>教帅打分</td><td>合计</td></tr>
<tr><td>能够遵守介绍时的先后次序</td><td>25</td><td></td><td></td><td></td></tr>
<tr><td>能够执行握手礼仪</td><td>25</td><td></td><td></td><td></td></tr>
<tr><td>能够注意送行时的礼节</td><td>25</td><td></td><td></td><td></td></tr>
<tr><td>知礼守礼，礼让为先，维护集体形象</td><td>25</td><td></td><td></td><td></td></tr>
<tr><td>成绩加总</td><td>100</td><td></td><td></td><td></td></tr>
<tr><td>有益的经验和做法</td><td colspan="5"></td></tr>
<tr><td>个人总结和反思</td><td colspan="5"></td></tr>
</table>

任务三

商务接待工作禁忌

<table>
<tr><th colspan="6">任务工单 24　商务接待工作禁忌</th></tr>
<tr><td>所属项目</td><td colspan="2">项目七
接待来访</td><td>所属任务</td><td colspan="2">任务三
商务接待工作禁忌</td></tr>
<tr><td rowspan="2">实训目的</td><td>任务目标</td><td>技能要点</td><td colspan="3">素质要点</td></tr>
<tr><td>商务接待工作禁忌</td><td>能够遵守接待的标准；能够避免越权操作；能够避免浪费</td><td colspan="3">培养遵规守纪的思想，加强自我管理意识</td></tr>
<tr><td>实训背景材料及要求</td><td colspan="5">德佳股份有限公司招待规定不同级别的人员有不同的接待标准，员工康海莉为了迎合合作方，在宴请时，提高了接待标准。她在报销时候，上司李铎鑫说：“你超标了，这是浪费，我不能批准。多出来的部分你自己掏腰包。”谈谈这个故事中的人物在接待中犯了哪些接待错误？如何能够避免这些错误？李铎鑫在不同意报销的同时还应该做什么？</td></tr>
<tr><td>实训成果</td><td colspan="5"></td></tr>
<tr><td rowspan="6">实训评价</td><td>职业能力要求</td><td>权重（%）</td><td>小组打分</td><td>教师打分</td><td>合计</td></tr>
<tr><td>能够遵守接待的标准</td><td>25</td><td></td><td></td><td></td></tr>
<tr><td>能够避免越权操作</td><td>25</td><td></td><td></td><td></td></tr>
<tr><td>能够避免浪费</td><td>25</td><td></td><td></td><td></td></tr>
<tr><td>遵规守纪、加强自我管理意识</td><td>25</td><td></td><td></td><td></td></tr>
<tr><td>成绩加总</td><td>100</td><td></td><td></td><td></td></tr>
<tr><td>有益的经验和做法</td><td colspan="5"></td></tr>
<tr><td>个人总结和反思</td><td colspan="5"></td></tr>
</table>

08

项目八

处理信息

- 任务一 有效的信息沟通
- 任务二 保护商务信息安全
- 任务三 处理企业档案信息

任务一 有效的信息沟通

<table>
<tr><th colspan="6">任务工单 25　准确无误的信息传达</th></tr>
<tr><td>所属项目</td><td colspan="2">项目八
处理信息</td><td>所属任务</td><td colspan="2">任务一
有效的信息沟通</td></tr>
<tr><td rowspan="2">实训目的</td><td>任务目标</td><td>技能要点</td><td colspan="3">素质要点</td></tr>
<tr><td>准确无误的信息传达</td><td>信息必须准确无误，信息的传达要完整清晰，确保对方接收和理解，要确保信息的时效性</td><td colspan="3">培养沟通能力，尊重他人，尊重事实，正确对待不同的看法，耐心接纳他人意见，积极达成沟通，提升沟通效益，理性沟通，塑造健全人格</td></tr>
<tr><td>实训背景材料及要求</td><td colspan="5">诗韵有限责任公司发布了招聘启事，你投递了简历，接到通知，周一上午 8:00 到公司面试。你需要在面试的时候，进行自我介绍。规定时间 100 秒。</td></tr>
<tr><td>实训成果</td><td colspan="5"></td></tr>
<tr><td rowspan="6">实训评价</td><td>职业能力要求</td><td>权重（%）</td><td>小组打分</td><td>教师打分</td><td>合计</td></tr>
<tr><td>信息必须准确无误</td><td>25</td><td></td><td></td><td></td></tr>
<tr><td>信息的传达要完整清晰，确保对方接收和理解</td><td>25</td><td></td><td></td><td></td></tr>
<tr><td>要确保信息的时效性</td><td>25</td><td></td><td></td><td></td></tr>
<tr><td>尊重他人，尊重事实，正确对待不同的看法，耐心接纳他人意见，积极达成沟通，提升沟通效益，理性沟通</td><td>25</td><td></td><td></td><td></td></tr>
<tr><td>成绩加总</td><td>100</td><td></td><td></td><td></td></tr>
<tr><td>有益的经验和做法</td><td colspan="5"></td></tr>
<tr><td>个人总结和反思</td><td colspan="5"></td></tr>
</table>

任务二 保护商务信息安全

<table>
<tr><th colspan="6">任务工单 26　能够确保信息保密和安全</th></tr>
<tr><td>所属项目</td><td colspan="2">项目八
处理信息</td><td>所属任务</td><td colspan="2">任务二
保护商务信息安全</td></tr>
<tr><td rowspan="2">实训目的</td><td>任务目标</td><td colspan="2">技能要点</td><td colspan="2">素质要点</td></tr>
<tr><td>确保信息保密和安全</td><td colspan="2">能够确保信息保密和安全，能够制定机密管理规定，能够控制重点部门及涉密员工范围的人员不泄密</td><td colspan="2">增强保密意识，严守纪律规矩</td></tr>
<tr><td>实训背景材料及要求</td><td colspan="5">教师提前准备好一叠文件（空白纸张即可），准备好文件夹、文件袋、双面胶、笔等工具，要求：
1. 让学生将这一堆文件自行选择并分成为未阅读、正在进行和已完成三类；
2. 做好不同类别文件的手工存档；
3. 制作“秘密”“机密”“绝密”标签，贴于文件袋。</td></tr>
<tr><td>实训成果</td><td colspan="5"></td></tr>
<tr><td rowspan="6">实训评价</td><td>职业能力要求</td><td>权重（%）</td><td>小组打分</td><td>教师打分</td><td>合计</td></tr>
<tr><td>能够确保信息保密和安全</td><td>25</td><td></td><td></td><td></td></tr>
<tr><td>能够制定机密管理规定</td><td>25</td><td></td><td></td><td></td></tr>
<tr><td>能够控制重点部门及涉密员工范围的人员不泄密</td><td>25</td><td></td><td></td><td></td></tr>
<tr><td>增强保密意识，严守纪律规矩</td><td>25</td><td></td><td></td><td></td></tr>
<tr><td>成绩加总</td><td>100</td><td></td><td></td><td></td></tr>
<tr><td>有益的经验和做法</td><td colspan="5"></td></tr>
<tr><td>个人总结和反思</td><td colspan="5"></td></tr>
</table>

任务三

处理企业档案信息

任务工单 27　管理文件收发						
所属项目	项目八 处理信息		所属任务	任务三 处理企业档案信息		
实训目的	任务目标	技能要点		素质要点		
	管理文件收发	能够管理文件收发，能够通过制度控制文件存档，能够区分处理涉密文件		培养严谨工作、精益化管理、遵守职业道德的态度		
实训背景材料及要求	诗韵有限责任公司需要制定《文件收发规定》，请你撰写文档的安全措施。					
实训成果						
实训评价	职业能力要求	权重（%）	小组打分	教师打分	合计	
	能够管理文件收发	25				
	能够通过制度控制文件存档	25				
	能够区分处理涉密文件	25				
	严谨工作、精益化管理、遵守职业道德的态度	25				
	成绩加总	100				
有益的经验和做法						
个人总结和反思						

09

项目九

数智办公

- 任务一　协同办公系统
- 任务二　数字化办公
- 任务三　自动化办公系统实现的功能

任务一

协同办公系统

<table>
<tr><th colspan="7">任务工单 28 OA 办公系统远程的底层逻辑</th></tr>
<tr><td>所属项目</td><td colspan="2">项目九
数智办公</td><td colspan="2">所属任务</td><td colspan="2">任务一
协同办公系统</td></tr>
<tr><td rowspan="2">实训目的</td><td>任务目标</td><td colspan="3">技能要点</td><td colspan="2">素质要点</td></tr>
<tr><td>OA 办公系统远程的底层逻辑</td><td colspan="3">能够管理 OA 办公系统；能够运用数字化办公系统提高工作效率</td><td colspan="2">培养现代化智能化管理的思维</td></tr>
<tr><td>实训背景材料及要求</td><td colspan="6">3 ～ 6 人一组临时组建一个公司，要求组内每一名同学至少做一次主持人，使用腾讯会议软件召开一次在线会议，教师要指导学生充分研究和掌握腾讯会议 App 的各项功能。</td></tr>
<tr><td>实训成果</td><td colspan="6"></td></tr>
<tr><td rowspan="6">实训评价</td><td colspan="2">职业能力要求</td><td>权重（%）</td><td>小组打分</td><td>教师打分</td><td>合计</td></tr>
<tr><td colspan="2">能够管理 OA 办公系统</td><td>25</td><td></td><td></td><td></td></tr>
<tr><td colspan="2">能够运用数字化办公系统提高工作效率</td><td>25</td><td></td><td></td><td></td></tr>
<tr><td colspan="2">能够选择最优化的方案实现远程办公</td><td>25</td><td></td><td></td><td></td></tr>
<tr><td colspan="2">现代化智能化管理的思维</td><td>25</td><td></td><td></td><td></td></tr>
<tr><td colspan="2">成绩加总</td><td>100</td><td></td><td></td><td></td></tr>
<tr><td>有益的经验和做法</td><td colspan="6"></td></tr>
<tr><td>个人总结和反思</td><td colspan="6"></td></tr>
</table>

任务二

数字化办公

<table>
<tr><th colspan="6">任务工单 29　改善管理水平</th></tr>
<tr><td>所属项目</td><td colspan="2">项目九
数智办公</td><td>所属任务</td><td colspan="2">任务二
数字化办公</td></tr>
<tr><td rowspan="2">实训目的</td><td>任务目标</td><td colspan="3">技能要点</td><td>素质要点</td></tr>
<tr><td>改善管理水平</td><td colspan="3">降低成本；改善管理水平；不断提高生产、经营、管理、决策的效率和水平</td><td>培养与时俱进、积极学习的进步意识</td></tr>
<tr><td>实训背景材料及要求</td><td colspan="5">积极思考和查找资料，举例说明信息化办公是否等于数字化办公。</td></tr>
<tr><td>实训成果</td><td colspan="5"></td></tr>
<tr><td rowspan="6">实训评价</td><td>职业能力要求</td><td>权重（%）</td><td>小组打分</td><td>教师打分</td><td>合计</td></tr>
<tr><td>能够利用 OA 办公系统降低成本</td><td>25</td><td></td><td></td><td></td></tr>
<tr><td>能够利用 OA 办公系统改善管理水平</td><td>25</td><td></td><td></td><td></td></tr>
<tr><td>能够利用 OA 办公系统不断提高生产、经营、决策的效率和水平</td><td>25</td><td></td><td></td><td></td></tr>
<tr><td>与时俱进、积极学习的进步意识</td><td>25</td><td></td><td></td><td></td></tr>
<tr><td>成绩加总</td><td>100</td><td></td><td></td><td></td></tr>
<tr><td>有益的经验和做法</td><td colspan="5"></td></tr>
<tr><td>个人总结和反思</td><td colspan="5"></td></tr>
</table>

任务三

自动化办公系统实现的功能

<table>
<tr><th colspan="6">任务工单 30 远程办公的前提</th></tr>
<tr><td>所属项目</td><td colspan="2">项目九
数智办公</td><td>所属任务</td><td colspan="2">任务三
自动化办公系统实现的功能</td></tr>
<tr><td rowspan="2">实训目的</td><td>任务目标</td><td colspan="2">技能要点</td><td colspan="2">素质要点</td></tr>
<tr><td>远程办公的前提</td><td colspan="2">管理层统一认知；每个员工的居家办公条件；每个员工的高自律性</td><td colspan="2">培养信息化意识，具备远程办公操作技能</td></tr>
<tr><td>实训背景材料及要求</td><td colspan="5">3～6 人一组，教师指导组内每名同学通过金山文档手机版建一个表格，表格主题为调研各类主题日活动如何开展，包括活动主题、活动时间、活动地点、活动人数和活动方式，然后通过金山文档手机版发到共同群里，让组内其他同学轮流在线填表。参考金山文档在线编辑的具体做法，要求表格内容完整，必须在线填写。</td></tr>
<tr><td>实训成果</td><td colspan="5"></td></tr>
<tr><td rowspan="6">实训评价</td><td>职业能力要求</td><td>权重（%）</td><td>小组打分</td><td>教师打分</td><td>合计</td></tr>
<tr><td>能够懂得管理层统一认知的作用</td><td>25</td><td></td><td></td><td></td></tr>
<tr><td>能够懂得每个员工的居家办公条件的作用</td><td>25</td><td></td><td></td><td></td></tr>
<tr><td>能够懂得每个员工的高自律性的作用</td><td>25</td><td></td><td></td><td></td></tr>
<tr><td>节约时间，减少浪费，提高效益的意识</td><td>25</td><td></td><td></td><td></td></tr>
<tr><td>成绩加总</td><td>100</td><td></td><td></td><td></td></tr>
<tr><td>有益的经验和做法</td><td colspan="5"></td></tr>
<tr><td>个人总结和反思</td><td colspan="5"></td></tr>
</table>

10

项目十

召开会议

- 任务一　主持会议
- 任务二　会议记录
- 任务三　会议纪要

任务一

主持会议

<table>
<tr><th colspan="6">任务工单 31　主持晨会</th></tr>
<tr><td>所属项目</td><td colspan="2">项目十
召开会议</td><td>所属任务</td><td colspan="2">任务一
主持会议</td></tr>
<tr><td rowspan="2">实训目的</td><td>任务目标</td><td colspan="2">技能要点</td><td colspan="2">素质要点</td></tr>
<tr><td>主持晨会</td><td colspan="2">能够高效主持晨会、能够着装统一、能够设计晨会口号等展现团队士气</td><td colspan="2">培养创新思维和团队意识</td></tr>
<tr><td>实训背景材料及要求</td><td colspan="5">此实训可贯穿教学全过程。实训步骤：
第一步：实训前准备。要求学生提前阅读相关文献，了解实训的理论知识。
第二步：教师布置模拟晨会的安排。1. 以小组为单位，模拟诗韵有限责任公司晨会。2. 晨会安排包括上一阶段总结、下一阶段目标、领导动员讲话、晨会游戏、晨会口号等展现团队士气的相关内容。3. 小组成员着装统一，可以制作工牌等晨会相关道具。4. 要求整个晨会清晰、高效，彰显团队士气。5. 晨会展现时间为每组 5 ～ 8 分钟。
第三步：分小组执行晨会。每次上课安排值班人员做主持人。
第四步：教师结合团队士气理论知识点，点评每组表现，巩固所学的理论知识。</td></tr>
<tr><td>实训成果</td><td colspan="5"></td></tr>
<tr><td rowspan="6">实训评价</td><td>职业能力要求</td><td>权重（%）</td><td>小组打分</td><td>教师打分</td><td>合计</td></tr>
<tr><td>能够高效主持晨会</td><td>25</td><td></td><td></td><td></td></tr>
<tr><td>能够着装统一</td><td>25</td><td></td><td></td><td></td></tr>
<tr><td>能够设计晨会口号等展现团队士气</td><td>25</td><td></td><td></td><td></td></tr>
<tr><td>凝聚士气的团队素质</td><td>25</td><td></td><td></td><td></td></tr>
<tr><td>成绩加总</td><td>100</td><td></td><td></td><td></td></tr>
<tr><td>有益的经验和做法</td><td colspan="5"></td></tr>
<tr><td>个人总结和反思</td><td colspan="5"></td></tr>
</table>

任务二

会议记录

<table>
<tr><th colspan="6">任务工单 32　会议记录</th></tr>
<tr><td>所属项目</td><td colspan="2">项目十
召开会议</td><td>所属任务</td><td colspan="2">任务二
会议记录</td></tr>
<tr><td rowspan="2">实训目的</td><td>任务目标</td><td colspan="2">技能要点</td><td colspan="2">素质要点</td></tr>
<tr><td>会议记录</td><td colspan="2">会议记录规范、全面、整洁和及时备份、有言必录、力求完整</td><td colspan="2">培养实事求是、遵守纪律的职业素养</td></tr>
<tr><td>实训背景材料及要求</td><td colspan="5">结合“任务工单 31　主持晨会”填写会议记录表</td></tr>
<tr><td rowspan="9">实训成果</td><td colspan="5">晨会会议记录表</td></tr>
<tr><td>会议日期</td><td></td><td>地点</td><td></td><td>记录人　</td></tr>
<tr><td>会议主持</td><td colspan="4"></td></tr>
<tr><td>参会人员</td><td colspan="4"></td></tr>
<tr><td>会议主题</td><td colspan="4"></td></tr>
<tr><td colspan="5">会议内容</td></tr>
<tr><td colspan="5">会议目标任务</td></tr>
<tr><td colspan="5">打字：　　　　　　核对：　　　　　　批阅：</td></tr>
<tr><td colspan="5">本会议记录总经办签发，相关部门留存</td></tr>
<tr><td rowspan="6">实训评价</td><td>职业能力要求</td><td>权重（%）</td><td>小组打分</td><td>教师打分</td><td>合计</td></tr>
<tr><td>能够真实记录会议所执行的各项议程和内容</td><td>25</td><td></td><td></td><td></td></tr>
<tr><td>能够准确、清楚、完整地记录会议结论、决定、决议及其他重要问题</td><td>25</td><td></td><td></td><td></td></tr>
<tr><td>能够对会议记录及时备份</td><td>25</td><td></td><td></td><td></td></tr>
<tr><td>实事求是、遵守纪律的职业素养</td><td>25</td><td></td><td></td><td></td></tr>
<tr><td>成绩加总</td><td>100</td><td></td><td></td><td></td></tr>
<tr><td>有益的经验和做法</td><td colspan="5"></td></tr>
<tr><td>个人总结和反思</td><td colspan="5"></td></tr>
</table>

任务三

会议纪要

<table>
<tr><th colspan="6">任务工单 33 会议纪要</th></tr>
<tr><td>所属项目</td><td colspan="2">项目十
召开会议</td><td>所属任务</td><td colspan="2">任务三
会议纪要</td></tr>
<tr><td rowspan="2">实训目的</td><td>任务目标</td><td colspan="2">技能要点</td><td colspan="2">素质要点</td></tr>
<tr><td>会议纪要</td><td colspan="2">能够撰写会议记录，能够撰写会议纪要，能够严格控制发放范围和履行领取文件的手续</td><td colspan="2">培养严密的工作态度，严守机密的职业操守</td></tr>
<tr><td>实训背景材料及要求</td><td colspan="5">诗韵有限责任公司召开“半年度经营分析数据会议”。预定会议时间：2023年6月2日。会议地点：第四会议室。会议主持：张三。记录人员：李四。出席人员：董事长、总经理、七桦、王丽。请假人员：张晓。
会议内容：
一、讨论内容：1. 对公司半年度经营分析数据听取了报告，各位领导对半年度经营情况发表了自己的看法；2. 对人力资源运行情况进行汇报；3. 对公司新项目判定做了详细汇报，并由七桦从财务角度、技术角度、运营角度对新项目进行了介绍。
二、决议事项：1. 半年度经营分析数据真实可靠，按照真实情况对各位股东进行公布；2. 人力资源出现的缺岗缺编问题，本月拿出解决方案；3. 关于新项目，由七桦带头推进，先成立组织，确定架构，所需资金统一由集团调配。
实训要求：6 人一组，演示此会议，做会议记录，会后做会议纪要。</td></tr>
<tr><td>实训成果</td><td colspan="5"></td></tr>
<tr><td rowspan="6">实训评价</td><td>职业能力要求</td><td>权重（%）</td><td>小组打分</td><td>教师打分</td><td>合计</td></tr>
<tr><td>能够撰写会议记录</td><td>25</td><td></td><td></td><td></td></tr>
<tr><td>能够撰写会议纪要</td><td>25</td><td></td><td></td><td></td></tr>
<tr><td>能够严格控制发放范围和履行领取文件的手续</td><td>25</td><td></td><td></td><td></td></tr>
<tr><td>严密的工作态度，严守机密的职业操守</td><td>25</td><td></td><td></td><td></td></tr>
<tr><td>成绩加总</td><td>100</td><td></td><td></td><td></td></tr>
<tr><td>有益的经验和做法</td><td colspan="5"></td></tr>
<tr><td>个人总结和反思</td><td colspan="5"></td></tr>
</table>